歴史がわかる!
戦国武将No.1《ナンバーワン》図鑑

静岡大学名誉教授
小和田哲男・監修
かみゆ歴史編集部・編著

ONE PUBLISHING

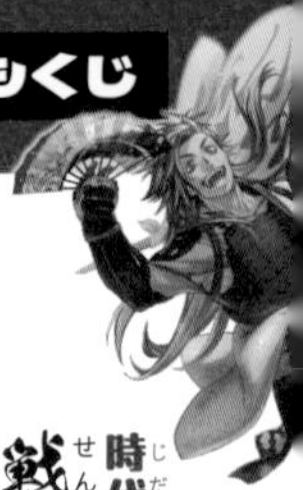

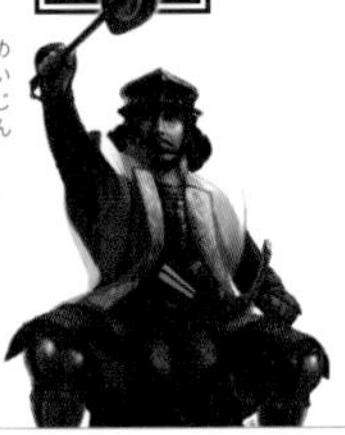

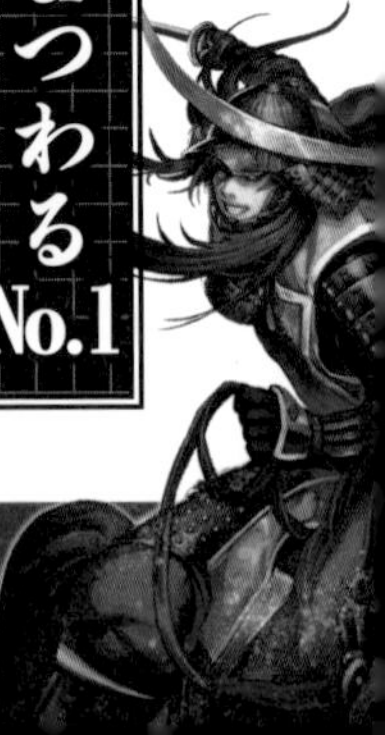

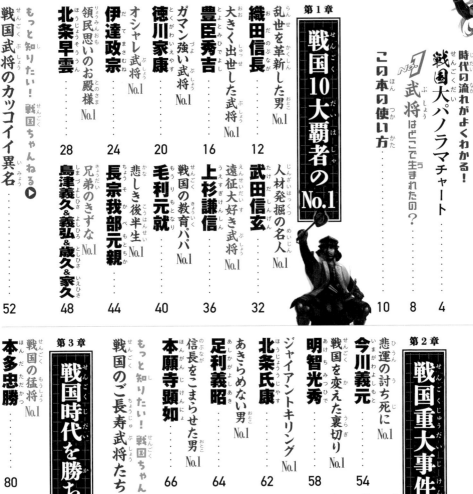

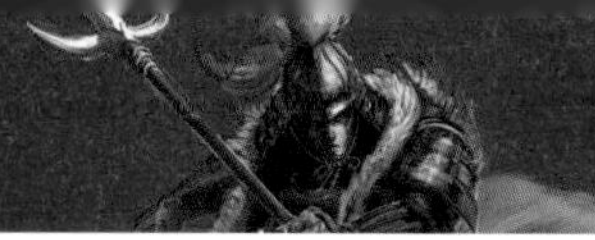

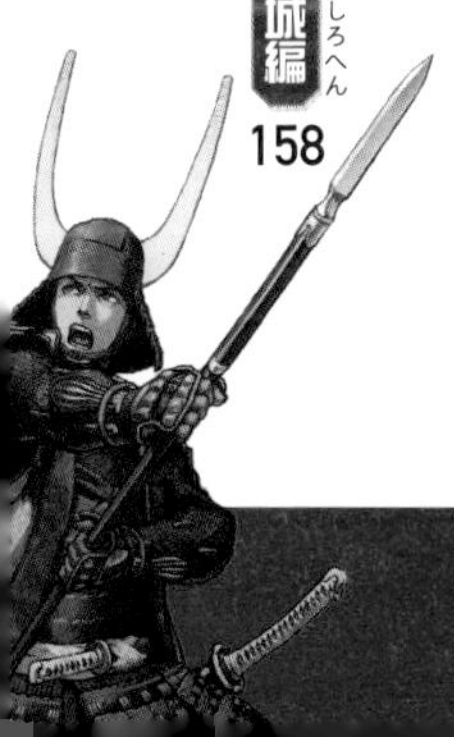

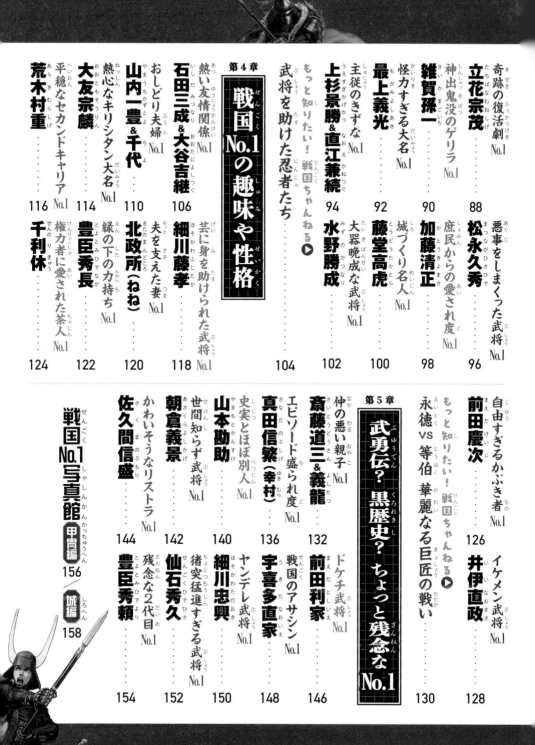

武将《ぶしょう》たちが生《い》きた戦国時代《せんごくじだい》とは、
どんな時代《じだい》だったのだろうか。
まずは重大事件《じゅうだいじけん》と合戦《かっせん》から、
戦国時代《せんごくじだい》の流《なが》れを見《み》てみよう。
これを読《よ》めば、キミも戦国《せんごく》ハカセだ!

戦国時代《せんごくじだい》はいつはじまった？

戦国時代《せんごくじだい》は将軍《しょうぐん》の跡《あと》つぎ争《あらそ》い「応仁《おうにん》の乱《らん》」をきっかけにはじまったとされる。室町幕府《むろまちばくふ》や守護大名《しゅごだいみょう》の力《ちから》が弱《よわ》まったことで、下剋上《げこくじょう》が横行《おうこう》。日常的《にちじょうてき》に合《かっ》戦《せん》が起《お》こる乱世《らんせ》となった。

1467

応仁《おうにん》の乱《らん》

8代将軍《だいしょうぐん》・足利義政《あしかがよしまさ》の後継《こうけい》者争《しゃあらそ》い。全国《ぜんこく》の守護大名《しゅごだいみょう》（1か国以上《こくいじょう》を支配《しはい》する大名《だいみょう》）が子《こ》・義尚派《よしひさは》と弟《おとうと》・義視派《よしみは》に分《わ》かれ、各地《かくち》で戦《たたか》った。

1493

伊豆《いず》討《う》ち入《い》り

伊豆《いず》を治《おさ》める足利茶々丸《あしかがちゃちゃまる》を北条早雲《ほうじょうそううん》が襲撃《しゅうげき》し追《つい》放《ほう》した。伊豆《いず》を平定《へいてい》した早雲《そううん》は、関東《かんとう》へ勢力《せいりょく》を広《ひろ》げていく。

北条早雲《ほうじょうそううん》

地方覇者《ちほうはしゃ》の登場《とうじょう》

戦乱《せんらん》の中《なか》で弱《よわ》い大名《だいみょう》たちが倒《たお》されていき、合戦《かっせん》を勝《か》ちぬいた関東《かんとう》の北条《ほうじょう》家《け》、中国《ちゅうごく》の毛利家《もうりけ》などの大大名《だいだいみょう》が地《ち》方《ほう》を統一《とういつ》していく。

1542

斎藤道三《さいとうどうさん》の国盗《くにと》り

斎藤道三《さいとうどうさん》が美濃守《みのしゅ》護《ご》を追放《ついほう》して大名《だいみょう》となる。しかし、道三《どうさん》は子《こ》の義龍《よしたつ》との戦《たたか》いで討《う》ち死《じ》にする。

斎藤道三《さいとうどうさん》

斎藤義龍《さいとうよしたつ》

1546

河越夜戦《かわごえやせん》

北条氏康《ほうじょううじやす》が河越城《かわごえじょう》を攻《こう》撃《げき》する山内上杉《やまのうちうえすぎ》・扇谷《おうぎがやつ》上杉《うえすぎ》・足利《あしかが》の大軍《たいぐん》を撃破《げきは》。氏康《うじやす》は両上杉家《りょううえすぎけ》を滅《ほろ》ぼし、関東最大《かんとうさいだい》の大名《だいみょう》となった。

北条氏康《ほうじょううじやす》

1549

三好政権《みよしせいけん》

管領《かんれい》（幕府《ばくふ》のNo.2）の家《か》臣《しん》・三好長慶《みよしながよし》が将軍《しょうぐん》や管《かん》領《れい》を追放《ついほう》して、畿内《きない》の覇者《はしゃ》となる。長慶死後《ながよししご》は家臣《かしん》・松永久秀《まつながひさひで》が実権《じっけん》をにぎる。

松永久秀《まつながひさひで》

1555

厳島《いつくしま》の戦《たたか》い

安芸《あき》の小大名《しょうだいみょう》・毛利元就《もうりもとなり》が大大名《だいだいみょう》・大内家《おおうちけ》を乗《の》っ取《と》った陶晴賢《すえはるかた》と戦《たたか》う。元就《もとなり》は奇襲《きしゅう》で陶《すえ》の大軍《たいぐん》を破《やぶ》った。

毛利元就《もうりもとなり》

桶狭間《おけはざま》の戦《たたか》い

東海《とうかい》の覇者《はしゃ》・今川義元《いまがわよしもと》が尾張《おわり》に侵攻《しんこう》。しかし、尾張《おわり》の小大名《しょうだいみょう》・織田信長《おだのぶなが》の豪《ごう》雨《う》にまぎれた奇襲《きしゅう》で討《う》ち取《と》られる。

今川義元《いまがわよしもと》

佐久間信盛《さくまのぶもり》

時代《じだい》の流《なが》れがよくわかる!

戦国大《せんごくだい》パノラマチャート

三方ヶ原《みかたがはら》の戦《たたか》い

武田信玄《たけだしんげん》が徳川家康《とくがわいえやす》を攻撃《こうげき》。三方ヶ原《みかたがはら》で徳川軍《とくがわぐん》に圧勝《あっしょう》するなど、家康《いえやす》を追《お》いつめていくが、信玄《しんげん》は急死《きゅうし》してしまう。

本多忠勝《ほんだただかつ》

信長包囲網《のぶながほういもう》

権力《けんりょく》をにぎった信長《のぶなが》に反発《はんぱつ》する朝倉義景《あさくらよしかげ》、一向宗《いっこうしゅう》などが、手《て》を結《むす》んで信長《のぶなが》を包囲《ほうい》。信《のぶ》長《なが》は姉川《あねがわ》の戦《たたか》いや比叡山《ひえいざん》焼《や》き討《う》ちで、彼《かれ》らを撃破《げきは》していく。

雑賀孫一《さいかまごいち》　本願寺顕如《ほんがんじけんにょ》

川中島《かわなかじま》の戦《たたか》い

信濃《しなの》をめぐる5度《ど》におよぶ武田信玄《たけだしんげん》・上杉謙信《うえすぎけんしん》の争《あらそ》い。特《とく》に4度目《どめ》は両軍《りょうぐん》とも数千《すうせん》の死者《ししゃ》を出《だ》す激戦《げきせん》であった。

武田信玄《たけだしんげん》　山本勘助《やまもとかんすけ》　上杉謙信《うえすぎけんしん》

室町幕府滅亡《むろまちばくふめつぼう》

信長《のぶなが》に不満《ふまん》をもつ足利義昭《あしかがよしあき》が挙兵《きょへい》するが敗北《はいぼく》。京《みやこ》から追《つい》放《ほう》された義昭《よしあき》は、大名《だいみょう》たちに打倒信長《だとうのぶなが》を呼《よ》びかける。

足利義昭《あしかがよしあき》

1561

1560

織田信長《おだのぶなが》の天下布武《てんかふぶ》

駿河《するが》の今川義元《いまがわよしもと》・美濃《みの》の斎藤龍興《さいとうたつおき》を倒《たお》した織田信長《おだのぶなが》は、足利義昭《あしかがよしあき》とともに上洛《じょうらく》。義昭《よしあき》を将軍《しょうぐん》の座《ざ》につけ、幕《ばく》府《ふ》の権力《けんりょく》をにぎった。

刀根坂《とねざか》の戦《たたか》い

信長《のぶなが》は浅井長政《あざいながまさ》の援軍《えんぐん》に来《き》た朝倉軍《あさくらぐん》を刀根坂《とねざか》で撃破《げきは》。さらに越前《えちぜん》を攻《せ》めて朝倉家《あさくらけ》を滅《ほろ》ぼし、返《かえ》す刀《かたな》で浅井家《あざいけ》も滅《ほろ》ぼした。

朝倉義景《あさくらよしかげ》

1570

1572

1573

長篠《ながしの》の戦《たたか》い

信玄《しんげん》の跡《あと》をついだ武田勝頼《たけだかつより》が徳川領《とくがわりょう》を攻撃《こうげき》。織田《おだ》・徳《とく》川軍《がわぐん》は大量《たいりょう》の鉄砲《てっぽう》で武田軍《たけだぐん》をむかえ討《う》ち勝利《しょうり》した。

織田信長《おだのぶなが》　武田勝頼《たけだかつより》

1575

1578

島津義久《しまづよしひさ》

耳川《みみかわ》の戦《たたか》い

日向進出《ひゅうがしんしゅつ》を目《め》ざす大友軍《おおともぐん》が島津《しまづ》の城《しろ》を包囲《ほうい》するが、返《かえ》り討《う》ちにあう。大友家《おおともけ》は弱体化《じゃくたいか》し、島津軍《しまづぐん》が九州《きゅうしゅう》統一《とういつ》を進《すす》めていく。

大友宗麟《おおともそうりん》

天下《てんか》は信長《のぶなが》が統《す》べるのか？

義昭《よしあき》を追放《ついほう》した信長《のぶなが》は、浅井《あざい》・朝倉《あさくら》家《け》を滅《ほろ》ぼし武田軍《たけだぐん》を長篠《ながしの》で撃破《げきは》した。信長《のぶなが》は天下統一《てんかとういつ》のため、各地《かくち》に家臣《かしん》軍団《ぐんだん》を派遣《はけん》するが、統一目前《とういつもくぜん》で明智《あけち》光秀《みつひで》の謀反《むほん》が起《お》こる。

1580ごろ

中国攻《ちゅうごくぜ》め

信長《のぶなが》の命令《めいれい》で羽柴秀吉《はしばひでよし》が毛利領《もうりりょう》を攻《せ》める。最初《さいしょ》は荒木《あらき》村重《むらしげ》らの謀反《むほん》で苦戦《くせん》するが、次第《しだい》に秀吉《ひでよし》が優勢《ゆうせい》となり毛利軍《もうりぐん》を追いつめていく。

荒木村重《あらきむらしげ》

宇喜多直家《うきたなおいえ》

1582

豊臣秀吉《とよとみひでよし》の成《な》りあがり

信長《のぶなが》の仇《かたき》を討《う》った羽柴《はしば》（豊臣《とよとみ》）秀吉《ひでよし》は、ライバルの重臣《じゅうしん》たちを倒《たお》して信長《のぶなが》の後継者《こうけいしゃ》となる。そして、四国《しこく》の長宗我部元親《ちょうそかべもとちか》、九州《きゅうしゅう》の島津義久《しまづよしひさ》、関東《かんとう》の北《ほう》条氏政《じょううじまさ》らを倒《たお》して、ついに天下《てんか》を統一《とういつ》した。

本能寺《ほんのうじ》の変《へん》

秀吉《ひでよし》への援軍《えんぐん》を命《めい》じられた明智光秀《あけちみつひで》が突然謀反《とつぜんむほん》を起《お》こし、信長《のぶなが》は自害《じがい》。反織田勢力《はんおだせいりょく》が活発化《かっぱつか》するなど天下《てんか》は混乱《こんらん》する。

明智光秀《あけちみつひで》

1582

山崎《やまざき》の戦《たたか》い

信長《のぶなが》の死《し》を知《し》った秀吉《ひでよし》は、中国大返《ちゅうごくおおがえ》しで京《みやこ》へもどり光《みつ》秀《ひで》と戦《たたか》う。信長《のぶなが》の仇《かたき》を討《う》った秀吉《ひでよし》は天下人《てんかびと》への一歩《いっぽ》をふみ出《だ》す。

黒田官兵衛《くろだかんべえ》

細川藤孝《ほそかわふじたか》

1583

賤ヶ岳《しずがたけ》の戦《たたか》い

織田家《おだけ》の主導権《しゅどうけん》をめぐって秀吉《ひでよし》と重臣筆頭《じゅうしんひっとう》の柴田勝家《しばたかついえ》が戦《たたか》う。敗《やぶ》れた勝家《かついえ》は、妻《つま》のお市《いち》とともに自害《じがい》する。

前田利家《まえだとしいえ》

お市《いち》

1584

小牧《こまき》・長久手《ながくて》の戦《たたか》い

秀吉《ひでよし》の台頭《たいとう》を警戒《けいかい》する織田信雄《おだのぶかつ》が徳川家康《とくがわいえやす》と組《く》んで挙兵《きょへい》。秀吉《ひでよし》は戦上手《いくさじょうず》の家康《いえやす》にほんろうされるが、信雄《のぶかつ》と和睦《わぼく》し、その後《ご》家康《いえやす》も屈服《くっぷく》させる。

豊臣秀吉《とよとみひでよし》

井伊直政《いいなおまさ》

徳川家康《とくがわいえやす》

1585

四国攻《しこくぜ》め

天下統一《てんかとういつ》を目《め》ざす秀吉《ひでよし》は、弟《おとうと》・秀長《ひでなが》に四国《しこく》の長宗我部元親《ちょうそかべもとちか》攻《ぜ》めを命令《めいれい》。秀長《ひでなが》は各地《かくち》で長宗我部軍《ちょうそかべぐん》を撃破《げきは》し、元親《もとちか》を降伏《こうふく》させた。

長宗我部元親《ちょうそかべもとちか》

豊臣秀長《とよとみひでなが》

1587

九州攻《きゅうしゅうぜ》め

秀吉《ひでよし》は、自分《じぶん》に反抗《はんこう》する島津軍《しまづぐん》を攻《せ》める。仙石秀久《せんごくひでひさ》の失態《しったい》で先遣隊《せんけんたい》が敗《やぶ》れるが、秀吉本隊《ひでよしほんたい》は次々《つぎつぎ》と島津軍《しまづぐん》を破《やぶ》っていく。

仙石秀久《せんごくひでひさ》

島津歳久《しまづとしひさ》

島津家久《しまづいえひさ》

1592

朝鮮出兵《ちょうせんしゅっぺい》

秀吉《ひでよし》は大陸進出《たいりくしんしゅつ》をもくろみ、2度《ど》の朝鮮出兵《ちょうせんしゅっぺい》を行《おこな》う。はじめは日本軍優勢《にほんぐんゆうせい》だったが、明《みん》の参戦《さんせん》で形勢《けいせい》は逆転《ぎゃくてん》。結局《けっきょく》、秀吉《ひでよし》の死《し》で日本軍《にほんぐん》は撤退《てったい》する。

加藤清正《かとうきよまさ》
島津義弘《しまづよしひろ》

1590

小田原攻《おだわらぜ》め

秀吉《ひでよし》は関東《かんとう》の覇者《はしゃ》・北条家《ほうじょうけ》を3か月《げつ》の包囲戦《ほういせん》の末《すえ》に滅《ほろ》ぼす。伊達政宗《だてまさむね》ら奥州《おうしゅう》の大名《だいみょう》も秀吉《ひでよし》に臣従《しんじゅう》し、天下統一《てんかとういつ》が完了《かんりょう》した。

伊達政宗《だてまさむね》
真田昌幸《さなだまさゆき》
上杉景勝《うえすぎかげかつ》
千利休《せんのりきゅう》

1600

関ヶ原《せきがはら》の戦《たたか》い

家康《いえやす》の上杉景勝《うえすぎかげかつ》攻《ぜ》めをきっかけに石田三成《いしだみつなり》が挙兵《きょへい》。両者《りょうしゃ》はそれぞれ大名《だいみょう》たちを味方《みかた》につけて関ヶ原《せきがはら》で決戦《けっせん》におよぶ。小早川秀秋《こばやかわひであき》の裏切《うらぎ》りで家康《いえやす》が勝利《しょうり》し、天下人《てんかびと》の座《ざ》に手《て》をかける。

石田三成《いしだみつなり》
宇喜多秀家《うきたひでいえ》
立花宗茂《たちばなむねしげ》
大谷吉継《おおたによしつぐ》
前田慶次《まえだけいじ》
直江兼続《なおえかねつぐ》

細川忠興《ほそかわただおき》
最上義光《もがみよしあき》
黒田長政《くろだながまさ》
千代《ちよ》
山内一豊《やまうちかずとよ》

徳川家康《とくがわいえやす》、江戸幕府《えどばくふ》を開《ひら》く

秀吉《ひでよし》の死後《しご》、豊臣政権《とよとみせいけん》の主導権《しゅどうけん》をめぐって徳川家康《とくがわいえやす》と石田三成《いしだみつなり》が対立《たいりつ》。関ヶ原《せきがはら》の戦《たたか》いで勝利《しょうり》した家康《いえやす》は征夷大将軍《せいいたいしょうぐん》となり、江戸《えど》に幕府《ばくふ》を開《ひら》く。

1614

大坂冬《おおさかふゆ》の陣《じん》

豊臣家《とよとみけ》と徳川家《とくがわけ》の対立《たいりつ》が深《ふか》まり、家康《いえやす》は大軍《たいぐん》で大坂城《おおさかじょう》を包囲《ほうい》した。真田信繁《さなだのぶしげ》らが奮戦《ふんせん》するが、家康《いえやす》に優利《ゆうり》な条件《じょうけん》で和睦《わぼく》が結《むす》ばれた。

真田信繁《さなだのぶしげ》

1615

大坂夏《おおさかなつ》の陣《じん》

家康《いえやす》は豊臣家《とよとみけ》を滅《ほろ》ぼすべく、再《ふたた》び大坂城《おおさかじょう》を攻撃《こうげき》。信繁《のぶしげ》は討《う》ち死《じ》にし、追《お》いつめられた秀頼《ひでより》と淀殿《よどどの》も自害《じがい》した。

水野勝成《みずのかつなり》
北政所《きたのまんどころ》
豊臣秀頼《とよとみひでより》
淀殿《よどどの》

乱世《らんせ》の終《お》わりと泰平《たいへい》の世《よ》

将軍《しょうぐん》となった家康《いえやす》に対《たい》し、秀吉《ひでよし》の子《こ》・秀頼《ひでより》は天下《てんか》を取《と》りもどそうとする。しかし、大名《だいみょう》たちの支持《しじ》を得《え》た家康《いえやす》が2度《ど》の大坂《おおさか》の陣《じん》に勝利《しょうり》。豊臣家《とよとみけ》は滅《ほろ》び、平和《へいわ》な江戸時代《えどじだい》がはじまった。

どこで生《う》まれたの？

藤堂高虎《とうどうたかとら》

戦国乱世《せんごくらんせ》で活《かつ》やくした個性豊《こせいゆた》かな武将《ぶしょう》たちの出身地《しゅっしんち》を一挙紹介《いっきょしょうかい》！活《かつ》やくした場所《ばしょ》と出身地《しゅっしんち》が同《おな》じ武将《ぶしょう》もいれば、じつは意外《いがい》な場所《ばしょ》で生《う》まれていた武将《ぶしょう》もいる。好《す》きな武将《ぶしょう》はどこ出身《しゅっしん》か確認《かくにん》してみよう！

※は出身地《しゅっしんち》に諸説《しょせつ》ある人物《じんぶつ》です。

美濃《みの》（岐阜南部《ぎふなんぶ》）
明智光秀《あけちみつひで》→P58
斎藤義龍《さいとうよしたつ》→P132
仙石秀久《せんごくひでひさ》→P152

越後《えちご》（新潟《にいがた》）
上杉謙信《うえすぎけんしん》→P36
上杉景勝《うえすぎかげかつ》→P94
直江兼続《なおえかねつぐ》→P94

出羽《でわ》（山形《やまがた》 秋田《あきた》）
伊達政宗《だてまさむね》→P24
最上義光《もがみよしあき》→P92

最上義光《もがみよしあき》

信濃《しなの》（長野《ながの》）
真田昌幸《さなだまさゆき》→P72
真田信繁《さなだのぶしげ》（幸村《ゆきむら》）→P136

相模《さがみ》（神奈川《かながわ》）
北条氏康《ほうじょううじやす》→P62

甲斐《かい》（山梨《やまなし》）
武田信玄《たけだしんげん》→P32
武田勝頼《たけだかつより》→P68

北条氏康《ほうじょううじやす》

遠江《とおとうみ》（静岡西部《しずおかせいぶ》）
井伊直政《いいなおまさ》→P128

駿河《するが》（静岡中部《しずおかちゅうぶ》）
今川義元《いまがわよしもと》→P54

三河《みかわ》（愛知東部《あいちとうぶ》）
徳川家康《とくがわいえやす》→P20
本多忠勝《ほんだただかつ》→P80
水野勝成《みずのかつなり》→P102
山本勘助《やまもとかんすけ》※→P140

尾張《おわり》（愛知西部《あいちせいぶ》）
織田信長《おだのぶなが》→P12
豊臣秀吉《とよとみひでよし》→P16
お市《いち》→P70
加藤清正《かとうきよまさ》→P98
山内一豊《やまうちかずとよ》→P110
北政所《きたのまんどころ》（ねね）→P120
豊臣秀長《とよとみひでなが》→P122
前田慶次《まえだけいじ》→P126
佐久間信盛《さくまのぶもり》→P144
前田利家《まえだとしいえ》→P146

北政所《きたのまんどころ》

No.1《ナンバーワン》武将《ぶしょう》は

備中《びっちゅう》（岡山西部《おかやませいぶ》）
北条早雲《ほうじょうそううん》※→P28

播磨《はりま》（兵庫《ひょうご》）
黒田官兵衛《くろだかんべえ》→P84
黒田長政《くろだながまさ》→P84

細川藤孝《ほそかわふじたか》

越前《えちぜん》（福井《ふくい》）
朝倉義景《あさくらよしかげ》→P142

大谷吉継《おおたによしつぐ》

山城《やましろ》（京都《きょうと》）
足利義昭《あしかがよしあき》→P64
松永久秀《まつながひさひで》※→P96
細川藤孝《ほそかわふじたか》→P118
斎藤道三《さいとうどうさん》※→P132
細川忠興《ほそかわただおき》→P150

安芸《あき》（広島西部《ひろしませいぶ》）
毛利元就《もうりもとなり》→P40

近江《おうみ》（滋賀《しが》）
淀殿《よどどの》→P76
藤堂高虎《とうどうたかとら》→P100
石田三成《いしだみつなり》→P106
大谷吉継《おおたによしつぐ》→P106
千代《ちよ》※→P110

宇喜多秀家《うきたひでいえ》

備前《びぜん》（岡山東部《おかやまとうぶ》）
宇喜多秀家《うきたひでいえ》→P74
宇喜多直家《うきたなおいえ》→P148

豊後《ぶんご》（大分《おおいた》）
立花宗茂《たちばなむねしげ》→P88
大友宗麟《おおともそうりん》→P114

土佐《とさ》（高知《こうち》）
長宗我部元親《ちょうそかべもとちか》→P44

摂津《せっつ》（大阪《おおさか》 兵庫《ひょうご》）
本願寺顕如《ほんがんじけんにょ》→P66
荒木村重《あらきむらしげ》→P116
豊臣秀頼《とよとみひでより》→P154

和泉《いずみ》（大阪南部《おおさかなんぶ》）
千利休《せんのりきゅう》→P124

薩摩《さつま》（鹿児島西部《かごしませいぶ》）
島津義久《しまづよしひさ》→P48
島津義弘《しまづよしひろ》→P48
島津歳久《しまづとしひさ》→P48
島津家久《しまづいえひさ》→P48

紀伊《きい》（和歌山《わかやま》）
雑賀孫一《さいかまごいち》→P90

島津義弘《しまづよしひろ》

荒木村重《あらきむらしげ》

この本《ほん》の使《つか》い方《かた》

パラメーター　武将《ぶしょう》の能力《のうりょく》を8つの項目《こうもく》から評価《ひょうか》。

武将紹介《ぶしょうしょうかい》ページ
武将《ぶしょう》のプロフィールや何《なに》におけるNo.1なのかを解《かい》説《せつ》するページ。

No.1テーマ
その武将《ぶしょう》が何《なに》のNo.1なのかを紹介《しょうかい》。

No.2、No.3 ランキング
おしくもNo.1を逃《のが》した武将《ぶしょう》たちを紹介《しょうかい》。

武将《ぶしょう》プロフィール
生《しょう》がいや重要《じゅうよう》な功績《こうせき》などを武将自《ぶしょうみずか》ら紹介《しょうかい》。

コラム
ゆかりの品《しな》や史跡《しせき》、異名《いみょう》などを紹介《しょうかい》する「オレ様《さま》の○○」、武将《ぶしょう》の性格《せいかく》や事績《じせき》を解説《かいせつ》する「○○ってどんな人《ひと》?」、関連人物《かんれんじんぶつ》を紹介《しょうかい》する「人物《じんぶつ》コラム」の3種類《しゅるい》のコラムから、No.1武将《ぶしょう》を深掘《ふかぼ》りする。

特集《とくしゅう》ページ
No.1テーマにまつわる合戦《かっせん》や事件《じけん》、いつ話《わ》を楽《たの》しく解《かい》説《せつ》するページ。

※特集《とくしゅう》ページは1章《しょう》と各《かく》章冒頭《しょうぼうとう》2組《くみ》の武将《ぶしょう》にのみ入《はい》ります。

●武将《ぶしょう》の名前《なまえ》は一般的《いっぱんてき》に知《し》られている名前《なまえ》で表記《ひょうき》しています。●人物《じんぶつ》の年齢《ねんれい》は原則《げんそく》、数《かぞ》え年《どし》で記載《きさい》しています。

第1章

戦国10大覇者のNo.1《ナンバーワン》

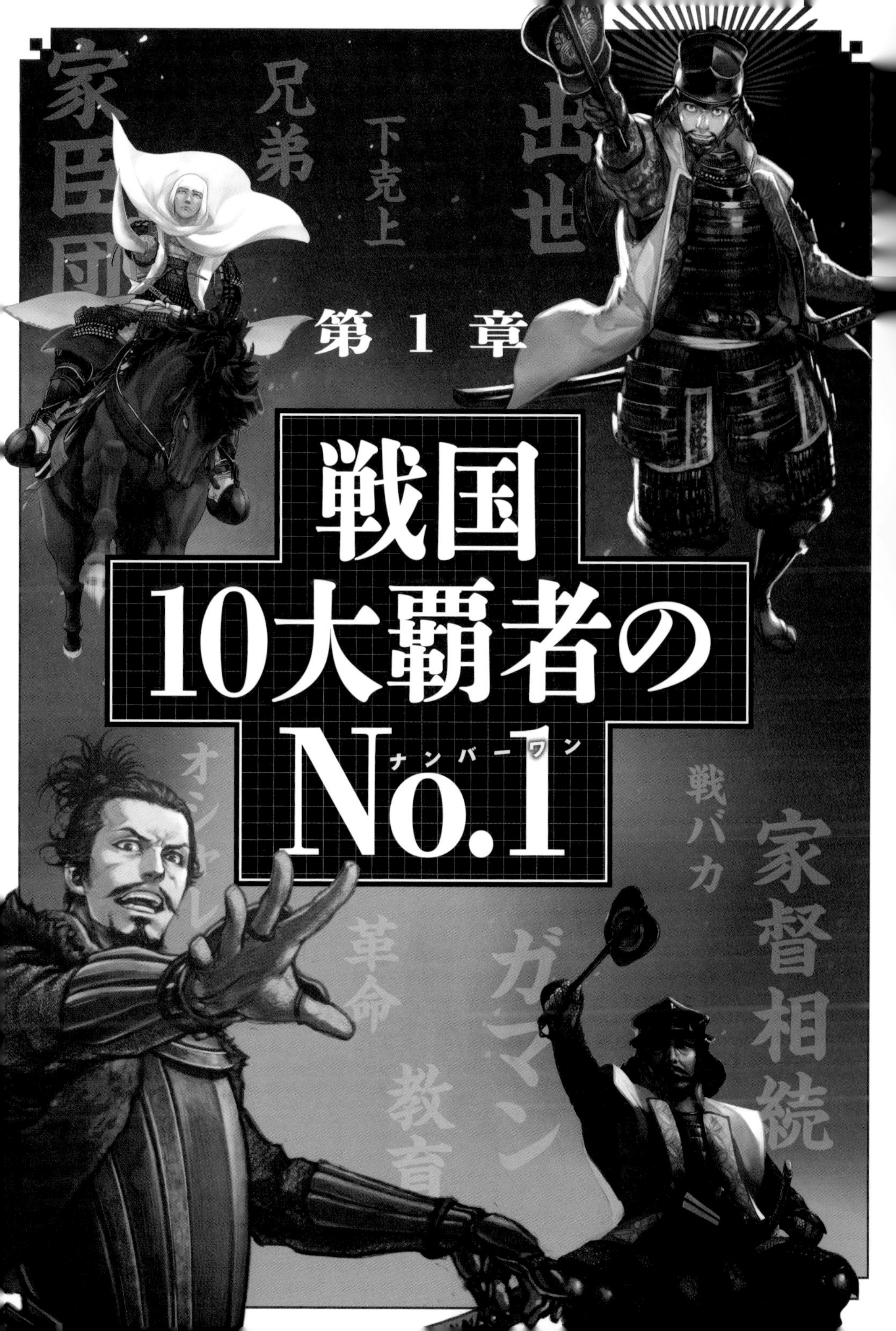
家臣団
兄弟
下克上
出世
オシャレ
戦バカ
家督相続
ガマン
革命
教育

乱《らん》世《せ》を革《かく》新《しん》した男《おとこ》
No.1《ナンバーワン》
織《お》田《だ》信《のぶ》長《なが》
改良《かいりょう》
統率力《とうそつりょく》
教養《きょうよう》
策略《さくりゃく》
領地《りょうち》
先見性《せんけんせい》
野望《やぼう》
武勇《ぶゆう》
乱《らん》世《せ》の革新者《かくしんしゃ》ランキング
No.2
百姓《ひゃくしょう》の子《こ》が天下《てんか》を統一《とういつ》
豊臣秀吉《とよとみひでよし》
No.3
芸術《げいじゅつ》としての茶《ちゃ》の湯《ゆ》を完成《かんせい》
千利休《せんのりきゅう》

No.1の理由 乱世《らんせ》をこわし統一《とういつ》の世《よ》をつくろうとした男《おとこ》

戦国時代《せんごくじだい》は変革《へんかく》の時代《じだい》だ。政治《せいじ》や合戦《かっせん》、文化《ぶんか》など、様々《さまざま》なものが革新《かくしん》された。そんな時代《じだい》に生《う》まれ、圧倒《あっとう》的《てき》な実力《じつりょく》とカリスマで時代《じだい》を革新《かくしん》した男《おとこ》。それが織田信長《おだのぶなが》である。

信長《のぶなが》の革新性《かくしんせい》を示《しめ》す功績《こうせき》としてよく知《し》られているのが、**信長《のぶなが》の城下《じょうか》では自由《じゆう》に商売《しょうばい》ができる政策《せいさく》「楽市楽座《らくいちらくざ》」や、鉄砲《てっぽう》を大量《たいりょう》に使《つか》って武田軍《たけだぐん》を破《やぶ》った「長篠《ながしの》の戦《たたか》い」**だ。教科書《きょうかしょ》で読《よ》んだことがある人《ひと》も多《おお》いだろう。

他《ほか》にも、信長《のぶなが》は石垣《いしがき》と天主《てんしゅ》（天守《てんしゅ》）を備《そな》えた新《あたら》しい城《しろ》・安土城《あづちじょう》（滋賀《しが》県《けん》）をつくったり、千利休《せんのりきゅう》・狩野永《かのうえい》徳《とく》などの芸術家《げいじゅつか》を支援《しえん》して文化《ぶんか》を発《はっ》展《てん》させたりもしている。

安土城跡《あづちじょうあと》に残《のこ》る石垣《いしがき》。自然石《しぜんせき》をうまく組《く》み合《あ》わせて積《つ》む「野面積《のづらづみ》」という技術《ぎじゅつ》でつくられている

信長《のぶなが》はなぜこんなにも世《よ》の中《なか》を変《か》えることができたのだろうか。じつは、信長《のぶなが》の政策《せいさく》はほとんどが彼《かれ》のオリジナルではないという。たとえば、楽市楽座《らくいちらくざ》は近江《おうみ》の六角家《ろっかくけ》や駿河《するが》の今《いま》川家《がわけ》が信長《のぶなが》よりも先《さき》に行《おこな》っているそうだ。安土城《あづちじょう》の石垣《いしがき》は畿内《きない》（京都周《きょうとしゅう》辺《へん》）の城《しろ》で広《ひろ》まりつつあった技術《ぎじゅつ》を取《と》り入《い》れたもので、天主《てんしゅ》も信長《のぶなが》以前《いぜん》に松永久秀《まつながひさひで》が自分《じぶん》の城《しろ》でつくっていた。信長《のぶなが》はオリジナルを創造《そうぞう》するのではなく、**すでにある良《よ》いものを見《み》極《きわ》めて改良《かいりょう》して広《ひろ》める力《ちから》が優《すぐ》れてい**たのだ。

信長《のぶなが》の改革《かいかく》により分裂《ぶんれつ》していた日《に》本《ほん》は統一《とういつ》へ向《む》かう。信長本人《のぶながほんにん》は本能《ほんのう》寺《じ》の変《へん》に倒《たお》れたが、天下統一《てんかとういつ》は彼《かれ》が見出《みいだ》した豊臣秀吉《とよとみひでよし》に受《う》けつがれ、長《なが》年《ねん》の盟友《めいゆう》だった徳川家康《とくがわいえやす》により泰平《たいへい》の世《よ》が実現《じつげん》することとなる。

尾張《おわり》（愛知県《あいちけん》）の小領主《しょうりょうしゅ》だったが、室町幕府《むろまちばくふ》を滅《ほろ》ぼして天下《てんか》を統一《とういつ》するため、朝倉《あさくら》・上杉《うえすぎ》・武田《たけだ》・毛利《もうり》など強敵《きょうてき》どもと戦《たたか》ったぞ

織田信長《おだのぶなが》
1534年《ねん》～1582年《ねん》

のぶながさま　かくめいそくほう

信長様《のぶながさま》の革命速報《かくめいそくほう》!

戦国《せんごく》の革命児《かくめいじ》・織田信長《おだのぶなが》の活《かつ》やくを報《ほう》じる新聞《しんぶん》が発《はっ》行《こう》された。買《か》いしめようとする家臣《かしん》たちをかき分《わ》け、編集部《へんしゅうぶ》も1部《ぶ》ゲットに成功《せいこう》。信長《のぶなが》の革命《かくめい》とはどんなものだったのか? さっそく、紙面《しめん》を見《み》てみよう。

織田新聞《おだしんぶん》

織田新聞《おだしんぶん》

天正●年
月　日

鉄砲隊《てっぽうたい》大活《だいかつ》やく!

設楽《したらが》原《はら》で武田軍《たけだぐん》に快勝《かいしょう》

武田勝頼《たけだかつより》率《ひき》いる武田軍《たけだぐん》に包囲《ほうい》されていた長篠城《ながしのじょう》（愛知県《あいちけん》）救援《きゅうえん》のため、織田《おだ》・徳川《とくがわ》連合軍《れんごうぐん》3万《まん》8000が出陣《しゅつじん》。城付近《しろふきん》の設楽《したらが》原《はら》で両軍《りょうぐん》は決戦《けっせん》におよび、連合軍《れんごうぐん》が勝利《しょうり》した。信長様《のぶながさま》は火縄銃《ひなわじゅう》を1000挺《ちょう》以上《いじょう》も戦《せん》場《じょう》に配備《はいび》。三重《さんじゅう》の馬防柵《ばぼうさく》で鉄砲隊《てっぽうたい》を守《まも》った。決戦当日《けっせんとうじつ》は馬防柵《ばぼうさく》が二重目《にじゅうめ》まで破《やぶ》られる危《あや》うい場面《ばめん》もあったが、鉄砲隊《てっぽうたい》が武田騎馬《たけだきば》隊《たい》を撃破《げきは》。徳川軍《とくがわぐん》の徳川家康《とくがわいえやす》氏《し》は「長年《ながねん》なやまされてきた武田《たけだ》の侵略《しんりゃく》から解放《かいほう》され、嬉《うれ》しいです」と喜《よろこ》びを語《かた》ってくれた。

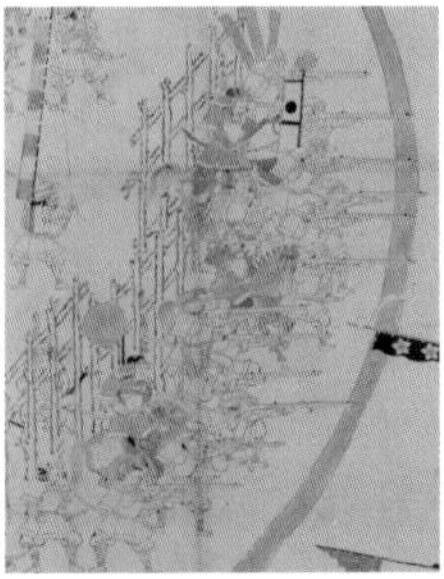

武田軍《たけだぐん》を撃《う》つ鉄砲隊《てっぽうたい》（『長《なが》篠合戦図屏風《しのかっせんずびょうぶ》 模本《もほん》』東京《とうきょう》国立博物館蔵《こくりつはくぶつかんぞう》／ColBase）

楽市楽座《らくいちらくざ》、安土《あづち》ではじまる

新城建築《しんじょうけんちく》でにぎわう安土《あづち》の町《まち》で、「楽市《らくいち》楽座《らくざ》」が実施《じっし》されることになった。楽市《らくいち》楽座《らくざ》は市場《いちば》への課税《かぜい》を免除《めんじょ》し、座《ざ》（商工《しょうこう》団体《だんたい》）への特権《とっけん》を停止《ていし》する商業振興政策《しょうぎょうしんこうせいさく》。すでに岐阜城下《ぎふじょうか》で実施《じっし》されており、物資《ぶっし》取引量《とりひきりょう》の増加《ぞうか》に一定《いってい》の効果《こうか》があったとして今回《こんかい》安土城下《あづちじょうか》でも導入《どうにゅう》されることとなったようだ。

岐阜城下《ぎふじょうか》の様子《ようす》（岐阜市博《ぎふしはく》物館提供《ぶつかんていきょう》）

今日《きょう》の紙面《しめん》

狩野永徳氏安土入《かのうえいとくしあづちい》り

某日《ぼうじつ》、天才画家《てんさいがか》・狩野永徳氏《かのうえいとくし》が安土《あづち》に到着《とうちゃく》。建築中《けんちくちゅう》の安土城天主《あづちじょうてんしゅ》の障壁画制作《しょうへきがせいさく》プロジェクトの指揮《しき》をとるとみられている。➡ P130

前将軍《ぜんしょうぐん》、毛利領《もうりりょう》へ移動《いどう》か

京《みやこ》から追放《ついほう》された足利義昭《あしかがよしあき》が毛利領《もうりりょう》の鞆《とも》に入《はい》った。情報筋《じょうほうすじ》によると、毛利輝元《もうりてるもと》に織田軍《おだぐん》との全面戦争《ぜんめんせんそう》を働《はたら》きかけているという。➡ P64

佐久間信盛氏追放《さくまのぶもりしついほう》される

本願寺包囲軍《ほんがんじほういぐん》の指揮官《しきかん》だった佐久間《さくま》氏《し》が職務怠慢《しょくむたいまん》で追放《ついほう》。佐久間氏《さくまし》は出家《しゅっけ》し、高野山《こうやさん》に入《はい》った。➡ P144

佐久間信盛《さくまのぶもり》

信長様《のぶながさま》、バテレンと対面《たいめん》

信長様《のぶながさま》はキリスト教《きょう》の布教《ふきょう》を行《おこな》っていたバテレン（宣教師《せんきょうし》）のルイス・フロイス氏《し》と対面《たいめん》。畿内《きない》でのキリスト教布教《きょうふきょう》の許可《きょか》をバテレンたちに与《あた》えた。信長様《のぶながさま》が南蛮《なんばん》の宗教《しゅうきょう》であるキリスト教《きょう》を認《みと》めたのは、僧侶《そうりょ》が金《かね》もうけや権力拡大《けんりょくかくだい》に明《あ》けくれる仏教界《ぶっきょうかい》の現状《げんじょう》をきらっていたからだという。また、キリスト教《きょう》受《う》け入《い》れによる南蛮貿易《なんばんぼうえき》の活発化《かっぱつか》というねらいもあるようだ。信長様《のぶながさま》との対面《たいめん》を終《お》えたフロイス氏《し》は、「信長様《のぶながさま》は無神論者《むしんろんじゃ》ですが、キリスト教《きょう》の教《おし》えには理解《りかい》を示《しめ》していマス。仏教《ぶっきょう》にじゃまされず布教《ふきょう》できるチャンスはとても貴重《きちょう》。ひとりでも多《おお》くの日本人《にほんじん》を信徒《しんと》に加《くわ》えたいデス」と、意気《いき》ごみを語《かた》った。今後《こんご》、畿内《きない》の各地《かくち》に南蛮寺《なんばんじ》（教会《きょうかい》）が順次建設《じゅんじけんせつ》されていく予定《よてい》。また、安土城下《あづちじょうか》にはセミナリヨ（司祭《しさい》や修道士《しゅうどうし》の養成学校《ようせいがっこう》）が設置《せっち》される。

知《し》りたい 「天下布武《てんかふぶ》」の意味《いみ》とは？

美濃《みの》（岐阜県《ぎふけん》）攻略以降《こうりゃくいこう》、信長様《のぶながさま》が使用《しよう》している「天下布武《てんかふぶ》」のスローガン。多《おお》くの人《ひと》は「武力《ぶりょく》で天下《てんか》を統一《とういつ》する」という意味《いみ》だと考《かんが》えていたが、信長様《のぶながさま》の意図《いと》はちがっていたらしい。「武《ぶ》」は武力《ぶりょく》ではなく武家政権《ぶけせいけん》＝室町幕府《むろまちばくふ》のこと。つまり、信長様《のぶながさま》が目《め》ざしていたのは室町幕府《むろまちばくふ》の復興《ふっこう》だったのだ。ただし、義昭《よしあき》との決別《けつべつ》以降《いこう》は信長様自身《のぶながさまじしん》が政権《せいけん》トップになって天下《てんか》を統一《とういつ》する方向《ほうこう》に切《き》りかえたようである。

信長様《のぶながさま》が使用《しよう》した天下布武印《てんかふぶいん》（国立国会図書館蔵《こくりつこっかいとしょかんぞう》）

オレ様《さま》の城《しろ》

安土城《あづちじょう》

天下統一《てんかとういつ》を進《すす》める信長《のぶなが》は 1576 年《ねん》から新《あら》たな本拠地《ほんきょち》・安土城《あづちじょう》の築城《ちくじょう》をはじめる。琵琶湖《びわこ》に面《めん》した安土山全体《あづちやまぜんたい》に石垣《いしがき》をめぐらせ、山頂《さんちょう》には五重《ごじゅう》の天主《てんしゅ》が建《た》っていたという。天主内《てんしゅない》は狩野永徳《かのうえいとく》など一流《いちりゅう》の画家《がか》による障壁画《しょうへきが》や金銀財宝《きんぎんざいほう》で飾《かざ》られていたが、山崎《やまざき》の戦《たたか》い後《ご》にナゾの火事《かじ》で燃《も》えてしまった。

信長《のぶなが》ってどんな人《ひと》？

イベント・おもてなしが大好《だいす》き！

信長《のぶなが》は派手《はで》な行事《ぎょうじ》を企画《きかく》するのが好《す》きだった。京都《きょうと》ではきらびやかな衣装《いしょう》でパレードを行《おこな》う「馬《うま》ぞろえ」を主催《しゅさい》している他《ほか》、安土城《あづちじょう》では天主《てんしゅ》のライトアップイベントを行《おこな》っている。また、安土城《あづちじょう》で人《ひと》をもてなすのも好《す》きだった。ある年《とし》、信長《のぶなが》は正月《しょうがつ》のあいさつに来《き》た客《きゃく》たちを安土城見学《あづちじょうけんがく》ツアーに招待《しょうたい》。美《うつく》しい建物《たてもの》や庭園《ていえん》を見物《けんぶつ》させ、最後《さいご》に信長《のぶなが》が直接見学料《ちょくせつけんがくりょう》を徴収《ちょうしゅう》したという。

それがしは、この馬《うま》ぞろえのために名馬《めいば》を買《か》ったんだ。お金《かね》は奥《おく》さんに出《だ》してもらったんだけど…
山内一豊《やまうちかずとよ》

大《おお》きく出世《しゅっせ》した武将《ぶしょう》 No.1《ナンバーワン》

豊《とよ》臣《とみ》秀《ひで》吉《よし》

アイデア

武勇《ぶゆう》
統率力《とうそつりょく》
野望《やぼう》
教養《きょうよう》
先見性《せんけんせい》
策略《さくりゃく》
領地《りょうち》

戦国出世《せんごくしゅっせ》ランキング

No.2 小領主《しょうりょうしゅ》から中国《ちゅうごく》の覇者《はしゃ》に
毛利元就《もうりもとなり》

No.3 伊豆《いず》・相模《さがみ》を平定《へいてい》
北条早雲《ほうじょうそううん》

No.1の理由

難題《なんだい》も逆境《ぎゃっきょう》も乗《の》りこえて百姓《ひゃくしょう》の子《こ》が天下《てんか》をつかむ

大統領《だいとうりょう》にしろ総理大臣《そうりだいじん》にしろ、国《くに》のトップに立《た》つというのはとても難《むずか》しい。ましてや、身分《みぶん》のかべがある戦国時代《せんごくじだい》は今以上《いまいじょう》に出世《しゅっせ》が困難《こんなん》だった。そんな時代《じだい》に下層身分《かそうみぶん》から天《てん》下人《かびと》になった男《おとこ》がいる。豊臣秀吉《とよとみひでよし》だ。

秀吉《ひでよし》は百姓《ひゃくしょう》の子《こ》（諸説《しょせつ》あり）だったが、織田信長《おだのぶなが》に才能《さいのう》を見出《みいだ》されたのが出世《しゅっせ》の始《はじ》まり。**信長《のぶなが》の死後《しご》は明《あけ》智光秀《ちみつひで》や柴田勝家《しばたかついえ》と戦《たたか》って信長《のぶなが》の後《こう》継者《けいしゃ》となり、四国《しこく》の長宗我部元親《ちょうそかべもとちか》、関東《かんとう》の北条氏政《ほうじょううじまさ》などを倒《たお》して天下統《てんかとう》一《いつ》を成《な》しとげたのだ。**

秀吉《ひでよし》が身分《みぶん》のかべをやぶって出世《しゅっせ》できたのは、武士《ぶし》の常識《じょうしき》にしばられていなかったことが大《おお》きいだろう。

当時《とうじ》の武士《ぶし》は、守《まも》るべき「家《いえ》」があり、代々仕《だいだいつか》える「家臣《かしん》」との関係《かんけい》も無視《むし》できなかった。**だが、秀吉《ひでよし》は守《まも》る家《いえ》がないからどんな危険《きけん》な任務《にんむ》にも志願《しがん》できたし、代々《だいだい》の家臣《かしん》もいないので身分《みぶん》や出身地《しゅっしんち》を気《き》にすることなく石田三成《いしだみつなり》や黒田官兵衛《くろだかんべえ》のような優秀《ゆうしゅう》な人材《じんざい》を自由《じゆう》に採用《さいよう》できたのだ。**

また、秀吉《ひでよし》はピンチをチャンスに変《か》えるのも得意《とくい》だった。本能寺《ほんのうじ》の変《へん》が起《お》こった時《とき》、秀吉《ひでよし》は毛利軍《もうりぐん》と戦《たたか》っていて毛利軍《もうりぐん》に信長《のぶなが》の死《し》を知《し》られれば反撃《はんげき》される危険《きけん》があった。だが、秀吉《ひでよし》は信長《のぶなが》が死《し》んだという情報《じょうほう》を徹《てっ》底的《ていてき》に毛利軍《もうりぐん》にかくして和睦《わぼく》を結《むす》び、中国大返《ちゅうごくおおがえ》しで京都《きょうと》へもどって、主君《しゅくん》の仇《かたき》を討《う》った。常識《じょうしき》にとらわれない自由《じゆう》なアイデアや決断力《けつだんりょく》こそが、秀《ひで》吉《よし》の天下取《てんかと》りに不可欠《ふかけつ》の才能《さいのう》だったのだ。

ワシは信長様《のぶながさま》の家臣《かしん》として出世《しゅっせ》して、城持《しろも》ちの大名《だいみょう》になった。信長《のぶなが》様《さま》が亡《な》くなった後《あと》は、天下統一《てんかとういつ》を受《う》けついでやりとげたんじゃ！

豊臣秀吉《とよとみひでよし》
1537年《ねん》～1598年《ねん》

金ヶ崎城址

秀吉出世《ひでよししゅっせ》のきっかけとなった金ヶ崎《かねがさき》。殿《しんがり》という、敵《てき》から味方《みかた》を守《まも》りながら逃《に》げる難《むずか》しい任務《にんむ》をやりとげた

太閤秀吉《たいこうひでよし》の出世《しゅっせ》すごろく

百姓《ひゃくしょう》の子《こ》から天下人《てんかびと》となった豊臣秀吉《とよとみひでよし》。
彼《かれ》はなぜこれほどの大出世《だいしゅっせ》をとげられたのか?
秀吉《ひでよし》の波瀾万丈《はらんばんじょう》な生《しょう》がいをすごろくで体験《たいけん》してみよう!

墨俣一夜城址公園《すのまたいちやじょうしこうえん》

スタート

尾張《おわり》（愛知県《あいちけん》）の
百姓《ひゃくしょう》の子《こ》・藤吉郎《とうきちろう》が、
織田信長《おだのぶなが》に仕《つか》える

7日《か》で城《しろ》を
つくってみせると言《い》った
時《とき》は耳《みみ》をうたがったが、
本当《ほんとう》にやるとはな…

織田信長《おだのぶなが》

信長《のぶなが》の草履《ぞうり》をふところで温《あたた》め気《き》に入《い》られる

墨俣《すのまた》に一夜《いちや》城《じょう》をつくり城《じょう》主《しゅ》を任《まか》される

金《かね》ヶ崎《がさき》の退《の》き口《ぐち》で殿《しんがり》を務《つと》め、金《きん》10枚《まい》をほうびにもらう

小谷城《おだにじょう》の攻略《こうりゃく》で活《かつ》やくし、北近江《きたおうみ》の領主《りょうしゅ》となる

➔ 1マスすすむ

柴田勝家《しばたかついえ》と上杉《うえすぎ》攻《ぜ》めに行《い》くが、勝家《かついえ》とケンカ。勝手《かって》に帰還《きかん》

← 2マスもどる

信長《のぶなが》から中国《ちゅうごく》地方《ちほう》の攻略《こうりゃく》を命《めい》じられる

備中高松城《びっちゅうたかまつじょう》を包囲中《ほういちゅう》に本能寺《ほんのうじ》の変《へん》を知《し》る

必ずとまる

中国大返《ちゅうごくおおがえ》しを行《おこな》い、明智光秀《あけちみつひで》を山崎《やまざき》の戦《たたか》いで破《やぶ》る

← 3マスすすむ

賤《しず》ヶ岳《がたけ》の戦《たたか》いで柴田勝家《しばたかついえ》を破《やぶ》り、織田《おだ》家臣《かしん》のトップになる

小牧《こまき》・長久手《ながくて》の戦《たたか》いで織田《おだ》信雄《のぶかつ》を屈服《くっぷく》させる。

秀吉《ひでよし》ってどんな人《ひと》?

出世《しゅっせ》のヒケツは愛《あい》きょう!

低《ひく》い身分《みぶん》からの出世《しゅっせ》を目《め》ざしていた秀吉《ひでよし》は、人間関係《にんげんかんけい》に気《き》をつかっていた。主君《しゅくん》の信長《のぶなが》はもちろん、同《どう》りょうや部下《ぶか》にもよく気《き》づかいをしたため、彼《かれ》が天下《てんか》取《と》りをする時《とき》に協力《きょうりょく》する人《ひと》が多《おお》かったのだ。

わたしが
兄上《あにうえ》の天下取《てんかと》りを
支《ささ》えます!

豊臣秀長《とよとみひでなが》

『太閤記《たいこうき》』の信長《のぶなが》の草履《ぞうり》を温《あたた》める場面《ばめん》（国立国会図書館蔵《こくりつこっかいとしょかんぞう》）

戦国《せんごく》の出世人《しゅっせびと》ランキング

秀吉《ひでよし》以外《いがい》にも低《ひく》い身分《みぶん》から大大名《だいだいみょう》になった人物《じんぶつ》がいる。その中《なか》でも秀吉《ひでよし》に次《つ》ぐ出世《しゅっせ》をとげたのが毛利元就《もうりもとなり》。安芸《あき》（広島県《ひろしまけん》）の小領主《しょうりょうしゅ》の子《こ》、それも家《いえ》をつげない次男《じなん》だったが、大内《おおうち》・尼子《あまご》という大大名《だいだいみょう》を倒《たお》して中国地方《ちゅうごくちほう》を統一《とういつ》した。3位《い》は北条早雲《ほうじょうそううん》。身《み》ひとつで京《みやこ》から東国《とうごく》へくだり、1代《だい》で伊豆《いず》（静岡県《しずおかけん》）・相模《さがみ》（神奈川県《かながわけん》）の2か国《こく》を平定《へいてい》した。

ワシは若《わか》い頃《ころ》、家臣《かしん》に城《しろ》を追《お》い出《だ》されとても苦労《くろう》したのだ

No.2 毛利元就《もうりもとなり》

わしは新天地《しんてんち》の東国《とうごく》で大名《だいみょう》となり、関東覇者《かんとうはしゃ》となる北条《ほうじょう》５代《だい》の礎《いしずえ》を築《きず》いたのじゃ！

No.3 北条早雲《ほうじょうそううん》

オレ様《さま》の異名《いみょう》

「太閤《たいこう》」

秀吉《ひでよし》はえらくなってからは「太閤《たいこう》」と呼《よ》ばれた。太閤《たいこう》とは、摂政関白《せっしょうかんぱく》を隠居《いんきょ》した人《ひと》に対《たい》する称号《しょうごう》。なのだが、秀吉以降《ひでよしいこう》は彼《かれ》のように大出世《だいしゅっせ》した人《ひと》を「今太閤《いまたいこう》」と呼《よ》んだり、秀吉《ひでよし》の居城《きょじょう》・大坂城《おおさかじょう》は現在《げんざい》も地元《じもと》の人々《ひとびと》から「太閤《たいこう》はんの城《しろ》」と呼《よ》ばれるなど、すっかり秀吉専用《ひでよしせんよう》の異名《いみょう》になっている。

朝鮮《ちょうせん》へ出陣《しゅつじん》する豊臣軍《とよとみぐん》（都立中央《とりつちゅうおう》図書館蔵《としょかんぞう》）

四国《しこく》の長宗我部元親《ちょうそかべもとちか》、九州《きゅうしゅう》の島津義久《しまづよしひさ》を臣従《しんじゅう》させる

朝廷最高《ちょうていさいこう》の役職《やくしょく》「関白《かんぱく》」になり、「豊臣《とよとみ》」の姓《せい》をもらう

ゴール

北条家《ほうじょうけ》を滅《ほろ》ぼし天下統一《てんかとういつ》。次《つぎ》の目標《もくひょう》は大陸征服《たいりくせいふく》だ!

わらわの子《こ》秀頼《ひでより》が次《つぎ》の天下人《てんかびと》じゃ！

淀殿《よどどの》

ガマン強《づよ》い武将《ぶしょう》No.1ナンバーワン

徳《とく》川《がわ》家《いえ》康《やす》

ガマン強《づよ》さランキング

No.2 1年暗《ねんくら》いろう屋《や》にとじこめられる
黒田官兵衛《くろだかんべえ》

No.3 家族《かぞく》と上司《じょうし》の板《いた》ばさみ
真田信之《さなだのぶゆき》

No.1の理由

苦労《くろう》は人生《じんせい》の糧《かて》！ガマン人生《じんせい》の末《すえ》に泰平《たいへい》の世《よ》を築《きず》く

人生《じんせい》はガマンの連続《れんぞく》だ。でも、「石《いし》の上《うえ》にも三年《さんねん》」なんて言葉《ことば》があるように、ガマンは人《ひと》を成長《せいちょう》させ、いい結果《けっか》をもたらすことも。江戸幕府《えどばくふ》を開《ひら》いた徳川家康《とくがわいえやす》も、ガマンしつづけた末《すえ》に大成功《だいせいこう》を収《おさ》めた人物《じんぶつ》である。

家康《いえやす》のガマン人生《じんせい》は6歳《さい》からはじまる。家《いえ》を守《まも》るため、はじめ織田家《おだけ》、その後大大名《ごだいだいみょう》・今川家《いまがわけ》の人質《ひとじち》になったのだ。しかし、次期三河《じきみかわ》（愛知県《あいちけん》）国主《こくしゅ》という立場《たちば》から今川義元《いまがわよしもと》に将来《しょうらい》の重臣候補《じゅうしんこうほ》として期待《きたい》され、英才教育《えいさいきょういく》を受《う》けていたという。**「海道《かいどう》一《いち》の弓取《ゆみと》り」とたたえられた義元《よしもと》の政治《せいじ》や戦《たたか》いを間近《まぢか》で見《み》ながら、高水準《こうすいじゅん》な教育《きょういく》を受《う》けられたことは、後々《のちのち》の家康《いえやす》の人生《じんせい》に大《おお》きく役立《やくだ》った。**

桶狭間《おけはざま》の戦《たたか》いで義元《よしもと》が討《う》ち死《じ》にすると、家康《いえやす》は今川家《いまがわけ》から独立《どくりつ》。織田信長《おだのぶなが》と同盟《どうめい》を結《むす》び、戦国大名《せんごくだいみょう》となった。その後《ご》も、武田信玄《たけだしんげん》・勝頼《かつより》との戦《たたか》いや本能寺《ほんのうじ》の変《へん》後《ご》の混乱《こんらん》、豊臣秀吉《とよとみひでよし》との対立《たいりつ》など、たくさんの危機《きき》や難題《なんだい》を乗《の》りこえ、くやしい思《おも》いをしながらも地道《じみち》に領地《りょうち》を広《ひろ》げていく。

そして、秀吉《ひでよし》が亡《な》くなると、家康《いえやす》は天下分《てんかわ》け目《め》の関《せき》ヶ原《がはら》の戦《たたか》いを制《せい》して江戸幕府《えどばくふ》を開《ひら》く。そして、豊臣家《とよとみけ》を滅《ほろ》ぼし、平和《へいわ》な世《よ》を実現《じつげん》した。

家康《いえやす》が平和《へいわ》な世《よ》をつくれたのは、ガマン人生《じんせい》の中《なか》でもくさらず、戦《いくさ》のやり方《かた》や政治《せいじ》のかけひきなどを敵味方《てきみかた》関係《かんけい》なく学《まな》んだから。もし彼《かれ》がガマン続《つづ》きの人生《じんせい》がイヤになってどこかですべてを投《な》げ出《だ》していたら、平和《へいわ》な江戸時代《えどじだい》は来《こ》なかっただろう。

家康《いえやす》2番目《ばんめ》の居城《きょじょう》・浜松城《はままつじょう》（静岡県《しずおかけん》）。武田軍《たけだぐん》との戦《たたか》いや秀吉《ひでよし》との対立《たいりつ》など、苦労《くろう》の多《おお》い時代《じだい》をすごした城《しろ》だ

ワシは今川《いまがわ》・武田《たけだ》・豊臣《とよとみ》などの強敵《きょうてき》と戦《たたか》いながら勢力《せいりょく》を拡大《かくだい》。苦労《くろう》の末《すえ》に、平和《へいわ》な江戸時代《えどじだい》を開《ひら》いたのじゃ

徳川家康《とくがわいえやす》
1542年《ねん》〜1616年《ねん》

神君家康《しんくんいえやす》のガマン年表《ねんぴょう》

徳川家康《とくがわいえやす》は今川義元《いまがわよしもと》・織田信長《おだのぶなが》・武田信玄《たけだしんげん》・豊臣秀吉《とよとみひでよし》など、多《おお》くの猛者《もさ》と渡《わた》りあう、苦労《くろう》の多《おお》い人生《じんせい》を送《おく》った。波瀾万丈《はらんばんじょう》の人生《じんせい》の中《なか》で、彼《かれ》がどれほどガマンをしてきたのかを見《み》てみよう。

年号《ねんごう》	年《ねん》れい	できごと&ガマンメーター（高↑↓低）
1547	6歳《さい》	今川家《いまがわけ》の人質《ひとじち》となるはずが織田家《おだけ》にらちされる
1549	8歳《さい》	人質交換《ひとじちこうかん》で今川家《いまがわけ》へ連《つ》れて行《い》かれる
1560	19歳《さい》	桶狭間《おけはざま》の戦《たたか》いで今川義元《いまがわよしもと》が討《う》ち死《じ》に
1561	20歳《さい》	織田信長《おだのぶなが》と和睦《わぼく》。今川《いまがわ》からの独立《どくりつ》を目《め》ざす
1563	22歳《さい》	三河一向一揆《みかわいっこういっき》が起《お》こる。多数《たすう》の家臣《かしん》に裏切《うらぎ》られピンチに
1566	25歳《さい》	三河《みかわ》を平定《へいてい》する
1569	28歳《さい》	今川氏真《いまがわうじざね》を降伏《こうふく》させ、遠江《とおとうみ》を獲得《かくとく》する
1572	31歳《さい》	武田信玄《たけだしんげん》に攻《せ》められ、三方ヶ原《みかたがはら》の戦《たたか》いで惨敗《ざんぱい》する
1574	33歳《さい》	信玄《しんげん》の子《こ》・勝頼《かつより》が遠江《とおとうみ》に攻《せ》めて来《く》る
1575	34歳《さい》	長篠《ながしの》の戦《たたか》いに勝利《しょうり》。武田軍《たけだぐん》への反撃《はんげき》をはじめる
1579	38歳《さい》	武田《たけだ》に内通《ないつう》した長男《ちょうなん》・信康《のぶやす》を自害《じがい》させる
1582	41歳《さい》	信長《のぶなが》に従《したが》って武田家《たけだけ》を滅《ほろ》ぼし、駿河《するが》をもらう

家康《いえやす》には、次世代《じせだい》の重臣《じゅうしん》として活《かつ》やくしてほしかったのじゃ
今川義元《いまがわよしもと》

我《われ》の命《いのち》があと1年長《ねんなが》ければ、討《う》ち取《と》ってやったのに…
武田信玄《たけだしんげん》

オレ様《さま》の部下《ぶか》「三河家臣団《みかわかしんだん》」

三方ヶ原《みかたがはら》の古戦場《こせんじょう》に立《た》つ夏目吉信《なつめよしのぶ》（広次《ひろつぐ》）の碑《ひ》

家康《いえやす》の天下取《てんかと》りには、人質時代《ひとじちじだい》から忠実《ちゅうじつ》に仕《つか》えてくれた家臣《かしん》の存在《そんざい》が欠《か》かせなかった。最強武将《さいきょうぶしょう》とおそれられた本多忠勝《ほんだただかつ》、右《みぎ》うでとして文武両面《ぶんぶりょうめん》を支《ささ》えた酒井忠次《さかいただつぐ》、三方ヶ原《みかたがはら》の戦《たたか》いで家康《いえやす》の身代《みが》わりとなった夏目広次《なつめひろつぐ》などだ。三河家臣団《みかわかしんだん》の多《おお》くは江戸幕府《えどばくふ》の重職《じゅうしょく》につき、江戸幕府《えどばくふ》が260年《ねん》の平和《へいわ》を保《たも》つのに貢献《こうけん》する。

家康《いえやす》は方広寺《ほうこうじ》の鐘《かね》に刻《きざ》まれた「国家安康《こっかあんこう》君臣豊楽《くんしんほうらく》」を、家康《いえやす》を呪《のろ》い豊臣《とよとみ》だけが栄《さか》える意味《いみ》だといいがかりをつけ、大坂冬《おおさかふゆ》の陣《じん》の口実《こうじつ》にした

三方ヶ原《みかたがはら》で信玄《しんげん》にボロ負《ま》けした家康《いえやす》は、恐怖《きょうふ》に引《ひ》きつった姿《すがた》を家臣《かしん》に描《か》かせたという

1582	41歳《さい》	堺見物中《さかいけんぶつちゅう》に本能寺《ほんのうじ》の変《へん》が起《お》こる
		旧武田領《きゅうたけだりょう》をめぐって北条家《ほうじょうけ》と戦《たたか》い、甲斐《かい》・信濃《しなの》を得《え》る
1584	43歳《さい》	小牧《こまき》・長久手《ながくて》の戦《たたか》い。戦《いくさ》は勝《か》つが政治《せいじ》で敗《やぶ》れる
1586	45歳《さい》	秀吉《ひでよし》の妹《いもうと》と結婚《けっこん》し、秀吉《ひでよし》に臣従《しんじゅう》する
1590	49歳《さい》	滅《ほろ》ぼされた北条家《ほうじょうけ》の領地《りょうち》・関東《かんとう》に転封《てんぽう》（国替《くにが》え）となる
1598	57歳《さい》	秀吉《ひでよし》が死去《しきょ》する
1599	58歳《さい》	天下取《てんかと》りにジャマな石田三成《いしだみつなり》を隠居《いんきょ》させる
1600	59歳《さい》	関《せき》ヶ原《がはら》の戦《たたか》いに勝《か》ち、次《つぎ》の天下人《てんかびと》の座《ざ》をつかむ
1603	62歳《さい》	征夷大将軍《せいいたいしょうぐん》となり、江戸幕府《えどばくふ》を開《ひら》く
1605	64歳《さい》	将軍職《しょうぐんしょく》を三男《さんなん》・秀忠《ひでただ》にゆずる
1611	70歳《さい》	二条城《にじょうじょう》で豊臣秀頼《とよとみひでより》と会見《かいけん》。りっぱな姿《すがた》におどろく
1614	73歳《さい》	方広寺鐘銘《ほうこうじしょうめい》の「国家安康《こっかあんこう》 君臣豊楽《くんしんほうらく》」にクレームをつける
		大坂冬《おおさかふゆ》の陣《じん》。真田丸《さなだまる》に苦戦《くせん》するが和睦《わぼく》する
1615	74歳《さい》	大坂夏《おおさかなつ》の陣《じん》で豊臣家《とよとみけ》を滅《ほろ》ぼし、天下《てんか》を統一《とういつ》する

石田三成《いしだみつなり》

家康《いえやす》ってどんな人《ひと》？ 健康《けんこう》オタクだった家康《いえやす》

家康《いえやす》は75歳《さい》で亡《な》くなった。当時《とうじ》としては長生《ながい》きだった理由《りゆう》は、彼《かれ》が健康《けんこう》オタクだったから。医者《いしゃ》が舌《した》を巻《ま》くほど医《い》術《じゅつ》や薬学《やくがく》の知識《ちしき》があり、食事《しょくじ》にも気《き》をつかっていた。特《とく》に鷹狩《たかが》り（タカを使《つか》う狩猟法《しゅりょうほう》。獲物《えもの》を追《お》って山野《さんや》をかけ回《まわ》るため、体力《たいりょく》づくりになる）は健康法《けんこうほう》兼《けん》趣味《しゅみ》として、晩年《ばんねん》まで行《おこな》っていたという。

駿府城《すんぷじょう》に立《た》つタカと家康《いえやす》の銅像《どうぞう》

オシャレ武《ぶ》将《しょう》
No.1《ナンバーワン》
伊《だ》達《て》政《まさ》宗《むね》
オシャレ
武勇《ぶゆう》
統率力《とうそつりょく》
野望《やぼう》
教養《きょうよう》
先見性《せんけんせい》
策略《さくりゃく》
領地《りょうち》
オシャレ武将《ぶしょう》ランキング
No.2
甲冑《かっちゅう》や刀《かたな》の鞘《さや》などをデザイン
細川忠興《ほそかわただおき》
No.3
金《きん》ピカ、ド派手《はで》なデザインが大好《だいす》き
豊臣秀吉《とよとみひでよし》

No.1の理由

元祖《がんそ》オシャレ男子《だんし》！派手《はで》な服《ふく》と行動《こうどう》で乱世《らんせ》を生《い》きぬく

「伊達男《だておとこ》」という言葉《ことば》がある。オシャレで粋《いき》な男性《だんせい》へのほめ言葉《ことば》なのだが、その由来《ゆらい》となったと言《い》われているのが伊達政宗《だてまさむね》である。

政宗《まさむね》のオシャレへのこだわりは彼《かれ》の甲冑《かっちゅう》に見《み》ることができる。戦国時代《せんごくじだい》、自分《じぶん》の命《いのち》をあずける甲冑《かっちゅう》のデザインにこだわる武将《ぶしょう》は多《おお》かった。兜《かぶと》の前立《まえだて》にムカデ（後退《こうたい》しない）やトンボ（前《まえ》へしか飛《と》ばない）など縁起《えんぎ》のいい生《い》き物《もの》の飾《かざ》りをつけたり、甲冑《かっちゅう》の色《いろ》を部隊全員《ぶたいぜんいん》で真《ま》っ赤《か》に統一《とういつ》（赤備《あかぞな》え）したりしたのだ。

政宗《まさむね》の兜《かぶと》は金《きん》の三日月《みかづき》を飾《かざ》った黒《くろ》い兜《かぶと》。胴体《どうたい》を守《まも》る鎧《よろい》も黒《くろ》ベースでシンプルかつスタイリッシュだ。伊達《だて》軍《ぐん》には日輪《にちりん》（太陽《たいよう》）をモチーフにした軍旗《ぐんき》があり、兜《かぶと》と対《つい》になっていたという説《せつ》もある。

政宗《まさむね》が築《きず》いた仙台城《せんだいじょう》（宮城県《みやぎけん》）。本丸《ほんまる》には、政宗《まさむね》がつくった豪華絢爛《ごうかけんらん》な御殿《ごてん》があったが、明治時代《めいじじだい》に失《うしな》われてしまった

政宗《まさむね》はファッションだけでなく、行動《こうどう》も派手《はで》でカッコよかった。豊臣秀吉《とよとみひでよし》がなかなか自分《じぶん》に臣従《しんじゅう》しない政宗《まさむね》におこっていると知《し》った時《とき》は、死装束《しにしょうぞく》を着《き》て秀吉《ひでよし》に謁見《えっけん》した。「その場《ば》で殺《ころ》されても文句《もんく》は言《い》いませんよ」というアピールである。政宗《まさむね》の大胆《だいたん》さを気《き》に入《い》った秀吉《ひでよし》は一部領地《いちぶりょうち》の没収《ぼっしゅう》だけで政宗《まさむね》を許《ゆる》した。その後《ご》も、政宗《まさむね》は派手好《はでず》きな秀吉《ひでよし》に気《き》に入《い》られるように様々《さまざま》な場面《ばめん》で派手《はで》なパフォーマンスを行《おこな》い、東北《とうほく》くっ指《し》の大大名《だいだいみょう》の地位《ちい》を保《たも》ちつづけた。

政宗《まさむね》の派手《はで》なファッションや行動《こうどう》は、単《たん》なるオシャレではなく、乱世《らんせ》を生《い》き残《のこ》るための処世術《しょせいじゅつ》でもあったのだ。

奥州統一《おうしゅうとういつ》、
さらには天下統一《てんかとういつ》を
目《め》ざして領地《りょうち》を広《ひろ》げてたが、
秀吉《ひでよし》に先《さき》を越《こ》され
ちまったぜ

伊達政宗《だてまさむね》
1567年《ねん》～1636年《ねん》

独眼竜《どくがんりゅう》の戦国《せんごく》ファッションショー

戦国時代《せんごくじだい》は、英雄《えいゆう》たちの好《この》みを反映《はんえい》した豪華《ごうか》で大胆《だいたん》な服装《ふくそう》や軍装《ぐんそう》が好《この》まれた。その中《なか》でも、特《とく》にイカしたファッションを、“戦国《せんごく》のファッションリーダー ”こと伊達政宗《だてまさむね》が紹介《しょうかい》していくぞ!

まずはオレの甲冑《かっちゅう》を紹介《しょうかい》するぜ！
この黒漆五枚胴具足《くろうるしごまいどうぐそく》は、
戦《いくさ》での動《うご》きやすさと
オシャレの両方《りょうほう》を追求《ついきゅう》した、
じまんの一品《いっぴん》なんだ

伊達政宗《だてまさむね》

エントリーNo.1

黒漆五枚胴具足《くろうるしごまいどうぐそく》

政宗《まさむね》の甲冑《かっちゅう》といえばコレ! 漆黒《しっこく》のよろいに金《きん》の三日月《みかづき》が映《は》える、シンプルだが洗練《せんれん》されたデザインだ。月《つき》モチーフの前立《まえだて》(兜《かぶと》の前面《ぜんめん》に付《つ》ける飾《かざ》り)は多《おお》いが、その中《なか》でも政宗《まさむね》の三日月《みかづき》は最大級《さいだいきゅう》だという。(仙台市博物館蔵《せんだいしはくぶつかんぞう》)

オレ様《さま》の異名《いみょう》

「独眼竜《どくがんりゅう》」

元々《もともと》は、唐《とう》(中国《ちゅうごく》)の名将《めいしょう》·李克用《りこくよう》の異名《いみょう》だった。克用《こくよう》が生《う》まれつき隻眼《せきがん》(片目《かため》を失《うしな》った人《ひと》)だったため、幼《おさな》いころに病気《びょうき》で右目《みぎめ》を失明《しつめい》した政宗《まさむね》も同《おな》じ隻眼《せきがん》の名将《めいしょう》として独眼竜《どくがんりゅう》と呼《よ》ばれたのだ。

エントリーNo.2

黒羅紗地木綿縫《くろらしゃじもめんぬ》い取《と》り織陣羽織《おりじんばおり》

羅紗《らしゃ》とは厚手《あつで》の毛織物《けおりもの》のこと。前面《ぜんめん》とすそに、色《いろ》とりどりの糸《いと》でしま模様《もよう》や人《ひと》、花《はな》などが刺《し》しゅうされた華《はな》やかな羽織《はおり》だ。政宗《まさむね》の右《みぎ》うで·片倉小十郎《かたくらこじゅうろう》の家《いえ》に代々伝《だいだいつた》わってきたものである。
(仙台市博物館蔵《せんだいしはくぶつかんぞう》)

この陣羽織《じんばおり》は、
政宗様《まさむねさま》が南蛮《なんばん》に派遣《はけん》した
支倉常長殿《はせくらつねながどの》が持《も》ち帰《かえ》った
とされています

片倉小十郎《かたくらこじゅうろう》

エントリーNo.4

萌黄絲毛引縅二枚胴具足《もえぎいとけびきおどしにまいどうぐそく》

真田昌幸《さなだまさゆき》の長男《ちょうなん》・信之《のぶゆき》の甲冑《かっちゅう》。兜《かぶと》は唐《とう》（中国《ちゅうごく》）の役人《やくにん》がかぶる冠《かんむり》の形《かたち》を模《も》しているため、「唐冠形《とうかんなり》」と呼《よ》ばれる。兜《かぶと》やよろいのあちこちに、真田家《さなだけ》の家紋《かもん》「六文銭《ろくもんせん》」が使《つか》われているのもポイント。

(真田宝物館蔵《さなだほうもつかんぞう》)

この甲冑《かっちゅう》は萌黄《もえぎ》（黄緑《きみどり》）色《いろ》の糸《いと》だが、
信之《のぶゆき》が家臣《かしん》に「赤備え《あかぞな》」を
指示《しじ》している書状《しょじょう》がある。
信之《のぶゆき》も赤《あか》い甲冑《かっちゅう》を持《も》っていた
のかもな

真田昌幸《さなだまさゆき》

一見《いっけん》、普通《ふつう》の甲冑《かっちゅう》に見《み》えるが、
兜《かぶと》が唐冠形《とうかんなり》になってたり、纓《えい》（冠《かんむり》の
背面飾《はいめんかざ》り）の透《す》かしや吹《ふ》き返《かえ》し、手甲《てっこう》
に六文銭《ろくもんせん》があしらわれてるんだな。
こだわりを感《かん》じるぜ

伊達政宗《だてまさむね》

エントリーNo.5

桐矢襖文様胴服《きりやぶすまもんようどうぶく》

「胴服《どうぶく》」とは腰丈《こしたけ》の上着《うわぎ》のこと。この服《ふく》は、安土桃山《あづちももやま》時代《じだい》に流行《りゅうこう》した「辻《つじ》が花《はな》」という華《はな》やかな染《そ》め物《もの》を使《つか》っている。桐《きり》の模様《もよう》が使《つか》われているのは、元々《もともと》、豊臣秀吉《とよとみひでよし》の持《も》ちものだったため。献上品《けんじょうひん》のお礼《れい》に、東北《とうほく》の南部信直《なんぶのぶなお》にあげたものだという。

(京都国立博物館蔵《きょうとこくりつはくぶつかんぞう》／ ColBase)

辻《つじ》が花《はな》の服《ふく》は、
色《いろ》んな絞《しぼ》り染《ぞ》めの技法《ぎほう》を
使《つか》って作《つく》ってるから、
超《ちょう》手間《てま》がかかってるんだぜ

伊達政宗《だてまさむね》

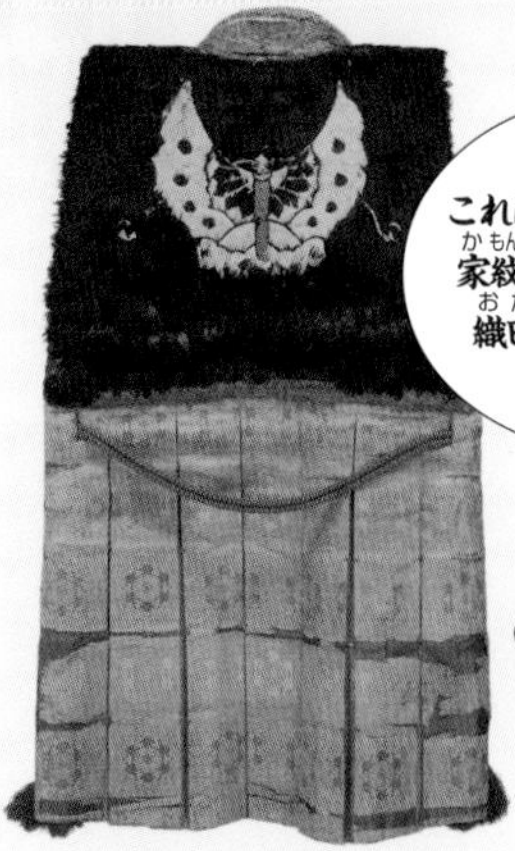

これは俺様《おれさま》の陣羽織《じんばおり》だな。
家紋《かもん》がアゲハ蝶《ちょう》なのは、
織田家《おだけ》が平氏《へいし》（自称《じしょう》）
だからだ

織田信長《おだのぶなが》

エントリーNo.3

陣羽織《じんばおり》 黒鳥毛揚羽蝶模様《くろとりげあげはちょうもよう》

織田信長《おだのぶなが》のものとされる陣羽織《じんばおり》。上《うえ》の黒地《くろじ》と蝶《ちょう》の模様《もよう》は鳥《とり》の羽《はね》をすき間《ま》なくうめこみ、下部《かぶ》にも細《こま》かな紋様《もんよう》を織《お》りこんでいる。天下人《てんかびと》にふさわしい、手《て》のこんだ一品《いっぴん》だ。

(東京国立博物館蔵《とうきょうこくりつはくぶつかんぞう》／ ColBase)

政宗《まさむね》ってどんな人《ひと》？

秀吉《ひでよし》をうならせたパフォーマンス

朝鮮出兵《ちょうせんしゅっぺい》で出陣《しゅつじん》を命《めい》じられた政宗《まさむね》は、武将《ぶしょう》から一兵卒《いっぺいそつ》に至《いた》るまで派手《はで》で豪華《ごうか》な武具《ぶぐ》で飾《かざ》り立《た》てた。大変《たいへん》な海外遠征《かいがいえんせい》をひかえていたのに、なぜ政宗《まさむね》は出費《しゅっぴ》を増《ふ》やすようなことをしたのか。ねらいは豪華《ごうか》な軍装《ぐんそう》が秀吉《ひでよし》の目《め》にとまること。派手好《はですき》きの秀吉《ひでよし》にやる気《き》と政宗《まさむね》のセンスをアピールして、豊臣政権内《とよとみせいけんない》での伊達家《だてけ》の地位《ちい》を上《あ》げようとしたのだ。

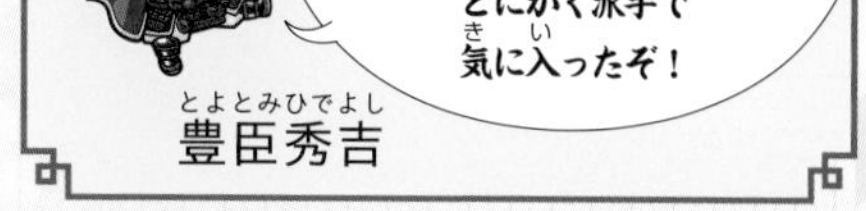
政宗《まさむね》の兵《へい》は、
朱色《しゅいろ》の太刀《たち》をつけて 1m 近《ちか》い
とがった笠《かさ》をかぶってたり、
馬《うま》を動物《どうぶつ》の毛皮《けがわ》で飾《かざ》ったり、
とにかく派手《はで》で
気《き》に入《い》ったぞ！

豊臣秀吉《とよとみひでよし》

領《りょう》民《みん》思《おも》いのお殿《との》様《さま》

No.1《ナンバーワン》

北《ほう》条《じょう》早《そう》雲《うん》

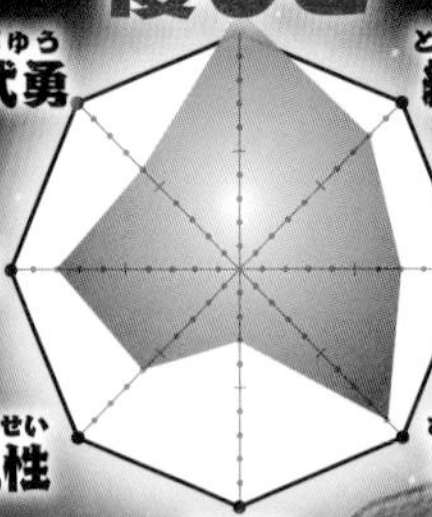

領民思《りょうみんおも》いランキング

No.2 治水《ちすい》で民《たみ》の命《いのち》を守《まも》った
武田信玄《たけだしんげん》

No.3 城下《じょうか》に無料病院《むりょうびょういん》をつくらせる
大友宗麟《おおともそうりん》

No.1の理由

残《ざん》こくな乱世《らんせ》に優《やさ》しい国《くに》を目《め》ざした北条五代《ほうじょうごだい》の開祖《かいそ》

戦国時代《せんごくじだい》にかぎらず、江戸時代以《えどじだいい》前《ぜん》は庶民《しょみん》が生《い》きづらい時代《じだい》だった。がんばって米《こめ》をつくっても年貢《ねんぐ》（税《ぜい》金《きん》。当時《とうじ》は米《こめ》で納《おさ》めていた）でほとんど持《も》って行《い》かれるし、合戦《かっせん》がおこれば財産《ざいさん》も命《いのち》も何《なに》もかもがうばわれてしまう。そんな残《ざん》こくな時代《じだい》に、民《たみ》に優《やさ》しい理想《りそう》の国《くに》をつくろうとしたのが北条早雲《ほうじょうそううん》（伊勢宗瑞《いせそうずい》）だ。

戦国時代《せんごくじだい》の年貢《ねんぐ》は大名家《だいみょうけ》によって税率《ぜいりつ》がちがっていたが、五公五《ごこうご》民《みん》（50%が税《ぜい》）や六公四民《ろっこうしみん》（60%が税《ぜい》）など、収穫《しゅうかく》の半分以上《はんぶんいじょう》が税《ぜい》として取《と》られてしまうことが多《おお》かった。だが、**北条家《ほうじょうけ》の領地《りょうち》にかけられた税《ぜい》は四公六民《しこうろくみん》（40%が税《ぜい》）。民《たみ》の取《と》り分《ぶん》の方《ほう》が多《おお》かったのだ。**さらに、早《そう》雲《うん》の晩年《ばんねん》には、役人《やくにん》が勝手《かって》に年貢《ねんぐ》を多《おお》く取《と》るなどの不正《ふせい》ができないように「虎朱印《とらしゅいん》」をつくった。虎朱印《とらしゅいん》は北条家当主《ほうじょうけとうしゅ》しか持《も》てない印《いん》で、この印《いん》が押《お》されていない税《ぜい》の命令書《めいれいしょ》は無《む》効《こう》だった。これらの民《たみ》に優《やさ》しい政策《せいさく》は、5代目《だいめ》・北条氏直《ほうじょううじなお》が豊臣秀吉《とよとみひでよし》に滅《ほろ》ぼされるまで続《つづ》いた。

早雲《そううん》が居城《きょじょう》とした韮山城《にらやまじょう》（静岡県《しずおかけん》）

なぜ、北条家《ほうじょうけ》は民《たみ》に優《やさ》しかったのだろう？ それは、早雲《そううん》が京《みやこ》から来《き》た大名《だいみょう》だったからだという。**よそ者《もの》の彼《かれ》は昔《むかし》から関東《かんとう》にいる武将《ぶしょう》たちからきらわれていた。その上《うえ》、民《たみ》からきらわれてしまったら、北条家《ほうじょうけ》は領地《りょうち》拡大《かくだい》どころか生《い》き残《のこ》ることすらできなくなる。**だから、早雲《そううん》は民《たみ》に優《やさ》しくし、領地《りょうち》を内側《うちがわ》から結束《けっそく》させたのだ。

わしは浪人《ろうにん》から
大名《だいみょう》になったと言《い》われていたが、
最近幕府《さいきんばくふ》の役人《やくにん》だった
ことがわかったぞ

北条早雲《ほうじょうそううん》
1456年《ねん》～1519年《ねん》

北条《ほうじょう》五代《ごだい》の勢力拡大《せいりょくかくだい》

北条早雲《ほうじょうそううん》

身《み》ひとつで伊豆《いず》（静岡県《しずおかけん》）に旗《はた》を立《た》てた北条早雲《ほうじょうそううん》から５代《だい》。北条家《ほうじょうけ》は、民《たみ》や家臣《かしん》との結束力《けっそくりょく》を武器《ぶき》に関東《かんとう》で領地《りょうち》を広《ひろ》げていった。５代《だい》の当主《とうしゅ》たちは、どのように領地《りょうち》を広《ひろ》げ、どのような政策《せいさく》を行《おこな》っていたのか？

初代《しょだい》　早雲《そううん》

堀越公方《ほりごえくぼう》・足利茶々丸《あしかがちゃちゃまる》や三浦義意《みうらよしおき》らを倒《たお》し、伊豆《いず》・相模《さがみ》の2か国《こく》を獲得《かくとく》。その土地《とち》の収穫量《しゅうかくりょう》を調《しら》べる検地《けんち》や虎《とら》朱印制度《しゅいんせいど》など、北条家《ほうじょうけ》の基礎《きそ》となる政策《せいさく》をはじめた。

宇都宮
山内上杉
古河公方
佐竹
扇谷上杉
千葉
武田
(甲斐)
武田
(上総)
今川
北条
里見
韮山城

2代《だい》　氏綱《うじつな》

居城《きょじょう》を小田原城《おだわらじょう》に移《うつ》し、名字《みょうじ》も伊勢《いせ》から北条《ほうじょう》に変《か》えた。武蔵《むさし》や房総半島《ぼうそうはんとう》へ進出《しんしゅつ》し、山内上杉《やまのうちうえすぎ》や扇谷上杉《おうぎがやつうえすぎ》、小弓《おゆみ》公方《くぼう》と戦《たたか》う。鶴岡八幡宮《つるがおかはちまんぐう》など戦乱《せんらん》でこわされた寺社復興《じしゃふっこう》にも力《ちから》を入《い》れた。

宇都宮
佐竹
山内上杉
古河公方
扇谷上杉
千葉
武田
北条
小弓公方
今川
小田原城
里見

3代《だい》　氏康《うじやす》

山内上杉《やまのうちうえすぎ》、扇谷上杉《おうぎがやつうえすぎ》を滅《ほろ》ぼし、武蔵《むさし》を平定《へいてい》。武田信玄《たけだしんげん》・今川義元《いまがわよしもと》と三国《さんごく》同盟《どうめい》を結《むす》ぶと、上野《こうずけ》を攻《せ》める上杉謙《うえすぎけん》信《しん》や安房《あわ》の里見家《さとみけ》との戦《たたか》いに専念《せんねん》する。目安箱《めやすばこ》や評定衆《ひょうじょうしゅう》を設置《せっち》するなど、民《たみ》や家臣《かしん》の意見《いけん》をよく聞《き》いた。

山内上杉
宇都宮
佐竹
古河公方
武田
北条
千葉
里見
今川
小田原城

早雲《そううん》ってどんな人《ひと》？　家臣《かしん》の生活態度《せいかつたいど》にも気《き》を配《くば》る

早雲《そううん》は家臣《かしん》たちに向《む》けて「早雲寺殿廿《そううんじどのにじゅう》一箇条《いちかじょう》」という家訓《かくん》を残《のこ》したという。条《じょう》文《ぶん》には「いつ人《ひと》に会《あ》うかわからないのだから、常《つね》に身《み》なりは整《ととの》えなさい」「信《しん》用《よう》を失《うしな》うから、ウソはひとつでもついてはいけない」など、日常生活《にちじょうせいかつ》や出仕《しゅっし》における心得《こころえ》を示《しめ》す内容《ないよう》が並《なら》んでいる。

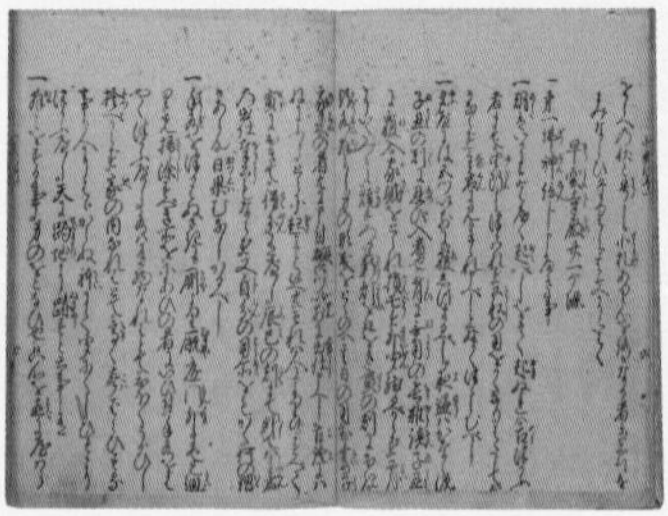

『北条五代記《ほうじょうごだいき》』に記《しる》された「早雲寺殿廿一箇条《そううんじどのにじゅういちかじょう》」の冒頭《ぼうとう》

わが家のスローガン

「禄寿応穏《ろくじゅおうおん》」

北条家《ほうじょうけ》の当主《とうしゅ》だけが使用《しよう》できる「虎朱印《とらしゅいん》」に刻《きざ》まれた言葉《ことば》。虎朱印《とらしゅいん》は民《たみ》に労働《ろうどう》などの負担《ふたん》を命《めい》じる時《とき》に使《つか》われるはんこで、この印《いん》が押《お》されていない命令《めいれい》は無効《むこう》だった。「禄寿応穏《ろくじゅおうおん》」は「民《たみ》の命《いのち》と財産《ざいさん》を守《まも》る」という意味《いみ》で、民《たみ》の平穏《へいおん》を願《ねが》う北条家《ほうじょうけ》の決意《けつい》が表《あらわ》れている。

北条家《ほうじょうけ》発行《はっこう》の書類《しょるい》に押《お》された虎《とら》朱印《しゅいん》（国立公文書館蔵《こくりつこうぶんしょかんぞう》）

4代《だい》 氏政《うじまさ》

隠居《いんきょ》した父《ちち》・氏康《うじやす》とともに上杉謙信《うえすぎけんしん》と戦《たたか》い、房総《ぼうそう》でも里見家《さとみけ》を追《お》いつめつつあった。領地内《りょうちない》の主要《しゅよう》な支城《しじょう》に弟《おとうと》たちを送《おく》りこみ、領地《りょうち》の支配《しはい》と防衛体制《ぼうえいたいせい》を強化《きょうか》。外交《がいこう》では、情勢《じょうせい》に応《おう》じて上杉《うえすぎ》・武田《たけだ》・徳川《とくがわ》など同盟相手《どうめいあいて》を変《か》えていた。

5代《だい》 氏直《うじなお》

旧武田領《きゅうたけだりょう》（甲斐《かい》・信濃《しなの》・上野《こうずけ》など）をめぐって徳川家康《とくがわいえやす》と争《あらそ》い、上野《こうずけ》を確保《かくほ》。下野《しもつけ》や常陸《ひたち》へも進出《しんしゅつ》していく。しかし、天下人《てんかびと》・豊臣秀吉《とよとみひでよし》と対立《たいりつ》し攻《せ》められる。支城《しじょう》の落城《らくじょう》により小田《おだ》原城《わらじょう》は孤立《こりつ》し氏直《うじなお》は秀吉《ひでよし》に降伏《こうふく》。氏《うじ》政《まさ》は切腹《せっぷく》、氏直《うじなお》は出家《しゅっけ》させられ、北《ほう》条家《じょうけ》は滅亡《めつぼう》した。

上杉
宇都宮
真田
佐竹
徳川
北条
千葉
小田原城
里見

上杉
宇都宮
佐竹
武田
北条
千葉
里見
今川
小田原城

ワシとむすこの氏直《うじなお》の時代《じだい》に北条《ほうじょう》の領地《りょうち》は最大《さいだい》になったのだ

北条氏政《ほうじょううじまさ》

北条家《ほうじょうけ》が氏綱《うじつな》以降《いこう》に居城《きょじょう》とした小田原《おだわら》城《じょう》。北条家《ほうじょうけ》の勢力拡大《せいりょくかくだい》に従《したが》い、関東《かんとう》一《いち》の都市《とし》として整備《せいび》されていく。3代《だい》氏康《うじやす》の代《だい》には、「小田原《おだわら》の町《まち》は整然《せいぜん》としていて、小《ちい》さな道《みち》もゴミひとつなく整《ととの》えられている」と訪《おとず》れた人《ひと》がおどろくほど、発展《はってん》した都市《とし》になっていた。

人《じん》材《ざい》発《はっ》掘《くつ》の名《めい》人《じん》
No.1《ナンバーワン》
武《たけ》田《だ》信《しん》玄《げん》
人材発掘名人《じんざいはっくつめいじん》ランキング
No.2
豊臣秀吉《とよとみひでよし》を見出《みいだ》し育《そだ》てた男《おとこ》
織田信長《おだのぶなが》
No.3
適材適所《てきざいてきしょ》を見極《みきわ》めれば無能《むのう》はいない
北条氏綱《ほうじょううじつな》
育成力《いくせいりょく》
武勇《ぶゆう》
統率力《とうそつりょく》
野望《やぼう》
教養《きょうよう》
先見性《せんけんせい》
策略《さくりゃく》
領地《りょうち》

No.1の理由

最強軍団《さいきょうぐんだん》をつくりあげた甲斐《かい》の虎《とら》の観察眼《かんさつがん》

我《われ》は上杉謙信《うえすぎけんしん》や徳川家康《とくがわいえやす》らと戦《たたか》い、武田家《たけだけ》の領地《りょうち》を信濃《しなの》や駿河《するが》へ広《ひろ》げたのじゃ！

武田信玄《たけだしんげん》
1521年《ねん》～1573年《ねん》

現代《げんだい》でも、会社《かいしゃ》などの組織《そしき》を回《まわ》すために優秀《ゆうしゅう》な人材《じんざい》を見《み》つけて育《そだ》てることは大切《たいせつ》だ。これが戦国時代《せんごくじだい》ともなれば、優《すぐ》れた人材《じんざい》の有無《うむ》は、文字《もじ》通《どお》り、大名《だいみょう》の命運《めいうん》を左右《さゆう》する。

人材《じんざい》の見極《みきわ》めを得意《とくい》とし、他国《たこく》がふるえあがる最強《さいきょう》の軍《ぐん》をつくったのが、甲斐《かい》（山梨県《やまなしけん》）の虎《とら》・武田信玄《たけだしんげん》だ。

戦国時代《せんごくじだい》、家臣《かしん》に求《もと》められた資質《ししつ》は、まず主君《しゅくん》に忠実《ちゅうじつ》であること。そのため、多《おお》くの大名家《だいみょうけ》では、代々仕《だいだいつか》えている家臣《かしん》（譜代《ふだい》）や親《しん》せき（一《いち》門衆《もんしゅう》）を重要《じゅうよう》な役目《やくめ》につけていた。

だが、**信玄《しんげん》は身分《みぶん》や立場《たちば》にこだわらず、合戦《かっせん》や政治《せいじ》が得意《とくい》な人物《じんぶつ》を見《み》つけて重要《じゅうよう》な地位《ちい》につけた。**特《とく》に有名《ゆうめい》なのが、後《のち》に「武田四天王《たけだしてんのう》」と呼《よ》ばれる、山県昌景《やまがたまさかげ》・馬場信春《ばばのぶはる》・内藤昌《ないとうまさ》秀《ひで》・春日《かすが》（香坂《こうさか》）虎綱《とらつな》だ。軍師《ぐんし》として知《し》られる山本勘助《やまもとかんすけ》も、他国《たこく》から来《き》た浪人《ろうにん》だった。

信玄《しんげん》の父《ちち》・信虎《のぶとら》がつくり、信玄《しんげん》・勝頼《かつより》の３代《だい》が住《す》んだ躑躅ヶ崎館《つつじがさきやかた》（山梨県《やまなしけん》）跡地《あとち》に鎮座《ちんざ》する武田神社《たけだじんじゃ》

新参者《しんざんもの》や低《ひく》い身分《みぶん》の者《もの》も重用《ちょうよう》した信玄《しんげん》だが、代々仕《だいだいつか》える家臣《かしん》や親《しん》せきをおろそかにしたわけではなかった。たとえば、譜代《ふだい》の原昌胤《はらまさたね》は信玄《しんげん》が家《いえ》をついでから死《し》ぬまで軍事《ぐんじ》や外交《がいこう》で主君《しゅくん》を支《ささ》えたし、一門衆《いちもんしゅう》の穴山信君《あなやまのぶただ》は信玄《しんげん》の娘《むすめ》を妻《つま》にもらって外交《がいこう》などで活《かつ》やくしている。信玄《しんげん》が1番信頼《ばんしんらい》していたのも弟《おとうと》・信繁《のぶしげ》だ。

信玄《しんげん》は、当時《とうじ》の常識《じょうしき》だった「身《み》分《ぶん》」という評価基準《ひょうかきじゅん》ではなく、優《すぐ》れた鑑定眼《かんていがん》で有能《ゆうのう》な人材《じんざい》を見《み》ぬいた。そして、その人物《じんぶつ》にあった役割《やくわり》を与《あた》えることで、最強軍団《さいきょうぐんだん》をつくりあげたのだ。

最強《さいきょう》！　武田家臣団《たけだかしんだん》

これが我《われ》の最強家臣《さいきょうかしん》
「武田二十四将《たけだにじゅうよんしょう》」じゃ！
ちなみにメンツは
諸説《しょせつ》あるぞ

武田信玄《たけだしんげん》

「人《ひと》は城《しろ》、人《ひと》は石垣《いしがき》、人《ひと》は堀《ほり》」という言葉《ことば》を残《のこ》すほど、人材《じんざい》を大切《たいせつ》にしていた信玄《しんげん》。彼《かれ》のもとには多《おお》くの名将《めいしょう》が集《つど》った。その中《なか》でも実力《じつりょく》と後世《こうせい》の人気《にんき》が高《たか》い武将《ぶしょう》は、「武田二十四将《たけだにじゅうよんしょう》」と呼《よ》ばれた。

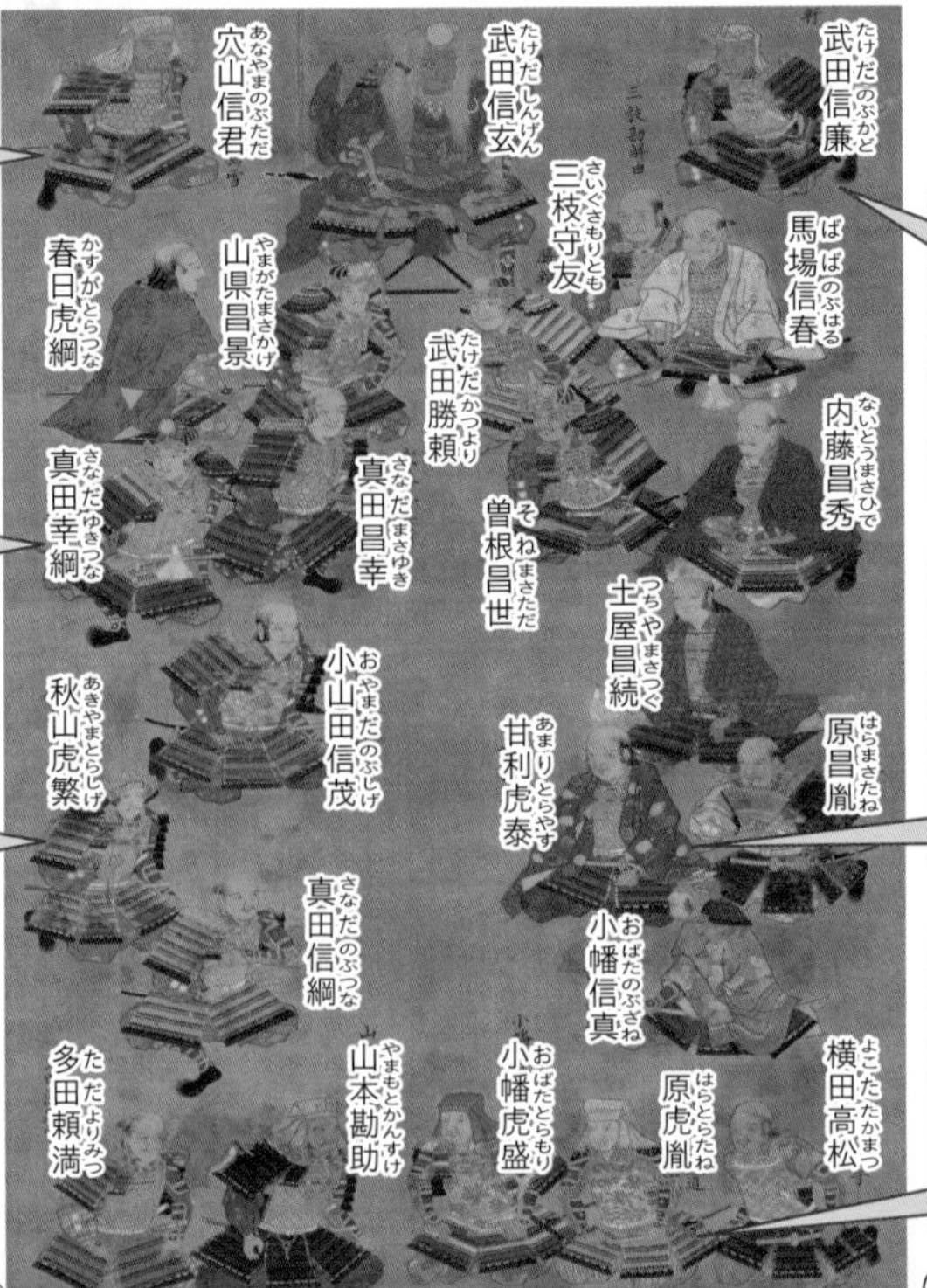
武田信廉《たけだのぶかど》
武田信玄《たけだしんげん》
穴山信君《あなやまのぶただ》
三枝守友《さいぐさもりとも》
馬場信春《ばばのぶはる》
山県昌景《やまがたまさかげ》
春日虎綱《かすがとらつな》
武田勝頼《たけだかつより》
内藤昌秀《ないとうまさひで》
曽根昌世《そねまさただ》
真田昌幸《さなだまさゆき》
真田幸綱《さなだゆきつな》
土屋昌続《つちやまさつぐ》
原昌胤《はらまさたね》
甘利虎泰《あまりとらやす》
小山田信茂《おやまだのぶしげ》
秋山虎繁《あきやまとらしげ》
小幡信真《おばたのぶざね》
真田信綱《さなだのぶつな》
横田高松《よこたたかまつ》
原虎胤《はらとらたね》
小幡虎盛《おばたとらもり》
山本勘助《やまもとかんすけ》
多田頼満《ただよりみつ》

（東京国立博物館蔵《とうきょうこくりつはくぶつかんぞう》／ColBase）

穴山信君《あなやまのぶただ》
信玄《しんげん》の甥《おい》で婿《むこ》。今《いま》川家《がわけ》や徳川家《とくがわけ》との外交《がいこう》や軍事《ぐんじ》を担当《たんとう》していた

真田幸綱《さなだゆきつな》
真田昌幸《さなだまさゆき》の父《ちち》。敵《てき》武将《ぶしょう》を寝返《ねがえ》らせる調略《ちょうりゃく》で砥石城《といしじょう》を落《お》とすなど、攻城《こうじょう》名人《めいじん》だった

秋山虎繁《あきやまとらしげ》
信濃《しなの》や東美濃方《ひがしみのほう》面《めん》の軍事《ぐんじ》を担当《たんとう》。大島城《おおしまじょう》や高遠城《たかとおじょう》、岩村城《いわむらじょう》の城代《じょうだい》を務《つと》めた

武田信廉《たけだのぶかど》
信玄《しんげん》・信繁《のぶしげ》の弟《おとうと》。信玄《しんげん》そっくりで影武《かげむ》者《しゃ》をすることもあった。絵《え》が上手《うま》い

甘利虎泰《あまりとらやす》
信玄《しんげん》が当主《とうしゅ》になった初期《しょき》の右《みぎ》うでだが、上田原《うえだはら》の戦《たたか》いで討《う》ち死《じ》に

原虎胤《はらとらたね》
先代《せんだい》・信虎《のぶとら》の頃《ころ》から仕《つか》える古参武将《こさんぶしょう》で、「鬼美濃《おにみの》」と呼《よ》ばれた猛将《もうしょう》

真田家《さなだけ》からは、
ワシ、父上《ちちうえ》、兄上《あにうえ》の
３人《にん》も二十四将《にじゅうよんしょう》に
入《はい》っているぞ

真田昌幸《さなだまさゆき》

オレ様《さま》の家宝《かほう》

御旗《みはた》・楯無《たてなし》

源氏《げんじ》の名門《めいもん》である武田家《たけだけ》には、天皇《てんのう》からもらった日《ひ》の丸旗《まるはた》「御旗《みはた》」と楯《たて》がいらないほど頑丈《がんじょう》だというよろい「楯無《たてなし》」という家宝《かほう》があった。合戦《かっせん》の時《とき》には、当主《とうしゅ》が御旗《みはた》と楯無《たてなし》に「御旗楯《みはたたて》無《なし》も照覧《しょうらん》あれ」と宣誓《せんせい》してから出陣《しゅつじん》したという。

（菅田天神社蔵《かんだてんじんしゃぞう》）

Pic Up！
武田四天王《たけだしてんのう》

信玄《しんげん》が見出《みいだ》した家臣《かしん》の中《なか》でも、特《とく》に忠実《ちゅうじつ》で勇猛《ゆうもう》だった４人《にん》。
戦《いくさ》はもちろん、領地《りょうち》の統治《とうち》や外交《がいこう》でも信《しん》玄《げん》を支《ささ》えた。

山県昌景《やまがたまさかげ》

武田軍《たけだぐん》の最強《さいきょう》部隊《ぶたい》「赤備《あかぞな》え」を指揮《しき》したという猛将《もうしょう》。兄《あに》の飯富虎昌《おぶとらまさ》が謀反《むほん》を計画《けいかく》していることを知《し》ると、まよわず兄《あに》の謀反《むほん》を信玄《しんげん》に告《つ》げた程《ほど》、信玄《しんげん》に忠実《ちゅうじつ》だった。

馬場信春《ばばのぶはる》

甲斐《かい》の辺境《へんきょう》に住《す》む教来石家《きょうらいしけ》の出身《しゅっしん》だったが、武田《たけだ》重臣《じゅうしん》の馬場家《ばばけ》をつぐ。長篠《ながしの》の戦《たたか》いまで、合戦《かっせん》で傷《きず》を負《お》ったことがなく、「不死身《ふじみ》の鬼美濃《おにみの》」と呼《よ》ばれた。合戦以外《かっせんいがい》にも城《しろ》づくりが得意《とくい》。

春日《かすが》（香坂《こうさか》）虎綱《とらつな》

元《もと》は、甲斐《かい》の地侍《じざむらい》の子《こ》。信玄《しんげん》に才能《さいのう》を見出《みいだ》されて譜代《ふだい》の香坂家《こうさかけ》をつぐ。上杉謙信《うえすぎけんしん》との戦《たたか》いが激化《げきか》すると、川中島《かわなかじま》の海津城代《かいづじょうだい》となり、南下《なんか》しようとする上杉軍《うえすぎぐん》から国境《こっきょう》を守《まも》った。

内藤昌秀《ないとうまさひで》

武田信繁《たけだのぶしげ》と並《なら》んで「武田《たけだ》の副将《ふくしょう》」と呼《よ》ばれた。武田《たけだ》・上杉《うえすぎ》・北条《ほうじょう》が領地《りょうち》を争《あらそ》う激戦地《げきせんち》・上野《こうずけ》で、領地《りょうち》防衛《ぼうえい》や北条家《ほうじょうけ》などの関東勢《かんとうぜい》との交渉担当《こうしょうたんとう》を任《まか》されていた。

信玄《しんげん》ってどんな人《ひと》？　不穏分子《ふおんぶんし》は家族《かぞく》でも容《よう》しゃしない

お家騒動《いえそうどう》は乱世《らんせ》の常《つね》だが、武田家《たけだけ》では親子《おやこ》での争《あらそ》いが非常《ひじょう》に多《おお》かった。信玄《しんげん》も暴君《ぼうくん》だった父《ちち》・信虎《のぶとら》を追放《ついほう》して当主《とうしゅ》となり、クーデターを企《くわだ》てた嫡男《ちゃくなん》・義信《よしのぶ》を粛清《しゅくせい》している。一方《いっぽう》で、娘《むすめ》の安産《あんざん》祈願《きがん》を行《おこな》うなど、信玄《しんげん》には子煩悩《こぼんのう》な一面《いちめん》もあった。戦国大名《せんごくたいみょう》には、国《くに》のためには大事《だいじ》な家族《かぞく》すら切《き》りすてる冷酷《れいこく》さも必要《ひつよう》だったのだ。

信玄《しんげん》に追放《ついほう》された父《ちち》・信虎《のぶとら》（大泉寺蔵《だいせんじぞう》）

遠征大好《えんせいだいす》き武将《ぶしょう》
No.1《ナンバーワン》
上杉謙信《うえすぎけんしん》
休日《きゅうじつ》
武勇《ぶゆう》
統率力《とうそつりょく》
野望《やぼう》
教養《きょうよう》
先見性《せんけんせい》
策略《さくりゃく》
領地《りょうち》
遠征大好《えんせいだいす》きランキング
No.2
国内《こくない》ではあき足《た》らず海外遠征《かいがいえんせい》へ
豊臣秀吉《とよとみひでよし》
No.3
海《うみ》を求《もと》めて北《きた》へ南《みなみ》へ
武田信玄《たけだしんげん》

No.1の理由

戦場《せんじょう》から戦場《せんじょう》へ戦《たたか》うために生《う》まれたそれが上杉謙信《うえすぎけんしん》

戦国《せんごく》時代《じだい》は合戦《かっせん》の時代《じだい》である。とはいえ、大名《だいみょう》にとって合戦《かっせん》とは望《のぞ》むものを得《え》るための最終手段《さいしゅうしゅだん》。敵《てき》に攻《せ》められたり、相手《あいて》との交渉《こうしょう》が決裂《けつれつ》したりした時《とき》にはじめて戦《いくさ》になるのが常識《じょうしき》である。だが、闘争《とうそう》そのものを楽《たの》しんでいたとしか思《おも》えないほど、戦《いくさ》に明《あ》けくれていた大名《だいみょう》がいる。

その大名《だいみょう》とは越後《えちご》（新潟県《にいがたけん》）の軍神《ぐんしん》・上杉謙信《うえすぎけんしん》。川中島《かわなかじま》での5度《ど》におよぶ武田信玄《たけだしんげん》との対決《たいけつ》が有名《ゆうめい》だが、**謙信《けんしん》は他《ほか》にも関東《かんとう》や越中《えっちゅう》にもしつこく遠征《えんせい》をくり返《かえ》している**のだ。

たとえば、「キツツキ戦法《せんぽう》」や信玄《しんげん》との一騎《いっき》討《う》ちで有名《ゆうめい》な第《だい》4次《じ》川中《かわなか》島《じま》の戦《たたか》いが起《お》こった1561年《ねん》の謙信《けんしん》の行動《こうどう》を見《み》てみよう。この前年《ぜんねん》から関東《かんとう》に遠征《えんせい》していた謙信《けんしん》は、北条《ほうじょう》の城《しろ》を荒《あ》らし回《まわ》った末《すえ》に小田原城《おだわらじょう》を攻撃《こうげき》（関東越山《かんとうえつざん》）。しかし、ライバル信玄《しんげん》が川中島《かわなかじま》にいることを知《し》ると帰国《きこく》し、少《すこ》しだけ休《やす》んで第《だい》4次《じ》川中《かわなか》島《じま》の戦《たたか》いへ。さすがに激戦《げきせん》の後《あと》は休《やす》むかと思《おも》いきや、冬《ふゆ》が始《はじ》まる前《まえ》には2度目《どめ》の関東越山《かんとうえつざん》に向《む》かっている。

1年《ねん》に何度《なんど》も出陣《しゅつじん》する大名《だいみょう》の軍《ぐん》はめずらしくない。だが、それは国境《こっきょう》での防衛戦《ぼうえいせん》や家臣同士《かしんどうし》の小《こ》競《ぜ》り合《あ》いもカウントした回数《かいすう》だ。**1年《ねん》の間《あいだ》に「大名自身《だいみょうじしん》」が「全軍《ぜんぐん》」を率《ひき》いて「遠征《えんせい》」に出陣《しゅつじん》しまくるのは、謙信《けんしん》ぐらいだろう。**

結局《けっきょく》、謙信《けんしん》は死《し》の直前《ちょくぜん》まで戦《たたか》い続《つづ》けた。彼《かれ》が亡《な》くなった時《とき》、家臣《かしん》たちは謙信《けんしん》の遺体《いたい》に鎧《よろい》を着《き》せて墓《はか》に入《い》れたという。

わたしは、信濃《しなの》や関東《かんとう》の領主《りょうしゅ》の救援要請《きゅうえんようせい》に応《こた》えて、信玄《しんげん》や氏政《うじまさ》と戦《たたか》った。信玄《しんげん》が死《し》んだ後《あと》は、織田信長《おだのぶなが》とも戦《たたか》ったぞ

上杉謙信《うえすぎけんしん》
1530年《ねん》～1578年《ねん》

謙信《けんしん》が関東遠征《かんとうえんせい》をする度《たび》に攻撃《こうげき》した唐沢山城《からさわやまじょう》（栃《とち》木《ぎ》県《けん》）

軍神様《ぐんしんさま》のいそがしい1年《ねん》

生《しょう》がいのほとんどを戦《たたか》いに費《つい》やした謙信《けんしん》。軍神《ぐんしん》とまで呼《よ》ばれた男《おとこ》は、どれほどのペースで戦《いくさ》に出《で》ていたのだろうか? 謙信《けんしん》の1561年《ねん》のスケジュール帳《ちょう》をこっそりのぞいてみよう。えっ!?、12か月中《げつちゅう》の…たった3か月《げつ》しか…、休《やす》んで…いない?

月《がつ》	関東《かんとう》	越後《えちご》	信濃《しなの》（長野県《ながのけん》）
1月《がつ》			
2月《がつ》			
3月《がつ》	第《だい》1次《じ》関《かん》東《とう》越《えつ》山《ざん》 3月《がつ》16日《にち》 鎌倉《かまくら》の八幡宮《はちまんぐう》で関東管領《かんとうかんれい》となり、上杉政虎《うえすぎまさとら》と名乗《なの》る		
4月《がつ》			
5月《がつ》			
6月《がつ》			
7月《がつ》		休《きゅう》養《よう》	
8月《がつ》			第《だい》4次《じ》川《かわ》中《なか》島《じま》
9月《がつ》			9月《がつ》9日《にち》〜10日《にち》 八幡原《はちまんばら》で信玄《しんげん》と決戦《けっせん》をする
10月《がつ》		休《きゅう》養《よう》	
11月《がつ》	第《だい》2次《じ》関《かん》東《とう》越《えつ》山《ざん》		
12月《がつ》	12月《がつ》? 政虎《まさとら》から輝虎《てるとら》に改名《かいめい》する		

謙信《けんしん》が関東管領就任《かんとうかんれいしゅうにん》の儀式《ぎしき》を行《おこな》った鶴岡八幡宮《つるがおかはちまんぐう》（神奈川県《かながわけん》）

やっと帰《かえ》ったと思《おも》ったのに、どうしてまた来《く》るんだ…早《はや》く帰《かえ》ってくれ

北条氏康《ほうじょううじやす》

謙信《けんしん》との戦《たたか》いで我《われ》は弟《おとうと》や軍師《ぐんし》を失《うしな》った。2度《ど》とあやつとは本気《ほんき》で戦《たたか》いたくないな

武田信玄《たけだしんげん》

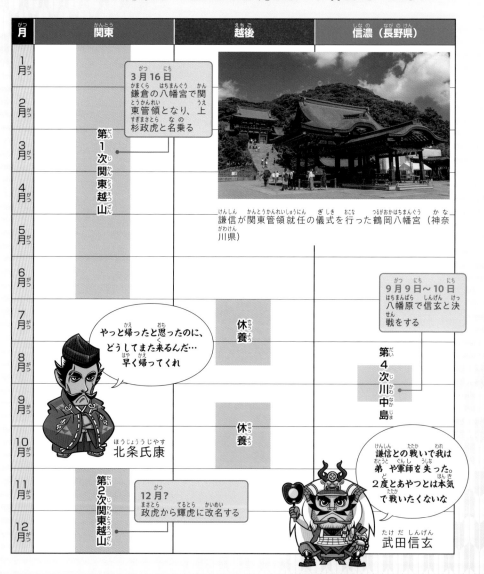

謙信《けんしん》の父《ちち》・長尾為景《ながおためかげ》の代《だい》から住《す》みはじめた春日山城《かすがやまじょう》（新潟県《にいがたけん》）。大名《だいみょう》の居城《きょじょう》は、山麓《さんろく》の館《やかた》（居住《きょじゅう》スペース）+山上《さんじょう》の城《しろ》（攻《せ》められた時《とき》の籠城用《ろうじょうよう》）のセットであることが多《おお》い。だが、この城《しろ》は山全体《やまぜんたい》を居住《きょじゅう》スペースにした、めずらしいタイプだ。しかも、堀《ほり》などの防御設備《ぼうぎょせつび》がほとんどない。謙信《けんしん》は自分《じぶん》から戦《いくさ》をしかけることが多《おお》かったため、敵《てき》に自分《じぶん》の城《しろ》が攻《せ》められるという発想《はっそう》がなかったのかもしれない。

意外《いがい》と多《おお》い!? 最前線《さいぜんせん》で戦《たたか》う大将《たいしょう》

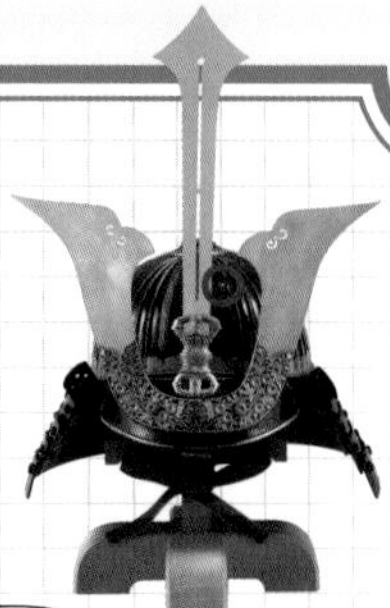

義光《よしあき》が使用《しよう》した三十八《さんじゅうはち》間総覆輪筋兜《けんそうふくりんすじかぶと》（最上義光《もがみよしあき》歴史館蔵《れきしかんぞう》）

総大将《そうだいしょう》が死《し》んでしまえば、戦《いくさ》は負《ま》けだ。そのため、大将《たいしょう》である大名《だいみょう》の本陣《ほんじん》は後方《こうほう》の１番安全《ばんあんぜん》な位置《いち》に置《お》かれることが多《おお》い。だが、中《なか》には謙信《けんしん》のように戦場《せんじょう》の最前線《さいぜんせん》をかけ回《まわ》る大将《たいしょう》も。たとえば、出《で》羽《わ》の最上義光《もがみよしあき》は長谷堂城《はせどうじょう》の戦《たたか》いで、兜《かぶと》に鉄砲《てっぽう》が当《あ》たるほどの激戦地《げきせんち》まで敵《てき》を追《お》いかけたとか。織田信長《おだのぶなが》も桶狭間《おけはざま》の戦《たたか》いでは先陣《せんじん》をきって出陣《しゅつじん》したそう。ここ一番《いちばん》の大勝負《おおしょうぶ》では、味方《みかた》の士気《しき》をあげるため、大将《たいしょう》が最前線《さいぜんせん》に立《た》つこともあったのだ。

この兜《かぶと》は、ワシが長谷堂城《はせどうじょう》の戦《たたか》いでかぶっていたものだ。赤丸《あかまる》が鉄砲玉《てっぽうだま》の当《あ》たったあとだ

最上義光《もがみよしあき》

謙信《けんしん》ってどんな人《ひと》? 毘沙門天《びしゃもんてん》の生《う》まれかわり!?

春日山城《かすがやまじょう》に復元《ふくげん》された毘沙門堂《びしゃもんどう》

毘沙門天《びしゃもんてん》とは仏教《ぶっきょう》の戦《たたか》いの神様《かみさま》だ。鬼神《きしん》のような強《つよ》さだった謙信《けんしん》は、自分《じぶん》は毘沙門天《びしゃもんてん》の生《う》まれかわりだと信《しん》じていたらしい。謙信《けんしん》は春日山城《かすがやまじょう》に毘沙門天《びしゃもんてん》をまつるお堂《どう》をつくり、合戦前《かっせんまえ》に必《かなら》ず戦勝《せんしょう》をいのっていた。また、上杉軍《うえすぎぐん》の軍旗《ぐんき》に「刀八毘沙門天《とうはちびしゃもんてん》」「毘《び》」などの文字《もじ》をそめたものがあったなど、謙信《けんしん》は毘沙門天《びしゃもんてん》を深《ふか》く信仰《しんこう》していたようだ。

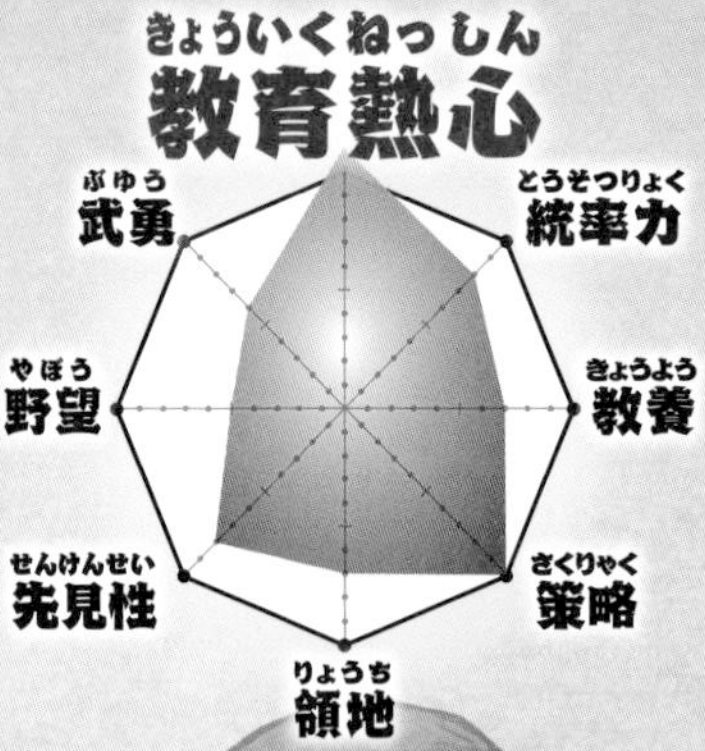

教育熱心《きょういくねっしん》
武勇《ぶゆう》
統率力《とうそつりょく》
野望《やぼう》
教養《きょうよう》
先見性《せんけんせい》
策略《さくりゃく》
領地《りょうち》

教育《きょういく》パパランキング

No.2 息子《むすこ》に最高《さいこう》の師匠《ししょう》と側近《そっきん》をつける
伊達輝宗《だててるむね》

No.3 大名《だいみょう》の心得《こころえ》5か条《じょう》を残《のこ》す
北条氏綱《ほうじょううじつな》

戦国《せんごく》の教育《きょういく》パパ No.1《ナンバーワン》

毛利元就《もうりもとなり》

No.1の理由

お家存続《いえそんぞく》のカギは兄弟《きょうだい》の結束《けっそく》！教訓状《きょうくんじょう》で何度《なんど》も説《と》く

現代《げんだい》でも子《こ》どもの教育《きょういく》は親《おや》にとって最大《さいだい》の関心事《かんしんじ》だが、戦国大名《せんごくだいみょう》にとっても子《こ》どもの教育《きょういく》はなやみのタネだった。何《なに》しろ、どれほど自分《じぶん》の代《だい》で領地《りょうち》を広《ひろ》げようと、子《こ》どもがイマイチではお家《いえ》がつぶれてしまうからだ。なので、跡《あと》つぎ息子《むすこ》には、知《ち》識《しき》の深《ふか》い僧侶《そうりょ》や文武両道《ぶんぶりょうどう》の家臣《かしん》など優秀《ゆうしゅう》な人物《にんぶつ》を家庭教師《かていきょうし》につけていた。

中国地方《ちゅうごくちほう》の大名《だいみょう》・毛利元就《もうりもとなり》も跡《あと》つぎ・隆元《たかもと》の教育《きょういく》に熱心《ねっしん》だった。隆元《たかもと》は教養深《きょうようぶか》いが、優柔不断《ゆうじゅうふだん》で元就《もとなり》からは頼《たよ》りなく見《み》えたらしい。元就《もとなり》は若《わか》い頃《ころ》から自分《じぶん》を支《ささ》えてくれた老将《ろうしょう》・志道広良《しじひろよし》を隆元《たかもと》の教育係《きょういくがかり》にした上《うえ》で、当主《とうしゅ》の座《ざ》をゆずった。**自分《じぶん》が元気《げんき》なうちに隆元《たかもと》を大名《だいみょう》として実地《じっち》できたえようとしたのだ。**さらに、元就《もとなり》は毛利安泰《もうりあんたい》のためには、隆元《たかもと》だけを教《きょう》育《いく》してもダメだと考《かんが》える。隆元《たかもと》には元春《もとはる》・隆景《たかかげ》という弟《おとうと》がいるが（本《ほん》当《とう》はもっといる）、あまり仲《なか》が良《よ》くなかったのだ。このままでは、弟《おとうと》ふたりが隆元《たかもと》に謀反《むほん》を起《お》こすか、疑《ぎ》心暗鬼《しんあんき》になった隆元《たかもと》がふたりを粛清《しゅくせい》しかねない。そこで元就《もとなり》は、三兄弟《さんきょうだい》に「三子教訓状《さんしきょうくんじょう》」を送《おく》る。**兄弟《きょうだい》で結《けっ》束《そく》することの大切《たいせつ》さをくり返《かえ》し説《と》き、兄弟《きょうだい》の結束《けっそく》こそ毛利家《もうりけ》を守《まも》るカギだと伝《つた》えたのだ。**

父《ちち》の思《おも》いを知《し》った三兄弟《さんきょうだい》は結束《けっそく》を深《ふか》めた。隆元《たかもと》は早死《はやじ》にしてしまったが、元春《もとはる》と隆景《たかかげ》は兄《あに》の子《こ》を新《あら》たな当《とう》主《しゅ》として守《まも》り育《そだ》て、毛利家《もうりけ》を中国最《ちゅうごくさい》大《だい》の大名《だいみょう》におしあげたのである。

郡山城

元就《もとなり》の居城《きょじょう》・吉田郡山城《よしだこおりやまじょう》（広島県《ひろしまけん》）。3兄弟《きょうだい》もこの城《しろ》で生《う》まれた

安芸《あき》の小領主《しょうりょうしゅ》じゃったが、
奇策《きさく》や陰謀《いんぼう》で格上《かくうえ》の大名《だいみょう》を
倒《たお》して中国地方最大《ちゅうごくちほうさいだい》の
大名《だいみょう》となったぞ！

毛利元就《もうりもとなり》
1497年《ねん》～1571年《ねん》

元就《もとなり》パパの教訓状《きょうくんじょう》

1代《だい》で中国地方《ちゅうごくちほう》の覇者《はしゃ》に成《な》りあがった毛利元就《もうりもとなり》が、家《いえ》の存続《そんぞく》を願《ねが》って子《こ》どもたちに送《おく》った「三子教訓状《さんしきょうくんじょう》」。父《ちち》は子《こ》どもたちにどんな願《ねが》いをたくしたのかを見《み》てみよう。それにしても、この教訓状《きょうくんじょう》、長《なが》すぎる…。

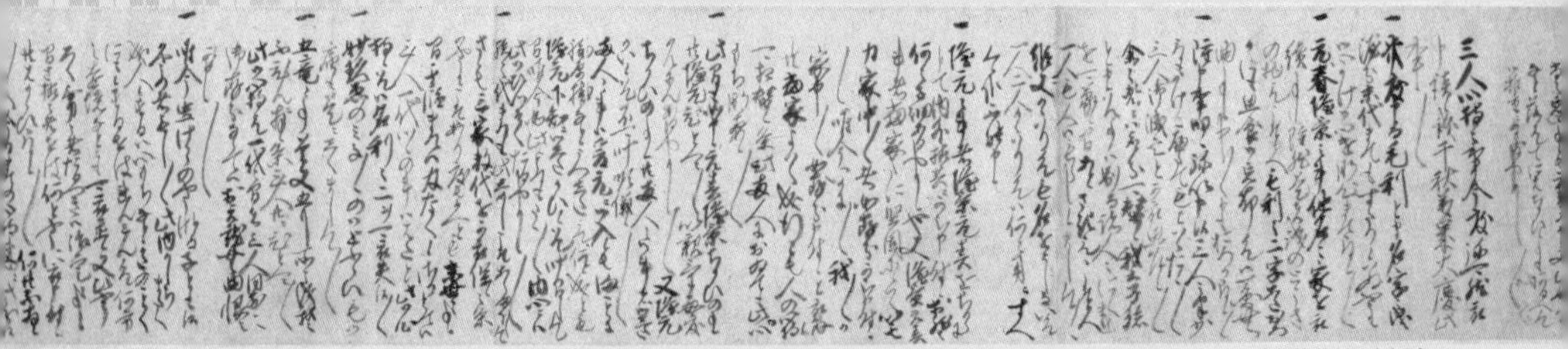

（毛利博物館蔵《もうりはくぶつかんぞう》）

三子教訓状《さんしきょうくんじょう》（意訳《いやく》）

一．何度《なんど》も言《い》っているが、毛利《もうり》の名字《みょうじ》が末代《まつだい》まですたれないようにせよ

二．元春《もとはる》・隆景《たかかげ》は他家《たけ》をついでいるが、本家《ほんけ》である毛利《もうり》のことをおろそかにしてはいけない

三．成《な》りあがりの毛利家《もうりけ》は、他《ほか》の人々《ひとびと》にうらまれている。だから、三兄《さんきょう》弟《だい》の仲《なか》が悪《わる》くなり毛利《もうり》が弱体化《じゃくたいか》すれば、すぐに滅《ほろ》ぼされるだろう

四．隆元《たかもと》は元春《もとはる》・隆景《たかかげ》に協力《きょうりょく》させて、内外《ないがい》のことを指図《さしず》しなさい。毛利《もうり》本家《ほんけ》がしっかりしていれば、元春《もとはる》たちもそれぞれの家《いえ》をつつがなく動《うご》かせるはずだ

五．隆元《たかもと》は兄《あに》なのだから、弟《おとうと》たちと意見《いけん》が合《あ》わなくてもかんにんしてやりなさい。元春《もとはる》・隆景《たかかげ》は弟《おとうと》であり家臣《かしん》なのだから、隆元《たかもと》の言《い》うことにちゃんと従《したが》いなさい

六．この教《おし》えは末代《まつだい》まで伝《つた》えてほしいが、まずはお前《まえ》たち3人《にん》がしっかり守《まも》ってくれなければ、毛利家《もうりけ》はなくなってしまうだろう

七．お前《まえ》たちの母《はは》への供養《くよう》はしっかりやりなさい

オレ様《さま》のスローガン

百万一心《ひゃくまんいっしん》

たて書《が》きにして漢字《かんじ》を分解《ぶんかい》すると「一日《いちじつ》 一力《いちりき》 一心《いっしん》（日《ひ》を同《おな》じくし、力《ちから》を同《おな》じくし、心《こころ》を同《おな》じくする）」と読《よ》めることから、力《ちから》をあわせれば何事《なにごと》でもなせるという意味《いみ》になる。元就《もとなり》が居城《きょじょう》の工事《こうじ》をしていた時《とき》、工事《こうじ》が難航《なんこう》した場所《ばしょ》にこの言葉《ことば》を刻《きざ》んだ石《いし》をうめたところ、無事《ぶじ》に終《お》わったという。

吉川元春《きっかわもとはる》

吉田郡山城《よしだこおりやまじょう》に立《た》つ百万一心《ひゃくまんいっしん》の碑《ひ》

3本《ぼん》の矢《や》

元就《もとなり》は死《し》の間際《まぎわ》に隆元《たかもと》・元春《もとはる》・隆景《たかかげ》を集《あつ》め、「1本《ぼん》の矢《や》は簡単《かんたん》におれるが、3本《ぼん》まとめればおれない」と結束《けっそく》の大切《だいせつ》さを説《と》いた。しかし、隆元《たかもと》はこれ以前《いぜん》に亡《な》くなっているなど、時間的《じかんてき》な矛盾《むじゅん》があるため、このいつ話《わ》は後世《こうせい》の創作《そうさく》とされている。

いつ話《わ》の真偽《しんぎ》はともかく、兄弟《きょうだい》の結束《けっそく》は大事《だいじ》ですよね
小早川隆景《こばやかわたかかげ》

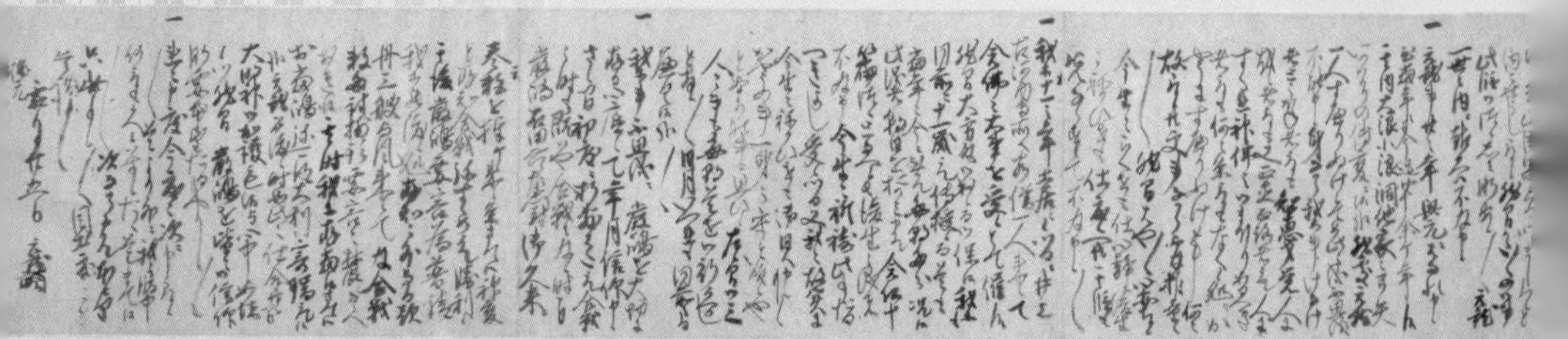

八．五龍城《ごりゅうじょう》の宍戸家《ししどけ》に嫁《とつ》いだむすめのことは、常《つね》に気《き》にかけてくれ。でないとうらむぞ

九．おさない弟《おとうと》たちは能力《のうりょく》に応《おう》じた待遇《たいぐう》で構《かま》わない。でも、しかし、お前《まえ》たちと五龍《ごりゅう》のむすめは仲良《なかよ》くしてほしい

一〇．わしは戦《いくさ》で多《おお》くの命《いのち》をうばったから、その報《むく》いがあるはずだ。お前《まえ》たちもそう思《おも》って身《み》を慎《つつし》むように

一一．兄《あに》と死別《しべつ》してから40余年《よねん》。毛利《もうり》家《け》は大《おお》きくなったが、なぜ優《すぐ》れたところのないわしが乱世《らんせ》を切《き》りぬけられたのかは今《いま》もわからず、早《はや》く隠居《いんきょ》したいと思《おも》うばかりだ

一二．わしはおさないころから太陽《たいよう》に念《ねん》仏《ぶつ》を唱《とな》え、現世《げんせ》の幸《しあわ》せをいのってきた。お前《まえ》たちも毎朝《まいあさ》これをおこたらないように

一三．わしは厳島神社《いつくしまじんじゃ》も昔《むかし》から深《ふか》く信《しん》仰《こう》していた。そのため、幾度《いくど》もの戦《いくさ》に勝《か》つことができたと思《おも》っている。みなも厳島神社《いつくしまじんじゃ》を信仰《しんこう》するように

一四．これまで言《い》いたいと思《おも》っていたことはすべて言《い》いつくした。めでたいめでたい

戦国《せんごく》の教育《きょういく》パパたち

子《こ》どもの教育《きょういく》に熱心《ねっしん》だった父親《ちちおや》は元就《もとなり》だけではない。たとえば、伊達政宗《だてまさむね》の父《ちち》・輝宗《てるむね》は、息子《むすこ》のために名僧《めいそう》・虎哉宗乙《こさいそういつ》を教育係《きょういくがかり》に呼《よ》んだ。また、身分《みぶん》は低《ひく》いが優秀《ゆうしゅう》な若者《わかもの》・片倉小《かたくらこ》十郎《じゅうろう》を側近《そっきん》に抜《ばっ》てき。北条家《ほうじょうけ》2代目《だいめ》の氏綱《うじつな》は、自分《じぶん》が生《い》きている内《うち》に息子《むすこ》・氏康《うじやす》が大名《だいみょう》の経《けい》験《けん》を積《つ》めるよう、早《はや》めに隠居《いんきょ》した。さらに、死《し》の間際《まぎわ》には、大名《だいみょう》の心得《こころえ》を記《しる》した5か条《じょう》の書《か》き置《お》きを残《のこ》している。教育《きょういく》の甲斐《かい》もあってか、政宗《まさむね》も氏康《うじやす》も文武両道《ぶんぶりょうどう》の名将《めいしょう》に育《そだ》った。

「勝《か》ってかぶとの緒《お》をしめよ」ということわざも、父上《ちちうえ》の教《おし》えだ
北条氏康《ほうじょううじやす》

長《ちょう》宗《そ》我《か》部《べ》元《もと》親《ちか》

悲《かな》しき後《こう》半《はん》生《せい》

NO.1 ナンバーワン

悲《かな》しい後半生《こうはんせい》ランキング

NO.2 夫《おっと》の死《し》と豊臣《とよとみ》の滅亡《めつぼう》を見届《みとど》ける
北政所《きたのまんどころ》（ねね）

NO.3 天下人《てんかびと》になるが家族《かぞく》が次々《つぎつぎ》と先立《さきだ》つ
三好長慶《みよしながよし》

No.1の理由

英雄《えいゆう》を暴君《ぼうくん》に変《か》えた愛《あい》する長男《ちょうなん》の死《し》

若《わか》い頃《ころ》は敏腕《びんわん》だった社長《しゃちょう》が昔《むかし》のやり方《かた》にこだわり続《つづ》けて会社《かいしゃ》を倒産《とうさん》させてしまう……、なんてことはよくある。戦国時代《せんごくじだい》でも、名君《めいくん》だった大名《だいみょう》が年老《としお》いて暴君《ぼうくん》になり家《いえ》をつぶしてしまった例《れい》は数《かぞ》え切《き》れない。

その中《なか》でも、一際《ひときわ》悲劇的《ひげきてき》な理由《りゆう》から暴君《ぼうくん》となってしまったのが、長宗我部元親《ちょうそかべもとちか》である。四国統一《しこくとういつ》を目《め》ざしていた元親《もとちか》には、すぐれた長男《ちょうなん》がいた。長宗我部信親《ちょうそかべのぶちか》——長身《ちょうしん》の美丈夫《びじょうぶ》で文武両道《ぶんぶりょうどう》、しかも優《やさ》しく礼儀正《れいぎただ》しい性格《せいかく》の完《かん》ペキ好青年《こうせいねん》である。元親《もとちか》はもちろん家臣《かしん》も土佐《とさ》（高知県《こうちけん》）の民《たみ》も彼《かれ》を愛《あい》した。**信親《のぶちか》が元親《もとちか》の跡《あと》をつぐなら長宗我部家《ちょうそかべけ》の未来《みらい》は安泰《あんたい》、土佐《とさ》のだれもがそう思《おも》っていた。**

だが、悲劇《ひげき》は訪《おとず》れる。豊臣秀吉《とよとみひでよし》の家臣《かしん》となった元親《もとちか》は秀吉《ひでよし》の命令《めいれい》で九州《きゅうしゅう》の島津軍《しまづぐん》と戦《たたか》うが指揮官《しきかん》・仙石秀久《せんごくひでひさ》のせいで惨敗《ざんぱい》（戸次川《へつぎがわ》の戦《たたか》い）。信親《のぶちか》も戦死《せんし》してしまう。愛《あい》する我《わ》が子《こ》の死《し》で元親《もとちか》は人《ひと》が変《か》わった。それまで家臣《かしん》の意見《いけん》をよく聞《き》く仁君《じんくん》だった元親《もとちか》が、家臣《かしん》の意見《いけん》に耳《みみ》を貸《か》さなくなったのだ。特《とく》に新《あら》たな後継者《こうけいしゃ》決《ぎ》めでは、兄弟《きょうだい》の順序《じゅんじょ》を守《まも》るべきだと意見《いけん》した重臣《じゅうしん》をみな殺《ごろ》しにして末《すえ》っ子《こ》・盛親《もりちか》を跡《あと》つぎにしてしまった。

この後継者問題《こうけいしゃもんだい》で有力《ゆうりょく》な家臣《かしん》を失《うしな》った長宗我部家《ちょうそかべけ》は衰退《すいたい》。さらに、関ヶ原《せきがはら》の戦《たたか》いと大坂《おおさか》の陣《じん》で徳川家康《とくがわいえやす》と敵対《てきたい》した盛親《もりちか》は処刑《しょけい》され、長宗我部家《ちょうそかべけ》は滅《ほろ》んでしまったのである。

長宗我部信親の墓
戸次川《へつぎがわ》（大分県《おおいたけん》）にある信親《のぶちか》の墓《はか》。劣勢《れっせい》の中《なか》、信親《のぶちか》は味方《みかた》を逃《に》がすために戦場《せんじょう》にとどまり、最期《さいご》まで太刀《たち》をふるって戦《たたか》ったという

土佐《とさ》の小領主《しょうりょうしゅ》だったが、
まわりの敵《てき》を滅《ほろ》ぼして土佐《とさ》を
統一《とういつ》したぞ。四国《しこく》も統一《とういつ》
したかったが、秀吉《ひでよし》に
負《ま》けてしまったんだ…
長宗我部元親《ちょうそかべもとちか》
1539年《ねん》～1599年《ねん》

元親殿《もとちかどの》…
いったいどうしたのですか…？

明智光秀《あけちみつひで》

元親《もとちか》の戸次川《へつぎがわ》 Before《ビフォー》&After《アフター》

戸次川《へつぎがわ》の戦《たたか》いで嫡男《ちゃくなん》・信親《のぶちか》を失《うしな》い、人《ひと》が変《か》わってしまった元親《もとちか》。四国統一《しこくとういつ》をしていたころの元親《もとちか》と、信親《のぶちか》討《う》ち死《じ》に後《ご》の元親《もとちか》の行動《こうどう》や政治《せいじ》を比《くら》べ、彼《かれ》がどれほど変《か》わってしまったのかを見《み》てみよう。

跡《あと》つぎ

Before

優秀《ゆうしゅう》な長男一筋《ちょうなんひとすじ》!

長男《ちょうなん》・信親《のぶちか》は文武両道《ぶんぶりょうどう》、眉目秀麗《びもくしゅうれい》、寛仁大度《かんじんたいど》…と、理想《りそう》の跡《あと》つぎだった。元親《もとちか》は優秀《ゆうしゅう》な嫡男《ちゃくなん》をことのほか愛《あい》し、信親《のぶちか》が元服《げんぷく》する時《とき》には当時《とうじ》の天下人《てんかびと》・織田信長《おだのぶなが》に「信《のぶ》」の一字《いちじ》をもらい、後継者《こうけいしゃ》としての箔《はく》づけをしている。

After

なぜか末《すえ》っ子《こ》推《お》しに…

普通《ふつう》、長男《ちょうなん》が亡《な》くなったら、次《つぎ》の跡《あと》つぎは次男《じなん》になる。が、元親《もとちか》は次男《じなん》と三男《さんなん》を差《さ》し置《お》いて四男《よんなん》・盛親《もりちか》を後継者《こうけいしゃ》にしようとする。家臣《かしん》たちは次男《じなん》・親和《ちかかず》にすべきだと反対《はんたい》するが、元親《もとちか》はこれをおしきって、盛親《もりちか》を跡《あと》つぎにしてしまった。

家臣《かしん》の意見《いけん》

Before

下級武士《かきゅうぶし》の意見《いけん》も取《と》り入《い》れる

長宗我部軍《ちょうそかべぐん》には、「一領具足《いちりょうぐそく》」という半農半士《はんのうはんし》の兵《へい》がいた。元親《もとちか》は戦場《せんじょう》で重臣《じゅうしん》だけでなく、彼《かれ》ら一領具足《いちりょうぐそく》の意見《いけん》も求《もと》め、理《り》にかなっていれば身分《みぶん》に関係《かんけい》なく取《と》り入《い》れたという。

After

反対意見《はんたいいけん》は即粛清《そくしゅくせい》!

新《あら》たな後継者決《こうけいしゃぎ》めの時《とき》、多《おお》くの重臣《じゅうしん》が盛親《もりちか》の相続《そうぞく》に反対《はんたい》した。反対派《はんたいは》の代表《だいひょう》だった吉良親実《きらちかざね》は、重臣筆頭《じゅうしんひっとう》かつ元親《もとちか》のおいである。しかし、元親《もとちか》は彼《かれ》の説得《せっとく》を無視《むし》したどころか、吉良一族全員《きらいちぞくぜんいん》に切腹《せっぷく》を命《めい》じたのだ。

元親《もとちか》ってどんな人《ひと》? 盛親《もりちか》を跡《あと》つぎにした理由《りゆう》

なぜ、元親《もとちか》は重臣《じゅうしん》を粛清《しゅくせい》してまで、盛親《もりちか》を跡《あと》つぎにしたのだろうか。それは、信親《のぶちか》の血《ち》筋《すじ》を残《のこ》すためだったという。討《う》ち死《じ》にした時《とき》、信親《のぶちか》には2歳《さい》のむすめがいた。当時《とうじ》14歳《さい》の盛親《もりちか》ならこのむすめとギリギリ結婚《けっこん》できるため、元親《もとちか》は盛親《もりちか》の家《か》とく相続《そうぞく》にこだわったのだ。

おれはどうしても
信親《のぶちか》の血筋《ちすじ》を
長宗我部家《ちょうそかべけ》に
残《のこ》したかったんだ…

長宗我部元親《ちょうそかべもとちか》

民《たみ》への思《おも》いやり

Before

敵地《てきち》であってもすべてはうばわない

当時《とうじ》の合戦《かっせん》は、敵地《てきち》で略奪《りゃくだつ》をするのが当《あ》たり前《まえ》だった。長宗我部軍《ちょうそかべぐん》も四国統一戦《しこくとういつせん》で略奪《りゃくだつ》を行《おこな》ったが、元親《もとちか》は米《こめ》や麦《むぎ》を必《かなら》ず半分《はんぶん》は残《のこ》すように命令《めいれい》していた。自分《じぶん》の軍《ぐん》を飢《う》えさせる訳《わけ》にはいかないが、敵《てき》の民《たみ》が飢《う》えるのもかわいそうだと、元親《もとちか》は考《かんが》えたのだ。

元親《もとちか》…、こんなに
変《か》わっちまうなんて…。
仙石《せんごく》ッ、お前《まえ》が勝手《かって》に
島津《しまづ》と戦《たたか》ったからだぞ！

とよとみひでよし
豊臣秀吉

After

年貢《ねんぐ》を厳《きび》しく取《と》り立《た》てる

信親死後《のぶちかしご》につくられた分国法《ぶんこくほう》「長宗我部元親百箇条《ちょうそかべもとちかひゃっかじょう》」では、米《こめ》だけでなく、漁業《ぎょぎょう》、塩田《えんでん》などにも税《ぜい》がかけられた。新《あたら》しく開発《かいはつ》した田《た》んぼをかくすなど、税金逃《ぜいきんのが》れに対《たい》しては、最悪打《さいあくう》ち首《くび》という厳罰《げんばつ》が科《か》されていた。

……

せんごくひでひさ
仙石秀久

家《か》とく相続《そうぞく》に苦労《くろう》した大名《だいみょう》たち

戦国最強《せんごくさいきょう》の武将《ぶしょう》・武田信玄《たけだしんげん》と上杉謙信《うえすぎけんしん》も、家《か》とく相続《そうぞく》に失敗《しっぱい》している。信玄《しんげん》は、嫡男《ちゃくなん》と不仲《ふなか》になって粛清《しゅくせい》。謙信《けんしん》は後継者《こうけいしゃ》を指名《しめい》せずに死去《しきょ》し、養子《ようし》ふたりの間《あいだ》で後継者争《こうけいしゃあらそ》い「御館《おだて》の乱《らん》」がおこった

いかに、戦国大名《せんこくだいみょう》が１代《だい》で領地《りょうち》を広《ひろ》げようとも、次代《じだい》へ上手《うま》くつなげなければ意味《いみ》がない。天下統一目前《てんかとういちもくぜん》までいった織田家《おだけ》は、信長《のぶなが》と一緒《いっしょ》に嫡男《ちゃくなん》・信忠《のぶただ》も死《し》んでしまい、残《のこ》された弟《おとうと》たちが対立《たいりつ》している間《あいだ》に、羽柴秀吉《はしばひでよし》に天下《てんか》を乗《の》っ取《と》られた。今川義元《いまがわよしもと》は、早《はや》めに息子《むすこ》に家《か》とくをゆずったものの、権力《けんりょく》をしっかり引《ひ》きつぐ前《まえ》に義元《よしもと》が戦死《せんし》。残《のこ》された息子《むすこ》・氏真《うじざね》は次々《つぎつぎ》と配下《はいか》の領主《りょうしゅ》たちに離反《りはん》され、数年後《すうねんご》に今川家《いまがわけ》は滅《ほろ》んでしまう。大名《だいみょう》になってから滅亡《めつぼう》まで、１度《ど》もお家騒動《いえそうどう》が起《お》きなかったのは、①早《はや》めに息子《むすこ》へ当主《とうしゅ》の座《ざ》をゆずり、前当主《ぜんとうしゅ》が後見《こうけん》しながら大名経験《だいみょうけいけん》を積《つ》ませる ②正室《せいしつ》を重《おも》んじ、嫡男《ちゃくなん》を中心《ちゅうしん》に兄弟《きょうだい》を結束《けっそく》させる、を徹底《てってい》していた北条家《ほうじょうけ》くらいだろう。

チームワーク
武勇《ぶゆう》
統率力《とうそつりょく》
野望《やぼう》
教養《きょうよう》
先見性《せんけんせい》
策略《さくりゃく》
領地《りょうち》

兄《きょう》弟《だい》のきずな No.1《ナンバーワン》

島《しま》津《づ》 義久《よしひさ》&義弘《よしひろ》&歳久《としひさ》&家久《いえひさ》

兄弟《きょうだい》のきずなランキング

No.2 本城《ほんじょう》は兄《あに》、支城《しじょう》は弟《おとうと》がガッチリ守《まも》る
北条氏政《ほうじょううじまさ》&氏照《うじてる》&氏邦《うじくに》&氏規《うじのり》

No.3 兄《あに》の影武者《かげむしゃ》もお任《まか》せ! そっくり兄弟《きょうだい》
武田信玄《たけだしんげん》&信繁《のぶしげ》&信廉《のぶかど》

No.1の理由
四兄弟《よんきょうだい》で団結《だんけつ》して九州《きゅうしゅう》を統一《とういつ》せよ！

合戦《かっせん》やだまし合《あ》いがうずまく戦国《せんごく》時代《じだい》は、兄弟《きょうだい》すら信用《しんよう》できない時代《じだい》だった。いや、当主争《とうしゅあらそ》いのライバルになりかねないという点《てん》では、むしろ他人《たにん》よりもやっかいな敵《てき》だったかもしれない。織田信長《おだのぶなが》と信勝《のぶかつ》、伊達政宗《だてまさむね》と小次郎《こじろう》など、当主争《とうしゅあらそ》いで兄弟《きょうだい》を殺《ころ》した例《れい》をあげればきりがない。

そんな殺《さつ》ばつとした時代《じだい》に兄弟《きょうだい》で固《かた》く結束《けっそく》し、九州統一《きゅうしゅうとういつ》を目《め》ざしたのが島津四兄弟《しまづよんきょうだい》だ。**長男《ちょうなん》の義久《よしひさ》を中心《ちゅうしん》に次男《じなん》・義弘《よしひろ》、三男《さんなん》・歳久《としひさ》、四男《よんなん》・家久《いえひさ》が協力《きょうりょく》し、伊東義祐《いとうよしすけ》・大友宗麟《おおともそうりん》・龍造寺隆信《りゅうぞうじたかのぶ》など、九州《きゅうしゅう》の強者《つわもの》たちを倒《たお》していった。**

しかし、彼《かれ》らの夢《ゆめ》は天下人《てんかびと》・豊臣《とよとみ》秀吉《ひでよし》の前《まえ》に破《やぶ》れる。いくつもの戦《たたか》いを勝《か》ちぬいた島津《しまづ》の兵《へい》は強《つよ》かったが、豊臣軍《とよとみぐん》は圧倒的《あっとうてき》な兵力《へいりょく》で島津軍《しまづぐん》をふみつぶし、義久《よしひさ》を降伏《こうふく》に追《お》いこんだ。

しかも、島津兄弟《しまづきょうだい》の結束力《けっそくりょく》をけいかいする秀吉《ひでよし》は、臣従後《しんじゅうご》もあの手《て》この手《て》で兄弟《きょうだい》のきずなにヒビを入《い》れようとしていく。まず、家久《いえひさ》が死《し》んだ。病死《びょうし》だった可能性《かのうせい》が高《たか》いが、秀吉《ひでよし》が暗殺《あんさつ》させたという説《せつ》も根強《ねづよ》くささやかれている。つぎに標的《ひょうてき》になったのが歳久《としひさ》だ。秀吉《ひでよし》は歳久《としひさ》を九州《きゅうしゅう》で起《お》こった一揆《いっき》の黒幕《くろまく》に仕立《した》て上《あ》げ、義《よし》久《ひさ》と義弘《よしひろ》に討伐《とうばつ》するよう命《めい》じた。天《てん》下人《かびと》の命令《めいれい》を拒否《きょひ》すれば家《いえ》ごと滅《ほろ》ぼされる。ふたりは涙《なみだ》をこらえて弟《おとうと》を討《う》ち取《と》った。

弟《おとうと》たちをぎせいにして守《まも》った島《しま》津家《づけ》は、江戸幕府《えどばくふ》の粛清《しゅくせい》や幕末《ばくまつ》の動《どう》乱《らん》も生《い》きぬき、現代《げんだい》まで続《つづ》いている。

大大名《だいだいみょう》・大友宗麟《おおともそうりん》に勝利《しょうり》した耳川《みみかわ》の戦《たたか》いで、激戦地《げきせんち》となった高城川《たかじょうかわ》

おいは次男《じなん》の義弘《よしひろ》じゃ。朝鮮出兵《ちょうせんしゅっぺい》や関ヶ原《せきがはら》の戦《たたか》いに参加《さんか》し、「鬼島津《おにしまづ》」でおそれられたがよ
島津四兄弟《しまづよんきょうだい》の長男《ちょうなん》・義久《よしひさ》じゃ。弟《おとうと》たちを率《ひき》いて伊東《いとう》・龍造寺《りゅうぞうじ》・大友《おおとも》を倒《たお》して九州統一《きゅうしゅうとういつ》を進《すす》めたぞ

島津義久《しまづよしひさ》
1533年《ねん》～1611年《ねん》

島津義弘《しまづよしひろ》
1535年《ねん》～1619年《ねん》

島津《しまづ》四兄弟《よんきょうだい》 九州統一《きゅうしゅうとういつ》の軌跡《きせき》

長男《ちょうなん》にして島津家当主《しまづけとうしゅ》の義久《よしひさ》を中心《ちゅうしん》に、次男《じなん》・義弘《よしひろ》、三男《さんなん》・歳久《としひさ》、四男《よんなん》・家久《いえひさ》の兄弟《きょうだい》が力《ちから》をあわせて進《すす》めた九州統一《きゅうしゅうとういつ》。彼《かれ》らはどんな敵《てき》と戦《たたか》い、どのように領地《りょうち》を広《ひろ》げたのか。激闘《げきとう》の記録《きろく》をたどってみよう。

父《ちち》・貴久《たかひさ》の時代《じだい》（1559年頃《ねんごろ》）

戦国時代《せんごくじだい》、島津家《しまづけ》は分《ぶん》れつし、本家《ほんけ》の座《ざ》をめぐって争《あらそ》っていた。四兄弟《よんきょうだい》の祖父《そふ》・忠良《ただよし》と父《ちち》・貴久《たかひさ》は本家《ほんけ》の座《ざ》を勝《か》ち取《と》ると、他《ほか》の分家《ぶんけ》や他家《たけ》の領主《りょうしゅ》を倒《たお》して、薩摩《さつま》の統一《とういつ》を果《は》たす。

龍造寺《りゅうぞうじ》
大友《おおとも》
伊東《いとう》
島津《しまづ》

初代《しょだい》さあが
頼朝公《よりともこう》からもろうた
薩摩《さつま》・大隅《おおすみ》・日向《ひゅうが》の
三州統一《さんしゅうとういつ》こそ、ワシらん
悲願《ひがん》なんじゃ！

島津義久《しまづよしひさ》

龍造寺《りゅうぞうじ》
大友《おおとも》
伊東《いとう》
島津《しまづ》

三州統一《さんしゅうとういつ》（1575年頃《ねんごろ》）

義久《よしひさ》が家《か》とくをつぐと、島津軍《しまづぐん》は大隅進出《おおすみしんしゅつ》を目《め》ざし肝付《きもつき》家《け》と戦《たたか》う。1574年《ねん》には肝付家《きもつきけ》を降伏《こうふく》させ、大隅《おおすみ》を制圧《せいあつ》。島津軍《しまづぐん》は同時並行《どうじへいこう》で日向《ひゅうが》にも進出《しんしゅつ》している。木崎原《きざきばる》の戦《たたか》いで義弘《よしひろ》が伊東軍《いとうぐん》を破《やぶ》るなど、こちらの戦《たたか》いも島津方《しまづがた》有利《ゆうり》に進《すす》み、1577年《ねん》には伊東義祐《いとうよしすけ》を日向《ひゅうが》から追放《ついほう》した。

オレたちのご先祖様《せんぞさま》？ 源頼朝《みなもとのよりとも》

鎌倉幕府《かまくらばくふ》の初代将軍《しょだいしょうぐん》で、島津家《しまづけ》の初代《しょだい》・島津忠久《しまづただひさ》の主君《しゅくん》。忠久《ただひさ》は母《はは》親《おや》が頼朝《よりとも》に仕《つか》えた女性《じょせい》だったため、頼朝《よりとも》のご落胤《らくいん》（かくし子《ご》）とされているのだ。真偽《しんぎ》は不明《ふめい》だが、忠久《ただひさ》は薩摩《さつま》・大隅《おおすみ》・日向《ひゅうが》の守護《しゅご》に任《にん》じられるなど、頼朝《よりとも》からひいきされていたのは事実《じじつ》である。

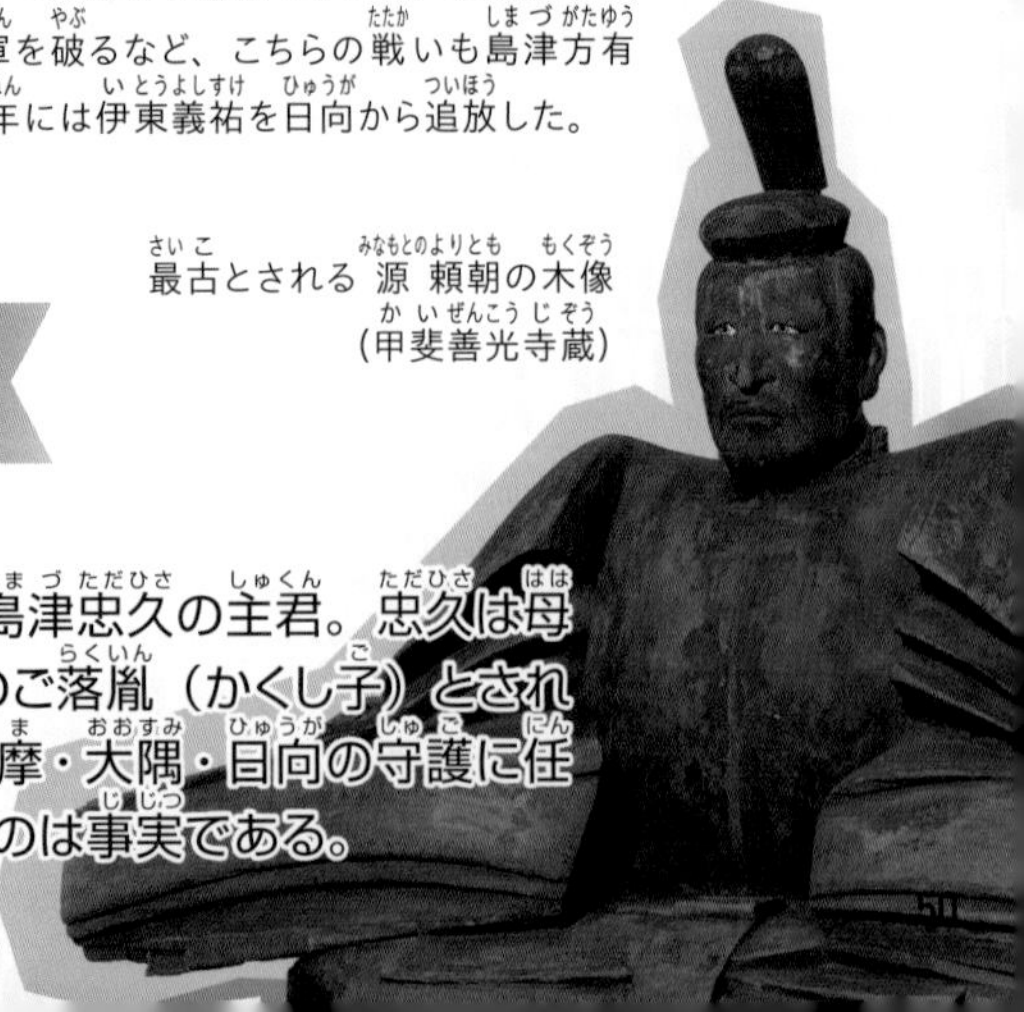

最古《さいこ》とされる 源 頼朝《みなもとのよりとも》の木像《もくぞう》
（甲斐善光寺蔵《かいぜんこうじぞう》）

耳川《みみかわ》の戦《たたか》い（1578年頃《ねんごろ》）

追放《ついほう》された伊東義祐《いとうよしすけ》が大友宗麟《おおともそうりん》に領地奪還《りょうちだっかん》をたのんだことから、大友軍《おおともぐん》が日向《ひゅうが》に攻《せ》めこむ。しかし、島津軍《しまづぐん》は耳川《みみかわ》の戦《たたか》いで大友軍《おおともぐん》を破《やぶ》り、日向《ひゅうが》を完全制圧《かんぜんせいあつ》する。大友家《おおともけ》が衰《すい》退《たい》したことで、肥後《ひご》など大友《おおとも》の勢力圏《せいりょくけん》から島《しま》津家《づけ》に降《くだ》る領主《りょうしゅ》が現《あらわ》れはじめる。

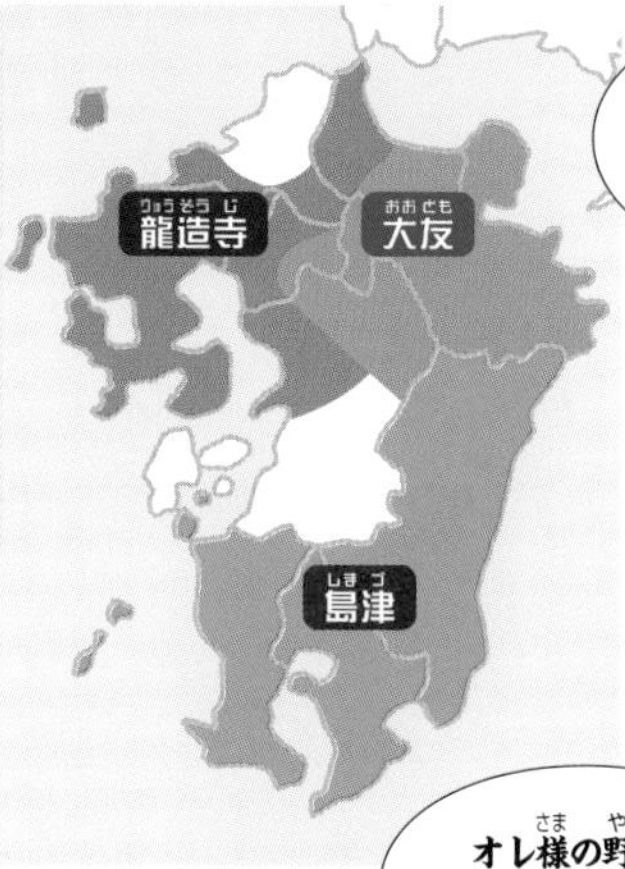
龍造寺《りゅうぞうじ》
大友《おおとも》
島津《しまづ》

6か国守護《こくしゅご》の私《わたし》が
敗《やぶ》れるとは…
大友宗麟《おおともそうりん》

龍造寺《りゅうぞうじ》
大友《おおとも》
島津《しまづ》

沖田畷《おきたなわて》の戦《たたか》い（1584年頃《ねんごろ》）

耳川《みみかわ》の戦《たたか》い後《ご》、大友家《おおともけ》から独立《どくりつ》した龍造寺《りゅうぞうじ》隆信《たかのぶ》が急速《きゅうそく》に勢力《せいりょく》を広《ひろ》げていた。義弘《よしひろ》と家久《いえひさ》は肥前《ひぜん》の有馬軍《ありまぐん》の援軍《えんぐん》として龍造寺軍《りゅうぞうじぐん》と戦《たたか》うことになり、沖田畷《おきたなわて》で隆信《たかのぶ》を討《う》ち取《と》った。島《しま》津軍《づぐん》は龍造寺家《りゅうぞうじけ》を傘下《さんか》におさめ、肥後《ひご》も平定《へいてい》。九州最大《きゅうしゅうさいだい》の大名《だいみょう》となった。

オレ様《さま》の野望《やぼう》は
これからだったのに…
龍造寺隆信《りゅうぞうじたかのぶ》

兄《あに》さあ、
九州統一《きゅうしゅうとういつ》まで
もう一息《ひといき》じゃな！…ん？
島津義弘《しまづよしひろ》

豊後攻《ぶんごぜ》め（1586年頃《ねんごろ》）

九州統一《きゅうしゅうとういつ》にあたり、残《のこ》る敵《てき》は衰退《すいたい》した大《おお》友宗麟《ともそうりん》だけとなった。宗麟《そうりん》の依頼《いらい》で天下《てんか》人《びと》・豊臣秀吉《とよとみひでよし》から停戦命令《ていせんめいれい》が届《とど》くが、四《よん》兄弟《きょうだい》はこれを無視《むし》して大友領《おおともりょう》を攻《せ》める。島津軍《しまづぐん》は怒《ど》とうの勢《いきお》いで大友領《おおともりょう》を攻略《こうりゃく》していくが、高橋紹運《たかはしじょううん》の岩屋城《いわやじょう》や立花宗茂《たちばなむねしげ》の立花山城《たちばなやまじょう》、そして宗麟本人《そうりんほんにん》がこもる臼《うす》杵城《きじょう》で足止《あしど》めを食《く》らう。その間《あいだ》にも、中《ちゅう》央《おう》では停戦令《ていせんれい》を無視《むし》されて激怒《げきど》する秀吉《ひでよし》が島津討伐《しまづとうばつ》の準備《じゅんび》を進《すす》めていた…。

大友《おおとも》
島津《しまづ》

コラー！
ワシを無視《むし》して戦《いくさ》をするな!!

豊臣秀吉《とよとみひでよし》

➡秀吉《ひでよし》の九州《きゅうしゅう》攻《ぜ》めで薩摩《さつま》・大隅《おおすみ》以外《いがい》は没収《ぼっしゅう》

もっと知《し》りたい！

戦《せん》▶国《ごく》ちゃんねる

戦国武将《せんごくぶしょう》のカッコイイ異名《いみょう》

第六天魔王《だいろくてんまおう》

第六天魔王《だいろくてんまおう》とは、仏教《ぶっきょう》における悪魔《あくま》のことだ。俺様《おれさま》は堕落《だらく》した坊主《ぼうず》どもが大嫌《だいきら》いで、比叡山《ひえいざん》や一向宗《いっこうしゅう》と敵対《てきたい》していたからな。仏教《ぶっきょう》の敵《てき》という意味《いみ》でそう自称《じしょう》したのだ

織田信長《おだのぶなが》

三州《さんしゅう》の総大将《そうだいしょう》

三州《さんしゅう》とは「薩摩《さつま》・大隅《おおすみ》・日向《ひゅうが》」を指《さ》す。じさまが我《われ》ら四兄弟《よんきょうだい》を評価《ひょうか》した時《とき》に、ワシんこっを「三州《さんしゅう》を治《おさ》める才能《さいのう》と徳《とく》を持《も》った大将《たいしょう》だ」とゆうてくれたんじゃ

島津義久《しまづよしひさ》

日本一《ひのもといち》の兵《つわもの》

大坂夏《おおさかなつ》の陣《じん》で家康《いえやす》の陣《じん》に突撃《とつげき》したわたしの奮戦《ふんせん》を、島津忠恒殿《しまづただつねどの》が「日本一《ひのもといち》の兵《つわもの》」とたたえたとか。猛者《もさ》と名高《なだか》い島津《しまづ》の方《かた》に評価《ひょうか》していただけて光栄《こうえい》です

真田信繁《さなだのぶしげ》

退《の》き佐久間《さくま》

こう見《み》えて私《わたし》、撤退戦《てったいせん》の殿《しんがり》（最後尾《さいこうび》）が得意《とくい》なんです。襲《おそ》いかかってくる敵《てき》から味方《みかた》を無事《ぶじ》に逃《に》がす危険《きけん》な役目《やくめ》ですが、私《わたし》は最小限《さいしょうげん》の被害《ひがい》で撤退《てったい》することができたんですよ

佐久間信盛《さくまのぶもり》

謀神《ぼうしん》

ワシは策略《さくりゃく》や奇策《きさく》が得意《とくい》でな、ありとあらゆる手《て》を使《つか》って領地《りょうち》を広《ひろ》げてきた。そんなワシを周囲《しゅうい》の大名《だいみょう》は謀略《ぼうりゃく》の神《かみ》だとおそれたのじゃ

毛利元就《もうりもとなり》

「甲斐《かい》の虎《とら》」や「独眼竜《どくがんりゅう》」など、戦《せん》国《ごく》武将《ぶしょう》には異名《いみょう》を持《も》つ者《もの》が多《おお》い。異《い》名《みょう》の由来《ゆらい》は様々《さまざま》で、虎《とら》や鬼《おに》などの強《つよ》い生《い》き物《もの》だったり、あるいは同《おな》じような話《わ》・能力《のうりょく》を持《も》つ過去《かこ》の偉人《いじん》から異名《いみょう》がついたりする。

ちなみに、異名《いみょう》は武将《ぶしょう》が自分《じぶん》で決《き》めている訳《わけ》ではない。他《ほか》の人物《じんぶつ》が「○○は××のようだ」と記録《きろく》した史料《しりょう》や軍記物《ぐんきもの》、後世《こうせい》の創作《そうさく》などが広《ひろ》まって、異名《いみょう》として定着《ていちゃく》することが多《おお》い。

第2章 戦国重大事件にまつわるNo.1《ナンバーワン》

悲《ひ》運《うん》の討《う》ち死《じ》にNo.1《ナンバーワン》

今《いま》川《がわ》義《よし》元《もと》

悲《ひ》運《うん》の討《う》ち死《じ》にランキング

No.2 謀反《むほん》を起《お》こしたのに三日天下《みっかてんか》
明智光秀《あけちみつひで》

No.3 島津《しまづ》に敗《やぶ》れた元親《もとちか》の子《こ》
長宗我部信親《ちょうそかべのぶちか》

No.1の理由

ハイスペ大名義元《だいみょうよしもと》、ザコ大名《だいみょう》の信長《のぶなが》に油断《ゆだん》して討《う》ち死《じ》に！

今川義元《いまがわよしもと》は名門出身《めいもんしゅっしん》で合戦《かっせん》も政治《せいじ》も一流《いちりゅう》のハイスペック大名《だいみょう》である……といわれてピンと来《く》る人《ひと》はどれくらいいるのだろうか。義元《よしもと》は「今《いま》川仮名目録《がわかなもくろく》」という法《ほう》を定《さだ》めたり、経済《けいざい》を発展《はってん》させたりと、駿河《するが》（静岡《しずおか》県《けん》）を大国《たいこく》に育《そだ》てた立役者《たてやくしゃ》。隣《となり》の武《たけ》田《だ》家《け》や北条《ほうじょう》家《け》と対等《たいとう》にわたりあい三《さん》国同盟《ごくどうめい》を結《むす》ぶなど優《すぐ》れた外交《がいこう》テクニックも持《も》ち、教養《きょうよう》が深《ふか》い文化人《ぶんかじん》でもあった。

そんな英雄今川義元《えいゆういまがわよしもと》のイメージは、たった一度《いちど》の敗北《はいぼく》によって180度《ど》変《か》わってしまった。その戦《たたか》いこそ、織田信長《おだのぶなが》の天下布武《てんかふぶ》の第《だい》1歩《ぽ》となった桶狭間《おけはざま》の戦《たたか》いだ。義元《よしもと》は領土《りょうど》を拡《かく》大《だい》するべく、**“弱小大名《じゃくしょうだいみょう》”の信長《のぶなが》がいた尾張《おわり》（愛知県《あいちけん》）に攻《せ》めこんだ。キャリアも兵数《へいすう》も義元《よしもと》が圧倒的《あっとうてき》に有《ゆう》利《り》**だった。ところが、雨《あめ》のなか信長《のぶなが》が今川軍《いまがわぐん》を急襲《きゅうしゅう》。休憩《きゅうけい》をとっていた義元《よしもと》は、不幸《ふこう》にもそのまま討《う》ち死《じ》にしてしまうのだった。

義元《よしもと》の不幸《ふこう》は死後《しご》も続《つづ》いた。**彼《かれ》を倒《たお》した信長《のぶなが》がのちに天下人《てんかびと》まで上《のぼ》りつめてしまったため**、ゲームでいうところの「序盤《じょばん》の小《しょう》ボス」……つまり、かませ犬《いぬ》あつかいされるようになってしまったのだ。しかも、桶狭間《おけはざま》の戦《たたか》いで輿《こし》に乗《の》っていたという話《わ》などが強調《きょうちょう》され、「太《ふと》りすぎて馬《うま》に乗《の》れなかった」「貴族趣味《きぞくしゅみ》の軟弱大《なんじゃくだい》名《みょう》」よばわりされるようになってしまう。一度《いちど》のミスでここまでひどいあつかいをされている武将《ぶしょう》は、義元《よしもと》以外《いがい》にいないだろう。

駿河《するが》がゆたかになったのは
余《よ》の政策《せいさく》のおかげじゃ！
あの徳川家康《とくがわいえやす》ももともとは余《よ》の
人質《ひとじち》だったんじゃぞ！

今川義元《いまがわよしもと》
1519年《ねん》～1560年《ねん》

義元《よしもと》の師匠《ししょう》であり軍師《ぐんし》でもあった太《たい》原雪斎《げんせっさい》（臨済寺蔵《りんざいじぞう》）

直撃《ちょくげき》 海道一《かいどういち》の弓取《ゆみと》りのスゴさとは？

大大名《だいだいみょう》でありながら、思《おも》わぬポカで散々《さんざん》な評価《ひょうか》を受《う》けるハメになった義元《よしもと》。「余《よ》は、本当《ほんとう》はすごいのじゃ!」と主張《しゅちょう》する彼《かれ》のため、編集部《へんしゅうぶ》が義元《よしもと》にインタビューをしたぞ。本当《ほんとう》の義元《よしもと》はどんな人物《じんぶつ》なのだろうか？

みな、余《よ》のことをバカ殿《との》だの貴族趣味《きぞくしゅみ》だの好《す》き放題《ほうだい》言《い》いすぎではないか？

今川義元《いまがわよしもと》

Q 太《ふと》りすぎで馬《うま》に乗《の》れなかったって本当《ほんとう》ですか？

A だれがデブじゃ、無礼者《ぶれいもの》

馬《うま》くらい乗《の》れるわ。確《たし》かに、桶狭間《おけはざま》の戦《たたか》いでは馬《うま》ではなく輿《こし》に乗《の》っていたが、あれは権力《けんりょく》アピールじゃ。輿《こし》は室町幕府《むろまちばくふ》が強《つよ》くて由緒《ゆいしょ》ある大名《だいみょう》だけに乗《の》ることを許可《きょか》した、超《ちょう》ありがたい乗《の》り物《もの》だった。当然《とうぜん》、信長《のぶなが》は乗《の》れん。だ・か・ら、輿《こし》で優雅《ゆうが》に進軍《しんぐん》する余《よ》の姿《すがた》を尾張《おわり》の民《たみ》に見《み》せつけて、戦《たたか》う気《き》をなくさせようとしたのじゃ。

Q 貴族趣味《きぞくしゅみ》だったって本当《ほんとう》ですか？

A 和歌《わか》も蹴鞠《けまり》も好《す》きじゃ

だが、貴族趣味《きぞくしゅみ》ではないぞ。当時《とうじ》、和歌《わか》や蹴鞠《けまり》は武士《ぶし》に必要《ひつよう》な教養《きょうよう》だったのじゃ。京《みやこ》のエライ人《ひと》を蹴鞠《けまり》の会《かい》に招《まね》いてコネをつくったり、家臣《かしん》と和《わ》歌《か》で交流《こうりゅう》したりな。息《いき》ぬきにもなるし、のめりこみすぎなければよいのじゃ。

オレ様《さま》の死《し》地《ち》 おけはざま山《やま》

織田信長《おだのぶなが》の一代記《いちだいき》『信長公記《しんちょうこうき》』によると、義《よし》元《もと》が討《う》たれたのは「おけはざま山《やま》」という場《ば》所《しょ》である。現在《げんざい》の愛知県名古屋市《あいちけんなごやし》には「桶《おけ》狭間《はざま》」という地名《ちめい》があり、合戦《かっせん》はこの一帯《いったい》で行《おこな》われたことはわかっているのだが、義元《よしもと》が死《し》んだおけはざま山《やま》のくわしい場所《ばしょ》はわかっていない。

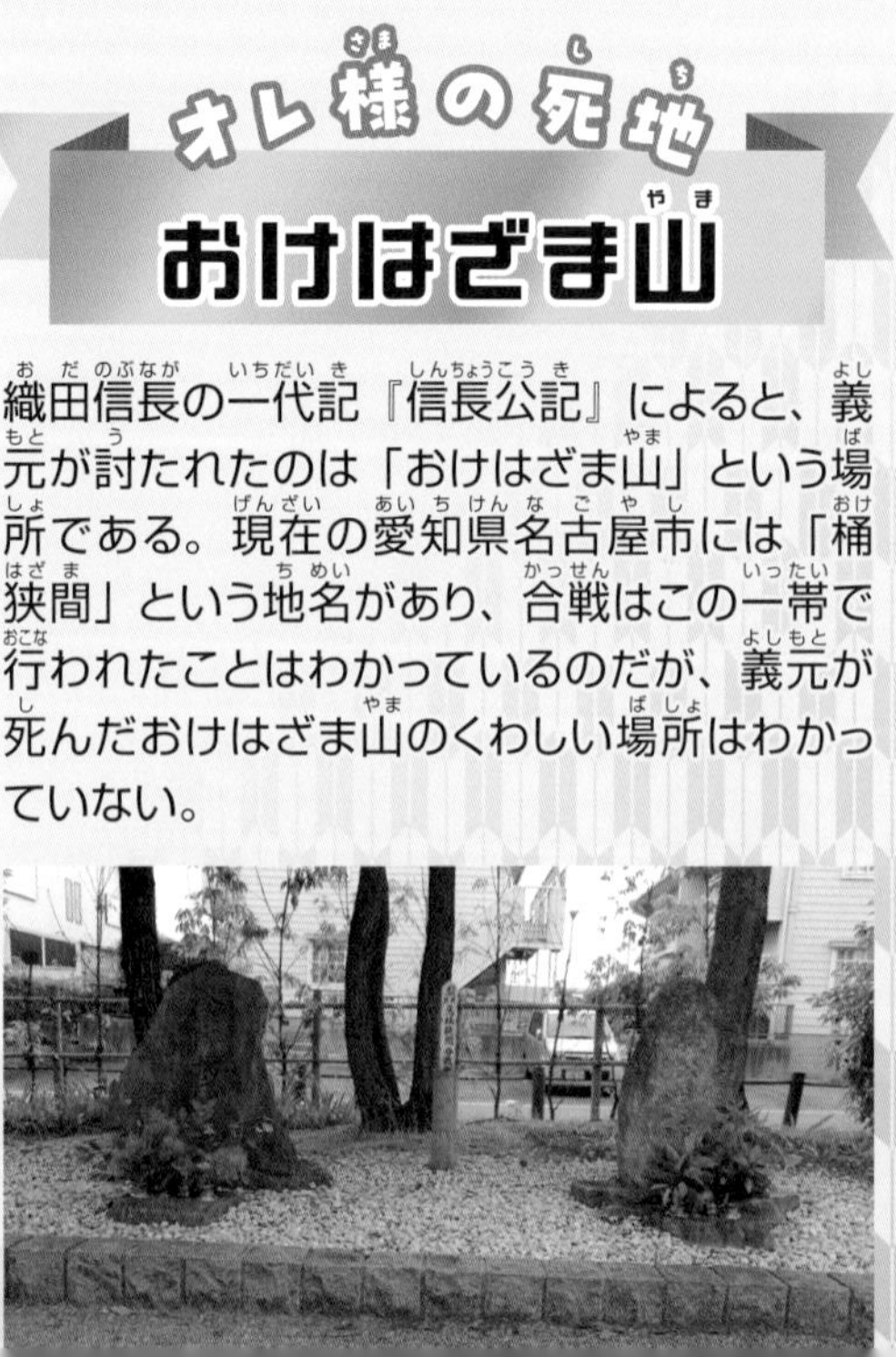

桶狭間古戦場公園《おけはざまこせんじょうこうえん》の義元《よしもと》の墓《はか》

義元《よしもと》ってどんな人《ひと》?

「上洛《じょうらく》して天下《てんか》に号令《ごうれい》をかける」はウソ!?

一昔前《ひとむかしまえ》、義元《よしもと》が尾張《おわり》を攻《せ》めた理由《りゆう》は「上洛《じょうらく》（京《みやこ》へ行《い》くこと）して、将軍《しょうぐん》に代《か》わり天下《てんか》に号令《ごうれい》をかける」ことだとされていた。少《すこ》し前《まえ》までは、戦国大名《せんごくだいみょう》のだれもが天下取《てんかと》りを目《め》ざしていたと思《おも》われていたからだ。しかし、現在《げんざい》の研究《けんきゅう》では義元《よしもと》の時代《じだい》の大《だい》名《みょう》には全国支配《ぜんこくしはい》という発想《はっそう》はなかったとされている。さらに、幕府関係者《ばくふかんけいしゃ》や京周辺《みやこしゅうへん》の大名《だいみょう》などに上洛《じょうらく》への協力《きょうりょく》を求《もと》めていないため、義元《よしもと》の目的《もくてき》は尾張《おわり》への領地拡大《りょうちかくだい》だったとする説《せつ》が有力《ゆうりょく》になっている。

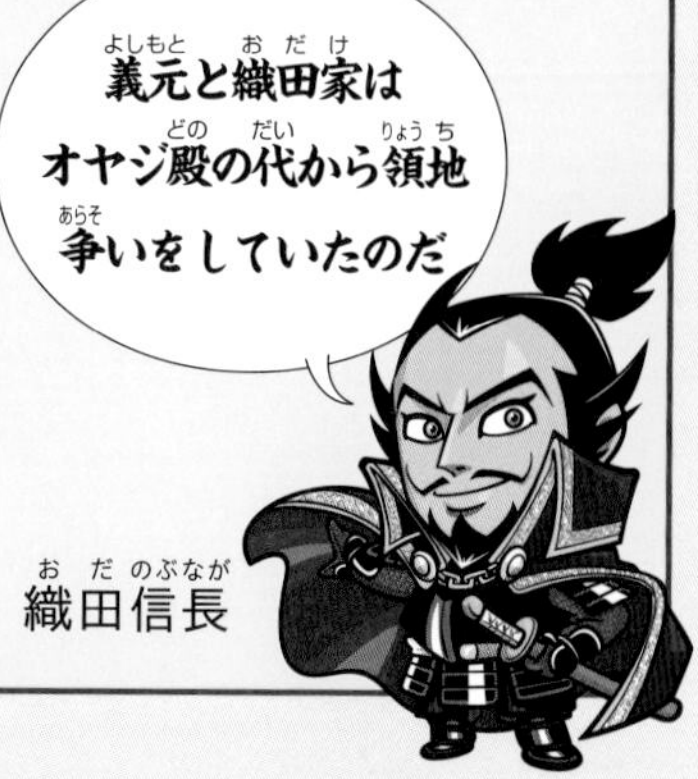
義元《よしもと》と織田家《おだけ》は
オヤジ殿《どの》の代《だい》から領地《りょうち》
争《あらそ》いをしていたのだ

織田信長《おだのぶなが》

Q 合戦《かっせん》は得意《とくい》だったんですか?

A 余《よ》はバリバリの武闘派《ぶとうは》ぞ

そもそも、余《よ》は兄《あに》・玄広恵探《げんこうえたん》との跡《あと》つぎ争《あらそ》いに勝《か》って今川《いまがわ》の当主《とうしゅ》になったのじゃ。その後《ご》も、河《か》東《とう》（駿河国《するがのくに》の富士川《ふじがわ》より東側《ひがしがわ》）をねらう北条氏綱《ほうじょううじつな》と戦《たたか》ったり、織田信秀《おだのぶひで》と戦《たたか》って三河《みかわ》をゲットしたりしたぞ。「海道一《かいどういち》の弓取《ゆみと》り」という異名《いみょう》も、東海《とうかい》道《どう》を支配《しはい》する余《よ》の強《つよ》さをたたえておるのよ。

兄《あに》との後継者争《こうけいしゃあらそ》いの舞台《ぶたい》となった花倉城《はなくらじょう》（藤枝《ふじえだ》市提供《していきょう》）

花倉城《はなくらじょう》

義元様《よしもとさま》には、
ワシも多《おお》くのことを
学《まな》ばせてもらったのう

徳川家康《とくがわいえやす》

Q 政治《せいじ》ではどんなことをしたんですか?

A 分国法《ぶんこくほう》を追加《ついか》したのじゃ

今川家《いまがわけ》には、元々父上《もともとちちうえ》が制定《せいてい》した「今川仮名目録《いまがわかなもくろく》」という分《ぶん》国法《こくほう》があった。じゃが、制定《せいてい》から数十年《すうじゅうねん》たち、実態《じったい》にあわない法《ほう》になっていたのじゃ。そこで、余《よ》は仮名目録《かなもくろく》に 21 条《じょう》を追加《ついか》した。他《ほか》にも、武田《たけだ》･北条《ほうじょう》との三国同盟《さんごくどうめい》を成立《せいりつ》させるなど、外交《がいこう》も得意《とくい》じゃったぞ。

ナゾ
武勇《ぶゆう》
統率力《とうそつりょく》
野望《やぼう》
教養《きょうよう》
先見性《せんけんせい》
策略《さくりゃく》
領地《りょうち》

戦国《せんごく》を変《か》えた裏切《うらぎ》り No.1《ナンバーワン》

明智光秀《あけちみつひで》

裏切《うらぎ》り者《もの》ランキング

No.2
関ヶ原《せきがはら》の戦《たたか》いの結果《けっか》を変《か》えた
小早川秀秋《こばやかわひであき》

No.3
家康《いえやす》を見捨《みす》てたら落武者《おちむしゃ》狩《が》りに
穴山信君《あなやまのぶただ》

No.1の理由

本能寺《ほんのうじ》の変《へん》も裏切《うらぎ》った光秀本人《みつひでほんにん》もとにかくナゾだらけ

戦国史上《せんごくしじょう》、いや、日本史上最大《にほんしじょうさいだい》の裏切《うらぎ》り事件《じけん》「本能寺《ほんのうじ》の変《へん》」。英雄《えいゆう》・織田信長《おだのぶなが》が、家臣《かしん》の明智光秀《あけちみつひで》の謀反《むほん》により京都《きょうと》の本能寺《ほんのうじ》で無念《むねん》の死《し》をとげ、天下《てんか》をめぐる争《あらそ》いはさらに激《はげ》しくなっていく。そんな超有名《ちょうゆうめい》な本能《ほんのう》寺《じ》の変《へん》だが、**なぜ光秀《みつひで》が裏切《うらぎ》ったのか、そもそも光秀《みつひで》がどんなヤツなのか、とにかくナゾだらけ**なのである。

光秀《みつひで》は年齢《ねんれい》も出身地《しゅっしんち》も諸説《しょせつ》あり、信長《のぶなが》に仕《つか》える前《まえ》に何《なに》をしていたのかもよくわからない。とりあえず、将《しょう》軍足利義昭《ぐんあしかがよしあき》の上洛《じょうらく》にあたり、光秀《みつひで》が信長《のぶなが》にこれを手伝《てつだ》うよう相談《そうだん》したのがふたりの出会《であ》いのきっかけだという。その後《ご》、信長《のぶなが》に仕《つか》えた光秀《みつひで》は、浅井《あざい》・朝倉《あさくら》との戦《たたか》いで殿《しんがり》（最《さい》後尾《こうび》）を務《つと》めたり、信長《のぶなが》に逆《さか》らう比《ひ》叡山延暦寺《えいざんえんりゃくじ》を焼《や》き討《う》ちしたりと大活《だいかつ》やく。信長《のぶなが》のもとで順調《じゅんちょう》に出世《しゅっせ》する。

ところが**光秀《みつひで》は信長《のぶなが》を裏切《うらぎ》り、本《ほん》能寺《のうじ》の変《へん》を起《お》こした。**その理由《りゆう》は、信長《のぶなが》を殺《ころ》して自分《じぶん》が天下人《てんかびと》になろうとした説《せつ》、信長《のぶなが》のパワハラにガマンの限界《げんかい》がきた説《せつ》など、他《ほか》にもたくさんあり、よくわからない。また信長《のぶなが》はいろいろなところで恨《うら》みを買《か》っていたので、光秀《みつひで》を操《あやつ》った黒幕《くろまく》がいたともされる。

本能寺《ほんのうじ》の変《へん》の後《のち》、光秀《みつひで》は信長《のぶなが》の本《ほん》拠地《きょち》・安土城《あづちじょう》（滋賀県《しがけん》）を占拠《せんきょ》し、畿内《きない》を支配《しはい》するが、羽柴《はしば》（豊臣《とよとみ》）秀《ひで》吉《よし》らの襲撃《しゅうげき》を受《う》け撤退《てったい》。落武者狩《おちむしゃが》りにあって死《し》んだという。光秀《みつひで》はなぜそこまでして謀反《むほん》を起《お》こしたのか、今後《こんご》の研究結果《けんきゅうけっか》に期待《きたい》だ！

謀反人《むほんにん》として評判《ひょうばん》の悪《わる》い光秀《みつひで》だが、領地《りょうち》だった福知山《ふくちやま》では今《いま》も名君《めいくん》としてしたわれている。写真《しゃしん》は光秀《みつひで》がつくった福知山城《ふくちやまじょう》（京都府《きょうとふ》）

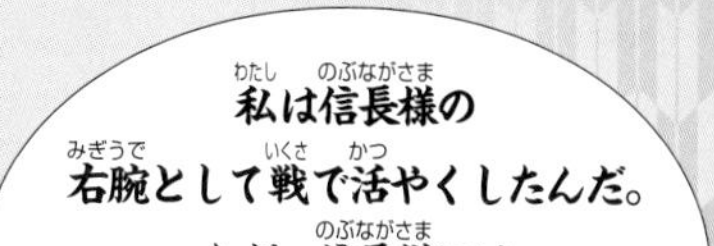
私《わたし》は信長様《のぶながさま》の
右腕《みぎうで》として戦《いくさ》で活《かつ》やくしたんだ。
ただ、信長様《のぶながさま》には
思《おも》うところがあり…
謀反《むほん》を起《お》こすことにしたんだ

明智光秀《あけちみつひで》
1528年《ねん》？～1582年《ねん》

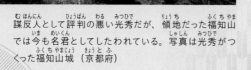

明智光秀《あけちみつひで》 謀反《むほん》の動機《どうき》にせまる

**ナゾの多《おお》い光秀《みつひで》の人生《じんせい》の中《なか》でも最大《さいだい》のナゾ。
それが、本能寺《ほんのうじ》の変《へん》の動機《どうき》である。
なぜ、織田家《おだけ》の出世頭《しゅっせがしら》だった光秀《みつひで》が謀反《むほん》を起《お》こしたのか。
数《かず》ある説《せつ》を検証《けんしょう》し、謀反《むほん》の真相《しんそう》にせまってみよう。**

結局《けっきょく》、アイツはなんで俺様《おれさま》を裏切《うらぎ》ったんだ？
織田信長《おだのぶなが》

天下《てんか》取《と》りたかった説《せつ》	じつは、超野心家《ちょうやしんか》だった光秀《みつひで》が、天下《てんか》を取《と》るために信長《のぶなが》を殺《ころ》したという説《せつ》。当時《とうじ》の記録《きろく》にも「光秀《みつひで》は天下《てんか》を取《と》ろうとしたのだ」というウワサが書かれているが、光秀《みつひで》が真意《しんい》を明《あ》かさないまま死《し》んでしまったため、証拠《しょうこ》がない。
信長《のぶなが》へのうらみ説《せつ》	長年《ながねん》、信長《のぶなが》にパワハラをされていた光秀《みつひで》が、ついにガマンできず謀反《むほん》を起《お》こしたという説《せつ》。パワハラエピソードとして、ささいな一言《ひとこと》で信長《のぶなが》になぐられた、徳川家康《とくがわいえやす》の接《せっ》待役《たいやく》を難《なん》くせでやめさせられたなどがあるが、すべて軍《ぐん》記物《きもの》（小説《しょうせつ》）が出典《しゅってん》なので信用《しんよう》できない。
世《よ》のために暴君討伐説《ぼうくんとうばつせつ》	比叡山焼《ひえいざんや》き討《う》ちや室町幕府滅亡《むろまちばくふめつぼう》など、信長《のぶなが》の非道《ひどう》な行《おこな》いに怒《おこ》り、幕府再興《ばくふさいこう》や朝廷《ちょうてい》保護《ほご》のために謀反《むほん》を起《お》こしたという説《せつ》。じっさい、謀反後《むほんご》に朝廷《ちょうてい》は光秀《みつひで》に味方するような動《うご》きをするが、このころの朝廷《ちょうてい》は強《つよ》い者《もの》になびきがちなので、証拠《しょうこ》としては弱《よわ》い。
ストレス暴発説《ぼうはつせつ》	終《お》わらない合戦《かっせん》や後継者《こうけいしゃ》への不安《ふあん》（光秀《みつひで》は信長《のぶなが》より年上《としうえ》だが、嫡男《ちゃくなん》はまだ10代《だい》）などから、ストレスが爆発《ばくはつ》。そんな時《とき》に、信長《のぶなが》がわずかな護衛《ごえい》で本能寺《ほんのうじ》に泊《と》まったため、突《とっ》発的《ばつてき》にやってしまったという説《せつ》。これも光秀《みつひで》の真意《しんい》が残《のこ》っていないため、真偽不明《しんぎふめい》。
秀吉《ひでよし》が黒幕説《くろまくせつ》	天下《てんか》を取《と》りたい羽柴秀吉《はしばひでよし》が光秀《みつひで》を操《あやつ》って信長《のぶなが》を殺《ころ》させ、山崎《やまざき》の戦《たたか》いで真相《しんそう》を闇《やみ》に葬《ほうむ》ったという説《せつ》。秀吉《ひでよし》が天下《てんか》を取《と》ったという結果《けっか》ありきで、史料的《しりょうてき》な証拠《しょうこ》は一切《いっさい》なし。
将軍義昭《しょうぐんよしあき》が黒幕説《くろまくせつ》	「暴君討伐説《ぼうくんとうばつせつ》」の発展系《はってんけい》。室町幕府再興《むろまちばくふさいこう》を目《め》ざす足利義《あしかがよし》昭《あき》が、元家臣《もとかしん》の光秀《みつひで》をそそのかして謀反《むほん》を起《お》こさせたという説《せつ》。義昭《よしあき》を保護《ほご》していた毛利家《もうりけ》との連携《れんけい》が必須《ひっす》のはずだが、秀吉《ひでよし》の大返《おおがえ》しを許《ゆる》すなど、まったく連携《れんけい》できていないので可能性《かのうせい》は低《ひく》い。

えっ、なんでワシが疑《うたが》われてるんだ…？
豊臣秀吉《とよとみひでよし》

光秀《みつひで》よ、信長《のぶなが》を倒《たお》すなら事前《じぜん》に連絡《れんらく》してほしかったのじゃ…
足利義昭《あしかがよしあき》

スクープ！ 光秀《みつひで》は本能寺《ほんのうじ》にいなかった？

明智軍《あけちぐん》が本能寺《ほんのうじ》をおそった時《とき》、光秀《みつひで》は本能《ほんのう》寺《じ》で指揮《しき》をとっていた。ナゾの多《おお》い本能寺《ほんのうじ》の変《へん》の中《なか》でも、これは疑《うたが》いようのない真実《しんじつ》とされていたのだが、最近《さいきん》『乙夜之書物《いつやのかきもの》』という史料《しりょう》からまったく異《こと》なる記述《きじゅつ》が見《み》つかった。『乙夜之書物《いつやのかきもの》』によると、本能寺《ほんのうじ》へ向《む》かったのは重臣《じゅうしん》が率《ひき》いる部隊《ぶたい》で、光秀《みつひで》本人《ほんにん》は不測《ふそく》の事態《じたい》に備《そな》えて京《みやこ》の南《みなみ》にある鳥《と》羽《ば》に待機《たいき》していたという。この史料《しりょう》には他《ほか》にも明智軍《あけちぐん》の進軍《しんぐん》ルートや、じつは光秀《みつひで》が以《い》前《ぜん》から謀反《むほん》の機会《きかい》をねらっていたことなどが書《か》かれており、これが真実《しんじつ》なら本能寺《ほんのうじ》の変《へん》の真相解明《しんそうかいめい》につながるかもしれない。

あれ…、私《わたし》は本能寺《ほんのうじ》と鳥羽《とば》、どちらにいたんでしたっけ…？？？

明智光秀《あけちみつひで》

丹波《たんば》
愛宕山《あたごやま》
山城《やましろ》
妙覚寺《みょうかくじ》
二条御所《にじょうごしょ》
桂川《かつらがわ》
本能寺《ほんのうじ》
柴野《しばの》
亀山城《かめやまじょう》
嵐山《あらしやま》
鴨川《かもがわ》
通説《つうせつ》の明智軍《あけちぐん》進軍《しんぐん》ルート
沓掛《くつかけ》
新説《しんせつ》の光秀軍進軍《みつひでぐんしんぐん》ルート
実行部隊《じっこうぶたい》の進軍《しんぐん》ルート
鳥羽《とば》
明智軍《あけちぐん》の進軍《しんぐん》ルート

乱世《らんせ》を生《い》きぬく 裏切《うらぎ》り者《もの》たちの作法《さほう》

戦国武将《せんごくぶしょう》の最優先事項《さいゆうせんじこう》は「生《い》き残《のこ》り」だ。そのためには、謀反《むほん》や主君《しゅくん》変《が》えもありなのだが、事前《じぜん》の根回《ねまわ》しや大《たい》義名分《ぎめいぶん》が重要《じゅうよう》だった。たとえば、本《ほん》能寺《のうじ》の変直前《へんちょくぜん》に行《おこな》われた武田《たけだ》攻《ぜ》めでは、あらかじめ織田方《おだがた》に内通《ないつう》を約束《やくそく》していた武田《たけだ》の重臣《じゅうしん》・穴山信君《あなやまのぶただ》は領地《りょうち》をそっくりそのまま安堵《あんど》された。しかし同《おな》じ重臣《じゅうしん》でも、勝頼《かつより》を居城《きょじょう》にかくまうと約束《やくそく》しながら、到着直前《とうちゃくちょくぜん》に裏切《うらぎ》って織田軍《おだぐん》に降伏《こうふく》した小山田信茂《おやまだのぶしげ》は処《しょ》刑《けい》されている。約束《やくそく》もなしに裏切《うらぎ》る武将《ぶしょう》は、敵《てき》からも味方《みかた》からも信用《しんよう》されなくなってしまうのだ。

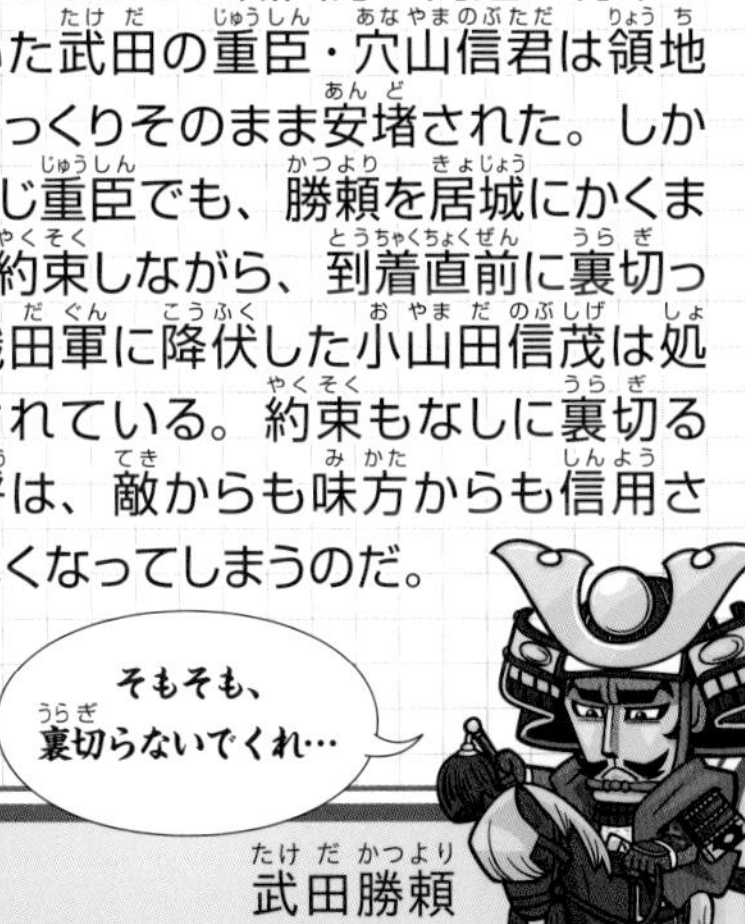

そもそも、裏切《うらぎ》らないでくれ…

武田勝頼《たけだかつより》

オレ様《さま》の決意表明《けついひょうめい》？ 愛宕百韻《あたごひゃくいん》

本能寺《ほんのうじ》の変直前《へんちょくぜん》、光秀《みつひで》は歌人《かじん》を招《まね》いて連歌《れんが》（複数人《ふくすうにん》で和歌《わか》の上《かみ》の句《く》と下《しも》の句《く》を交《こう》ごに詠《よ》む）の会《かい》「愛宕百韻《あたごひゃくいん》」を行《おこな》った。この会《かい》で光秀《みつひで》は「ときは今《いま》、あめが下《した》しる五月《さつき》かな」という句《く》を詠《よ》んだ。これは、「土岐家出身《ときけしゅっしん》の光秀《みつひで》が、天《てん》下《か》を取《と》る時《とき》が来《き》た」という意味《いみ》で、謀反《むほん》への決意表明《けついひょうめい》だとされている。

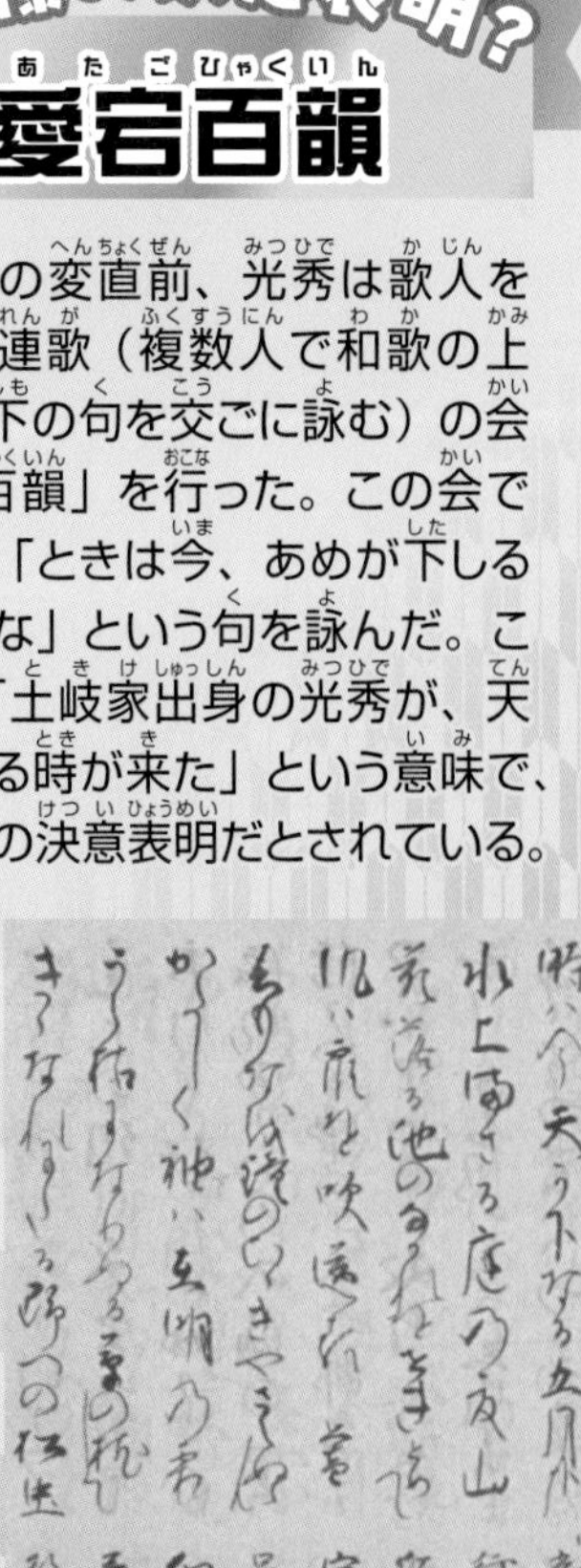

愛宕百韻《あたごひゃくいん》の句《く》が書《か》かれた『集連《しゅうれん》』（京都大学附属図書館蔵《きょうとだいがくふぞくとしょかんぞう》）

ジャイアントキリング
No.1《ナンバーワン》
北《ほう》条《じょう》氏《うじ》康《やす》
決断力《けつだんりょく》
統率力《とうそつりょく》
教養《きょうよう》
策略《さくりゃく》
領地《りょうち》
先見性《せんけんせい》
野望《やぼう》
武勇《ぶゆう》
ジャイアントキリングランキング
No.2
大大名《だいだいみょう》の今川義元《いまがわよしもと》を撃破《げきは》
織《お》田《だ》信《のぶ》長《なが》
No.3
大内《おおうち》・尼子《あまこ》を倒《たお》して中国《ちゅうごく》の覇者《はしゃ》に
毛《もう》利《り》元《もと》就《なり》

No.1の理由

仲間《なかま》のピンチに超高速《ちょうこうそく》でかけつけ大軍勢《だいぐんぜい》を撃破《げきは》！

ジャイアントキリングとは「大多《だいた》数《すう》の予想《よそう》を裏切《うらぎ》って、格下《かくした》が格上《かくうえ》を倒《たお》す」という意味《いみ》の言葉《ことば》だ。戦国時《せんごくじ》代《だい》には、小《ちい》さな勢力《せいりょく》が大大名《だいだいみょう》を討《う》ち取《と》ることがしばしばあったが、とくに華麗《かれい》なジャイアントキリングを決《き》めたのが、北条氏康《ほうじょううじやす》だ。

氏康《うじやす》が生《う》まれた頃《ころ》の北条家《ほうじょうけ》は、小《お》田原《だわら》に本拠地《ほんきょち》を持《も》ったばかりの小《ちい》さな勢力《せいりょく》。しかし、大勢力《だいせいりょく》の扇谷上杉《おうぎがやつうえすぎ》家《け》から河越城《かわごえじょう》を奪《うば》うなど、じわじわと領地《りょうち》を拡大《かくだい》していった。河越城《かわごえじょう》の奪還《だっかん》に燃《も》える扇谷上杉朝定《おうぎがやつうえすぎともさだ》は、氏康《うじやす》の父《ちち》が亡《な》くなると関東《かんとう》の武将《ぶしょう》たちと連携《れんけい》し、河越城《かわごえじょう》を攻撃《こうげき》。**その数《かず》は北条《ほうじょう》軍《ぐん》8千《せん》に対し、約《やく》8万《まん》といわれ、河《かわ》越城《ごえじょう》は落城寸前《らくじょうすんぜん》**だった。さらに、氏康《うじやす》の背後《はいご》には今川義元《いまがわよしもと》がせまっていた。

ピンチの氏康《うじやす》は、まず今川義元《いまがわよしもと》に領《りょう》地《ち》の一部《いちぶ》をわたして和睦《わぼく》。同時《どうじ》に上杉軍《うえすぎぐん》にはニセの降伏《こうふく》の手紙《てがみ》を送《おく》った。手紙《てがみ》を見《み》た朝定《ともさだ》たちは勝利《しょうり》を確《かく》信《しん》し、攻撃《こうげき》の手《て》をゆるめる。その隙《すき》に**氏康《うじやす》は超高速《ちょうこうそく》で河越城《かわごえじょう》にかけつけ、上杉軍陣営《うえすぎぐんじんえい》をパニックにおとしいれた**のだ。こうして氏康《うじやす》は、河越城《かわごえじょう》を助《たす》けるどころか、扇谷上杉《おうぎがやつうえすぎ》の当主《とうしゅ》を討《う》つジャイアントキリングをなしとげ、関東一《かんとういち》の大名《だいみょう》となった。

父上《ちちうえ》が得《え》た
小田原《おだわら》を拠点《きょてん》に
関東一円《かんとういちえん》に北条《ほうじょう》の勢力《せいりょく》を
広《ひろ》げたのだ！

北条氏康《ほうじょううじやす》
1515年《ねん》～1571年《ねん》

オレ様の特徴《とくちょう》「向《む》こう傷《きず》」

北条家《ほうじょうけ》3代目《だいめ》の氏康《うじやす》は、生《しょう》がいに36回《かい》の戦《いくさ》に参戦《さんせん》して勇猛果敢《ゆうもうかかん》に戦《たたか》ったことから「相《さ》模《がみ》の獅子《しし》」と呼《よ》ばれた。氏康《うじやす》の顔《かお》にはふたつの、体《からだ》には7つの刀傷《かたなきず》がついていたという。すべての傷《きず》が体《からだ》の前面《ぜんめん》で受《う》けた「向《む》こう傷《きず》」。このことから、武将《ぶしょう》たちは彼《かれ》の傷《きず》を「氏康《うじやす》傷《きず》」と呼《よ》び、氏康《うじやす》が決《けっ》して敵《てき》に背《せ》を向《む》けない、りっぱな武将《ぶしょう》だとたたえた。

父上《ちちうえ》は、
戦《いくさ》では獅子《しし》のごとく
暴《あば》れる猛将《もうしょう》だったが、
普段《ふだん》は民《たみ》を思《おも》う名君《めいくん》
だったぞ

北条氏政《ほうじょううじまさ》

足《あし》利《かが》義《よし》昭《あき》

あきらめない男《おとこ》No.1《ナンバーワン》

あきらめの悪《わる》さランキング

No.2 主家《しゅけ》再興《さいこう》のためなら七難八苦《しちなんはっく》もなんのその!
山中鹿介《やまなかしかのすけ》

No.3 領地《りょうち》追放《ついほう》後《ご》も信長《のぶなが》包囲網《ほういもう》の裏《うら》で暗躍《あんやく》
斎藤龍興《さいとうたつおき》

No.1の理由

追放《ついほう》も何《なん》のその！ 京《みやこ》へ帰《かえ》るため信長《のぶなが》に大名《だいみょう》をけしかける

室町幕府《むろまちばくふ》の将軍《しょうぐん》はしぶといヤツが多《おお》い。追放《ついほう》されたのに復活《ふっかつ》した10代《だい》義稙《よしたね》に、政敵《せいてき》と抗争《こうそう》した12代義晴《だいよしはる》などなど。そもそも初代尊氏《しょだいたかうじ》からして、天皇《てんのう》から謀反人認定《むほんにんにんてい》されたら別《べつ》の天《てん》皇《のう》を立《た》てて幕府《ばくふ》までつくってしまうバイタリティの持《も》ち主《ぬし》だ。そんな足《あし》利《かが》の血《ち》をしっかり受《う》けついだ最後《さいご》の将軍《しょうぐん》が足利義昭《あしかがよしあき》である。

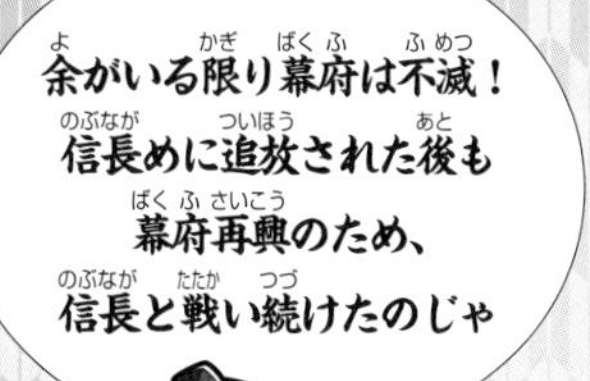
余《よ》がいる限《かぎ》り幕府《ばくふ》は不滅《ふめつ》！
信長《のぶなが》めに追放《ついほう》された後《あと》も
幕府再興《ばくふさいこう》のため、
信長《のぶなが》と戦《たたか》い続《つづ》けたのじゃ

足利義昭《あしかがよしあき》
1537年《ねん》～1597年《ねん》

義昭《よしあき》の波瀾万丈《はらんばんじょう》の生《しょう》がいは、兄義《あによし》輝《てる》の死《し》から始《はじ》まる。義輝《よしてる》と仲《なか》が悪《わる》かった三《み》好義継《よしよしつぐ》が彼《かれ》を暗殺《あんさつ》し、自分《じぶん》たちに都合《つごう》の良《い》い人物《じんぶつ》を将軍《しょうぐん》にしたい三《み》好軍《よしぐん》は義昭《よしあき》をとらえた。が、義昭《よしあき》は脱走《だっそう》。**大名《だいみょう》たちに「余《よ》を将軍《しょうぐん》にせよ！」と呼《よ》びかけ、織田信長《おだのぶなが》の助《たす》けで京《みやこ》に上《のぼ》り、15代将軍《だいしょうぐん》の座《ざ》に着《つ》く。**しかしその後《ご》信長《のぶなが》と対立《たいりつ》し、義昭《よしあき》は京《みやこ》から追放《ついほう》され、室町幕府《むろまちばくふ》は滅亡《めつぼう》した。

ところが、義昭《よしあき》はしぶとかった。**大名《だいみょう》たちに「打倒信長《だとうのぶなが》」を呼《よ》びかけたのだ。**これには義昭《よしあき》を保護《ほご》した毛《もう》利輝元《りてるもと》も困惑《こんわく》。さらに信長《のぶなが》が死《し》んだ後《あと》も、幕府再興《ばくふさいこう》をかかげて何度《なんど》も京《みやこ》に帰《かえ》ろうとした。そんなしぶとさのおかげか、豊臣秀吉《とよとみひでよし》の協力《きょうりょく》を得《え》て、15年《ねん》ぶりに京《みやこ》へ帰還《きかん》。将軍《しょうぐん》は辞任《じにん》するも、のんびりと余生《よせい》を過《す》ごし、足《あし》利《かが》将軍《しょうぐん》で最高齢《さいこうれい》の61歳《さい》で死去《しきょ》した。

オレ様の幕府《ばくふ》「鞆幕府《ともばくふ》」

織田信長《おだのぶなが》が足利義昭《あしかがよしあき》を追放《ついほう》したことで、室町《むろまち》幕府《ばくふ》は実質滅亡《じっしつめつぼう》する（室町《むろまち》とは京都《きょうと》にある足利家《あしかがけ》の屋敷《やしき》のこと）。しかしあきらめの悪《わる》い男義昭《おとこよしあき》は、自《みずか》らをかくまってくれた毛利家《もうりけ》のもとで、鞆《とも》（現在《げんざい》の広島県福山市《ひろしまけんふくやまし》）の地《ち》に「鞆幕府《ともばくふ》」を開《ひら》いたのだ。ひとりぼっちでも幕府《ばくふ》をつくっちゃう義昭《よしあき》の不屈《ふくつ》の精神《せいしん》は、もはや見習《みなら》いたいレベルだ。

足利義昭《あしかがよしあき》が幕府《ばくふ》を開《ひら》いた鞆《とも》の浦《うら》

信《のぶ》長《なが》をこまらた男《おとこ》

No.1《ナンバーワン》

本《ほん》願《がん》寺《じ》顕《けん》如《によ》

信長《のぶなが》こまらせランキング

No.2

下手《したて》に出《で》まくっていた信長《のぶなが》を急《きゅう》に裏切《うらぎ》る…

武田信玄《たけだしんげん》

No.3

下手《したて》に出《で》まくっていた信長《のぶなが》を急《きゅう》に裏切《うらぎ》る…（2回目《かいめ》）

上杉謙信《うえすぎけんしん》

※一向宗の勢力範囲を領地とみなす

No.1の理由

圧倒的《あっとうてき》カリスマで信長《のぶなが》を追《お》いこんだ一向宗《いっこうしゅう》のボス

戦国《せんごく》の世《よ》に突如《とつじょ》として現《あらわ》れた英雄《えいゆう》織田信長《おだのぶなが》。圧倒的《あっとうてき》な力《ちから》を持《も》つ今川義《いまがわよし》元《もと》をはじめ、武田《たけだ》、浅井《あざい》、朝倉《あさくら》などの大名《だいみょう》、そして室町幕府《むろまちばくふ》を滅《ほろ》ぼした最強《さいきょう》の男《おとこ》だ。そんな信長《のぶなが》をもっとも苦《くる》しめたのは、武将《ぶしょう》ではなく、本願《ほんがん》寺《じ》のカリスマ僧侶《そうりょ》・顕如《けんにょ》である。

戦国時代《せんごくじだい》、全国各地《ぜんこくかくち》で一向宗《いっこうしゅう》による一向一揆《いっこういっき》が発生《はっせい》していた。一向宗《いっこうしゅう》とは「念仏《ねんぶつ》（南無阿弥陀仏《なむあみだぶつ》）を唱《とな》えれば死後《しご》、極楽《ごくらく》に行《い》ける」という教《おし》えを信《しん》じる宗教集団《しゅうきょうしゅうだん》。一向宗《いっこうしゅう》の信者《しんじゃ》たちは念仏《ねんぶつ》を唱《とな》えながら決死《けっし》の攻撃《こうげき》をしかけてくるので、武士《ぶし》からすればとても戦《たたか》いにくい相手《あいて》だった。**顕《けん》如《にょ》はこの一向宗《いっこうしゅう》のリーダーで、大坂《おおさか》本願寺《ほんがんじ》を拠点《きょてん》に各地《かくち》の一揆《いっき》を応援《おうえん》していた。**一向宗《いっこうしゅう》の寺《てら》は周囲《しゅうい》に堀《ほり》や塀《へい》が建《た》てられ、城《しろ》のようだったという。

将軍足利義昭《しょうぐんあしかがよしあき》が「反信長《はんのぶなが》」をかかげると、顕如《けんにょ》はこれに応《こた》え、信長包《のぶながほう》囲網《いもう》のメンバーに入《はい》る。怒《おこ》った信長《のぶなが》は大坂本願寺《おおさかほんがんじ》を攻撃《こうげき》するも、**団結《だんけつ》した一向宗《いっこうしゅう》の抵抗《ていこう》は力強《ちからづよ》く、そして何《なに》より大坂本願寺自体《おおさかほんがんじじたい》の守《まも》りが堅《かた》かったため、攻略《こうりゃく》に10年以上《ねんいじょう》もかかった。**

戦《いくさ》は顕如《けんにょ》が信長《のぶなが》に降伏《こうふく》して終結《しゅうけつ》するが、もし顕如《けんにょ》がここまで抵抗《ていこう》しなければ、信長《のぶなが》が天下《てんか》を取《と》れたかもしれない。

平和《へいわ》を乱《みだ》す魔王信長《まおうのぶなが》は、
この顕如《けんにょ》と私《わたし》が率《ひき》いる
一向宗《いっこうしゅう》が成敗《せいばい》いたす！

本願寺顕如《ほんがんじけんにょ》
1543年《ねん》～1592年《ねん》

顕如《けんにょ》ってどんな人《ひと》？

信者《しんじゃ》を駆《か》り立《た》てた呪文《じゅもん》

一向一揆《いっこういっき》のとき、「進者往生極楽《すすむはおうじょうごくらく》退者無間地獄《しりぞくはむげんじごく》」という旗《はた》が掲《かか》げられた。意味《いみ》は「進《すす》めば死後《しご》、極《ごく》楽《らく》で幸《しあわ》せになれる。引《ひ》き返《かえ》したら地獄《じごく》に落《お》ちる」という意味《いみ》。顕如《けんにょ》が率《ひき》いた一向宗《いっこうしゅう》の信者《しんじゃ》たちは、これを信《しん》じて死《し》ぬ気《き》で攻撃《こうげき》をしかけてきたので、とても手強《てごわ》かった。

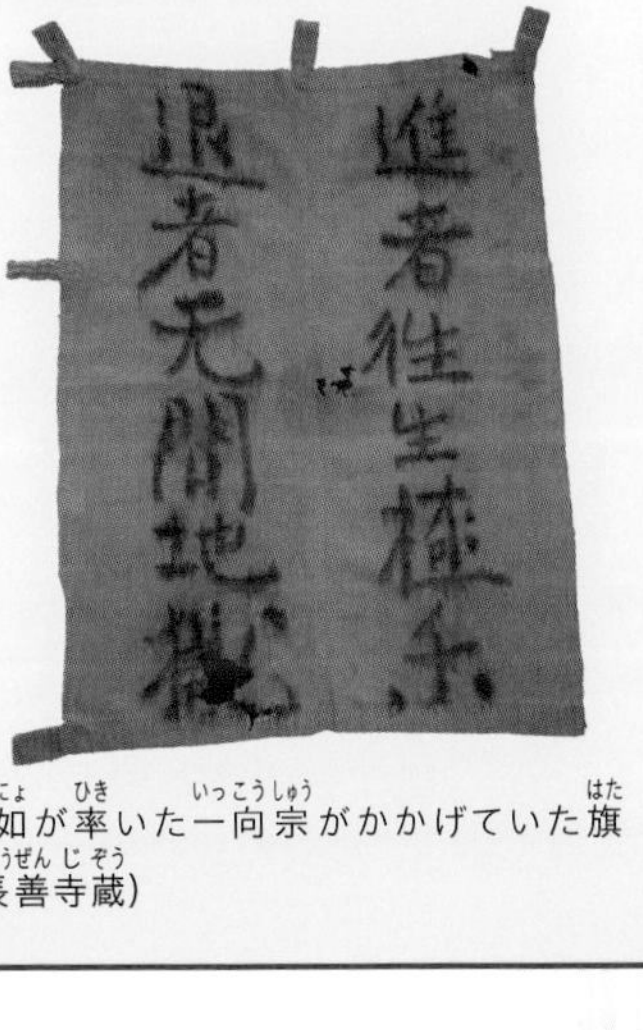

顕如《けんにょ》が率《ひき》いた一向宗《いっこうしゅう》がかかげていた旗《はた》
（長善寺蔵《ちょうぜんじぞう》）

評《ひょう》価《か》変《か》わりすぎ武《ぶ》将《しょう》
武《たけ》田《だ》勝《かつ》頼《より》
No.1《ナンバーワン》
評価激変《ひょうかげきへん》ランキング
再評《さいひょう》価《か》
武勇《ぶゆう》
統率力《とうそつりょく》
教養《きょうよう》
策略《さくりゃく》
領地《りょうち》
先見性《せんけんせい》
野望《やぼう》
No.2
貴族趣味《きぞくしゅみ》のバカ殿《との》ではなく文武両道《ぶんぶりょうどう》の名将《めいしょう》
今川義元《いまがわよしもと》
No.3
秀吉《ひでよし》に逆《さか》らったのは世間知《せけんし》らずだったからじゃない!
北条氏政《ほうじょううじまさ》

No.1の理由

猪突猛進《ちょとつもうしん》の愚将《ぐしょう》か？　悲劇《ひげき》の名将《めいしょう》か…？

最近《さいきん》、戦国武将《せんごくぶしょう》のイメージが変《か》わっている。冷《れい》こくな革命児《かくめいじ》とされていた織田信長《おだのぶなが》がじつは天皇《てんのう》を敬《うやま》っていたなど、研究《けんきゅう》が進《すす》んだことで武将《ぶしょう》の新《あら》たな一面《いちめん》がわかってきたのだ。そんな、変化《へんか》の激《はげ》しい武将《ぶしょう》たちの中《なか》でも、時代《じだい》や研究者《けんきゅうしゃ》によって全《まった》く評価《ひょうか》が変《か》わるのが、武田勝頼《たけだかつより》である。

勝頼《かつより》の名前《なまえ》は歴史《れきし》の教科書《きょうかしょ》で見《み》たことがある人《ひと》もいるかもしれない。……織田信長《おだのぶなが》の革新性《かくしんせい》を示《しめ》す「長篠《ながしの》の戦《たたか》い」の敗者《はいしゃ》としてだが。勝頼《かつより》は、この戦《たたか》いで父《ちち》・武田信玄《たけだしんげん》が残《のこ》した山県昌景《やまがたまさかげ》・馬場信春《ばばのぶはる》などの名将《めいしょう》を失《うしな》い、最終的《さいしゅうてき》に信長《のぶなが》に追《お》いつめられて滅《ほろ》んだ。そのため、長《なが》い間《あいだ》**「時代《じだい》おくれの戦法《せんぽう》で信長《のぶなが》に挑《いど》んだ愚将《ぐしょう》」「信玄《しんげん》の教《おし》えを守《まも》らず、家《いえ》を滅《ほろ》ぼしたダメ息子《むすこ》」と非常《ひじょう》に評価《ひょうか》が低《ひく》かった。**

ところが最近《さいきん》、長篠《ながしの》の戦《たたか》い以前《いぜん》は家康《いえやす》を圧倒《あっとう》していたこと、信玄《しんげん》以上《いじょう》の領地《りょうち》を獲得《かくとく》していたことなどがわかり、再評価《さいひょうか》されるようになった。もっとも、再評価《さいひょうか》が行《い》きすぎて、**「武田滅亡《たけだめつぼう》は信玄《しんげん》のせい」「時代《じだい》に翻弄《ほんろう》された悲劇《ひげき》の名将《めいしょう》」**など、**無条件《むじょうけん》にかばう声《こえ》もある**が、勝頼《かつより》が武田家《たけだけ》を滅《ほろ》ぼしたことも事実《じじつ》。歴史人物《れきしじんぶつ》を客観的《きゃっかんてき》に評価《ひょうか》するのは難《むずか》しいのだ。

長篠《ながしの》の戦《たたか》いで
織田《おだ》・徳川軍《とくがわぐん》に大敗《たいはい》。
なんとか一度《いちど》は武田軍《たけだぐん》を
立《た》て直《なお》したが、結局《けっきょく》、信長《のぶなが》に
滅《ほろ》ぼされてしまった…

武田勝頼《たけだかつより》
1546年《ねん》～1582年《ねん》

勝頼《かつより》ってどんな人《ひと》？　幻《まぼろし》に終《お》わった勝頼《かつより》の改革《かいかく》

滅亡《めつぼう》の少《すこ》し前《まえ》、勝頼《かつより》は新府城《しんぷじょう》を築《きず》き、祖父《そふ》・父《ちち》が住《す》んだ躑躅ヶ崎館《つつじがさきやかた》から引《ひ》っ越《こ》した。当時の武田軍《たけだぐん》の主戦場《しゅせんじょう》だった遠江《とおとうみ》・上野《こうずけ》へ出陣《しゅつじん》しやすくなるとともに、信玄時代《しんげんじだい》からの政治体《せいじたい》制《せい》を一新《いっしん》するねらいだったとされている。しかし、引《ひ》っ越《こ》した直後《ちょくご》に織田軍《おだぐん》の攻撃《こうげき》がはじまり、改革《かいかく》どころではなくなった勝頼《かつより》は新府城《しんぷじょう》に火《ひ》をかけ、最期《さいご》の戦《たたか》いにおもむくのであった。

石祠・武田勝頼公霊社

新府城《しんぷじょう》（山梨県《やまなしけん》）には、勝頼《かつより》と家臣《かしん》をまつる祠《ほこら》がある

名将《めいしょう》にモテたイイ女《おんな》

お市《いち》

No.1《ナンバーワン》

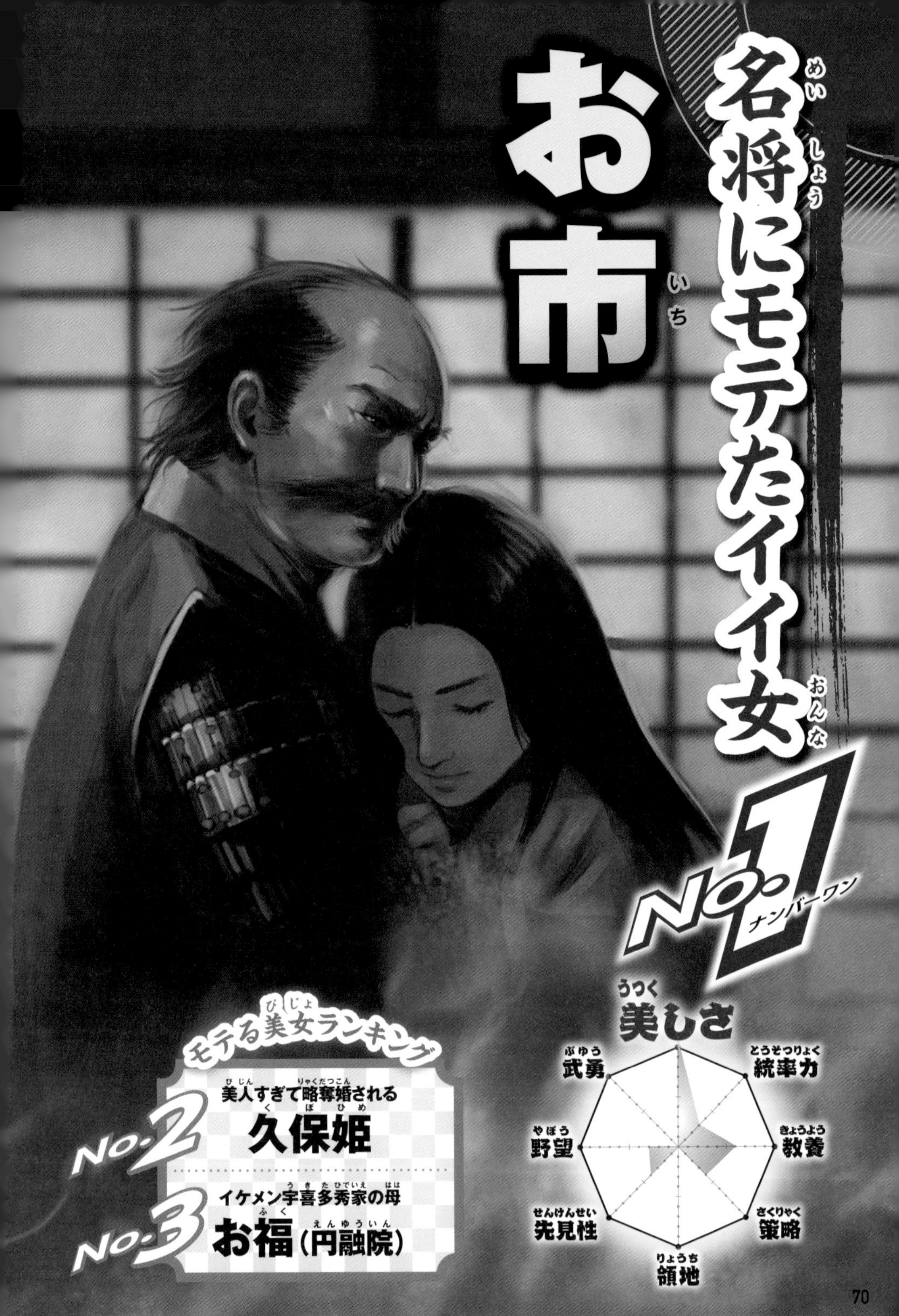

モテる美女《びじょ》ランキング

No.2 美人《びじん》すぎて略奪婚《りゃくだつこん》される
久保姫《くぼひめ》

No.3 イケメン宇喜多秀家《うきたひでいえ》の母《はは》
お福《ふく》（円融院《えんゆういん》）

No.1の理由 織田家臣《おだかしん》が奪《うば》い合《あ》った!? 信長《のぶなが》の美《うつく》しすぎる妹《いもうと》

戦国武将《せんごくぶしょう》たちの活《かつ》やくの裏《うら》には、それを支《ささ》えた女《おんな》たちの活《かつ》やくもあった。その中《なか》でも、「戦国一《せんごくいち》の美女《びじょ》」とうたわれ、もっとも歴史《れきし》に大《おお》きな影響《えいきょう》を与《あた》えたのが、あの魔王《まおう》織田信長《おだのぶなが》の妹《いもうと》・お市《いち》である。

お市《いち》は信長《のぶなが》の命令《めいれい》で北近江《きたおうみ》（滋賀《しが》）の大名《だいみょう》・浅井長政《あざいながまさ》と政略結婚《せいりゃくけっこん》をさせられる。しかし夫婦仲《ふうふなか》は悪《わる》くなく、3人《にん》の子《こ》どもをもうけた。

その後《ご》、長政《ながまさ》の裏切《うらぎ》りを機《き》に信長《のぶなが》が浅井家《あざいけ》を滅《ほろ》ぼすと、お市《いち》は信長家《のぶながか》臣《しん》の柴田勝家《しばたかついえ》と再婚《さいこん》。ところが、今度《こんど》は勝家《かついえ》と豊臣秀吉《とよとみひでよし》が対立《たいりつ》し戦《いくさ》になる。この時《とき》、**お市《いち》は敗《やぶ》れた勝家《かついえ》とともに自害《じがい》。**じつは、秀吉《ひでよし》は勝家《かついえ》を滅《ほろ》ぼして、お市《いち》と結婚《けっこん》したかったのではないか、というウワサもある。とにかく多《おお》くの武将《ぶしょう》にモテまくったお市《いち》だが、その最期《さいご》は、なんとも悲《かな》しいものであった。

なお、長政《ながまさ》とお市《いち》の間《あいだ》に生《う》まれたのが**「浅井三姉妹《あざいさんしまい》」とよばれる茶々《ちゃちゃ》（淀殿《よどどの》）、初《はつ》、江《ごう》だ。三姉妹《さんしまい》は母《はは》の死《し》後《ご》、秀吉《ひでよし》に引《ひ》き取《と》られる**こととなる。長女《ちょうじょ》の茶々《ちゃちゃ》は豊臣秀吉《とよとみひでよし》の側室《そくしつ》となり、ふたりの子《こ》を産《う》む。初《はつ》は名門大名《めいもんだいみょう》の京極高次《きょうごくたかつぐ》に、末《すえ》っ子《こ》の江《ごう》は徳川家康《とくがわいえやす》の子《こ》秀忠《ひでただ》に嫁《とつ》いでいる。

長政様《ながまささま》を追《お》いつめ、
勝家殿《かついえどの》を殺《ころ》した秀吉《ひでよし》に
茶々《ちゃちゃ》が嫁《とつ》ぐ…。
皮肉《ひにく》な運命《うんめい》ね

お市《いち》
1547年《ねん》～1583年《ねん》

いい女《おんな》すぎて誘拐《ゆうかい》された!? 久保姫《くぼひめ》

晴宗《はるむね》じいちゃんと
久保姫《くぼひめ》ばあちゃんの間《あいだ》に生《う》まれた
のがオレの父上輝宗《ちちうえてるむね》だ！

伊達政宗《だてまさむね》

東北《とうほく》の大名《だいみょう》岩城重隆《いわきしげたか》の娘《むすめ》久保姫《くぼひめ》は、笑顔《えがお》がかわいいことから「笑窪御前《えくぼごぜん》」とよばれた美女《びじょ》であった。そんな久保姫《くぼひめ》のウワサを聞《き》きつけた伊達《だて》晴宗《はるむね》は他家《たけ》に嫁《とつ》ぐことが決《き》まった姫《ひめ》を手《て》に入《い》れるため、花嫁行列《はなよめぎょうれつ》を襲撃《しゅうげき》。久保姫《くぼひめ》を誘拐《ゆうかい》して妻《つま》にしたという。とはいえ夫婦仲《ふうふなか》は良《よ》かったようで、11人《にん》の子《こ》どもをもうけており、晴宗《はるむね》に側室《そくしつ》はいなかったそうだ。

信《しん》用《よう》ならない男《おとこ》
No.1《ナンバーワン》
真《さな》田《だ》昌《まさ》幸《ゆき》
信用度《しんようど》
武勇《ぶゆう》
統率力《とうそつりょく》
野望《やぼう》
教養《きょうよう》
先見性《せんけんせい》
策略《さくりゃく》
領地《りょうち》
謀略家《ぼうりゃくか》ランキング
No.2
主君《しゅくん》も身内《みうち》もジャマになったら排除《はいじょ》!
宇喜多直家《うきたなおいえ》
No.3
領地拡大《りょうちかくだい》のためなら味方《みかた》もおとしいれる
伊達政宗《だてまさむね》

No.1の理由

生《い》き残《のこ》るために裏切《うらぎ》りまくった「表裏比興《ひょうりひきょう》の者《もの》」

真田昌幸《さなだまさゆき》は「表裏比興《ひょうりひきょう》の者《もの》」、つまり「油断《ゆだん》ならないくわせ者《もの》」と呼《よ》ばれた武将《ぶしょう》である。

昌幸《まさゆき》はもともと、武田信玄《たけだしんげん》・勝頼《かつより》に仕《つか》えていた。その勝頼《かつより》が織田信長《おだのぶなが》に敗《やぶ》れ自害《じがい》すると、昌幸《まさゆき》は信長《のぶなが》に仕《つか》えることに。しかしその3か月後《げつご》、信長《のぶなが》が本能寺《ほんのうじ》の変《へん》で死亡《しぼう》。主《あるじ》を失《うしな》ったばかりの旧武田領《きゅうたけだりょう》で、上杉《うえすぎ》・北条《ほうじょう》・徳川《とくがわ》が争《あらそ》う天正壬午《てんしょうじんご》の乱《らん》が勃発《ぼっぱつ》する。すると**昌幸《まさゆき》はすかさず織田《おだ》を裏切《うらぎ》り、上杉《うえすぎ》に臣従《しんじゅう》。その数週間後《すうしゅうかんご》には北条《ほうじょう》に、そのまた数週間後《すうしゅうかんご》には徳川家康《とくがわいえやす》に仕《つか》え、家康《いえやす》の支援《しえん》で真田《さなだ》の本拠地《ほんきょち》・上田城《うえだじょう》（長野県《ながのけん》）をつくる。**

ここまでで6人《にん》に仕《つか》えているが、昌幸《まさゆき》の表裏比興《ひょうりひきょう》ぶりは止《と》まらない。今度《こんど》は家康《いえやす》と領地《りょうち》のことでモメたため、また上杉《うえすぎ》につくのだ。怒《おこ》った家《いえ》康《やす》は上田城《うえだじょう》を攻撃《こうげき》するも、昌幸《まさゆき》のワナにかかり大惨敗《だいざんぱい》。一方《いっぽう》の昌幸《まさゆき》は、この合戦《かっせん》で上杉《うえすぎ》が頼《たよ》りにならなかったことに不満《ふまん》をもち、上杉《うえすぎ》を見限《みかぎ》り豊臣秀吉《とよとみひでよし》に仕《つか》えるのだった。

これだけ聞《き》くとただのずるいヤツだが、**小《ちい》さな真田家《さなだけ》を存続《そんぞく》させるには、主君《しゅくん》のバックアップが超大事《ちょうだいじ》。**昌幸《まさゆき》は、だれに仕《つか》えるか頭脳《ずのう》をフル回転《かいてん》させて家《いえ》を守《まも》った策略家《さくりゃくか》なのだ。

ワシは真田《さなだ》を
守《まも》るためなら何《なん》でもする。
関ヶ原《せきがはら》では西軍《せいぐん》についたが、
東軍《とうぐん》にも長男《ちょうなん》を送《おく》り、
家《いえ》を守《まも》ったぞ

真田昌幸《さなだまさゆき》
1547年《ねん》？～1611年《ねん》

オレ様の城《しろ》「上田城《うえだじょう》」

昌幸《まさゆき》が信濃《しなの》（長野県《ながのけん》）につくった上田城《うえだじょう》は、2回《かい》も合戦《かっせん》の舞台《ぶたい》となっている。しかも相手《あいて》は両方徳川家《りょうほうとくがわけ》だ。1回目《かいめ》はあえて城内《じょうない》に敵軍《てきぐん》を引《ひ》きこみ、集中攻撃《しゅうちゅうこうげき》を浴《あ》びせた。2回目《かいめ》は家康《いえやす》の嫡男秀忠《ちゃくなんひでただ》の攻撃《こうげき》だったが、これも城《しろ》の近《ちか》くに引《ひ》きこんだところを集中砲火《しゅうちゅうほうか》。秀忠《ひでただ》は関ヶ原《せきがはら》の戦《たたか》いに遅刻《ちこく》するハメに。まさに昌幸《まさゆき》の策略家《さくりゃくか》ぶりがわかる、難攻不落《なんこうふらく》の城《しろ》だ。

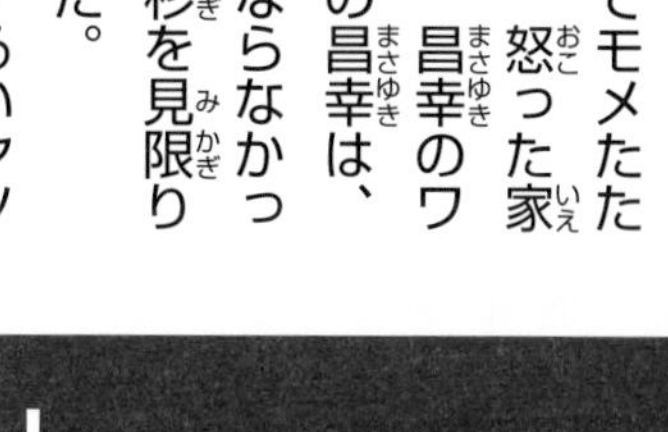

真田昌幸《さなだまさゆき》がつくった上田城《うえだじょう》。現存《げんぞん》するものは後《のち》に再建《さいけん》されたもの

没落《ぼつらく》したボンボンNo.1《ナンバーワン》

宇《う》喜《き》多《た》秀《ひで》家《いえ》

貴公子《きこうし》

没落《ぼつらく》のボンボンランキング

No.2
関ヶ原《せきがはら》で西軍《せいぐん》について没落《ぼつらく》
毛利輝元《もうりてるもと》

No.3
信長《のぶなが》の子《こ》なのにカリスマゼロ
織田信雄《おだのぶかつ》

No.1の理由 天下人《てんかびと》の養子《ようし》なのに最後《さいご》は島流《しまなが》しにされたイケメン

あの豊臣秀吉《とよとみひでよし》を育《そだ》ての親《おや》にもち、何《なに》不《ふ》自由《じゆう》なく育《そだ》った男《おとこ》宇喜多秀家《うきたひでいえ》。目《め》がパッチリとしたイケメンで、秀《ひで》吉《よし》にたいそう気《き》に入《い》られたという。**ところが秀吉《ひでよし》の死後《しご》、秀家《ひでいえ》の人生《じんせい》は一気《いっき》に転落《てんらく》。**人生《じんせい》の頂点《ちょうてん》と底辺《ていへん》を極《きわ》めた宇喜多秀家《うきたひでいえ》は、どんな生《しょう》がいを送《おく》ったのだろうか。

岡山城《おかやまじょう》を居城《きょじょう》とする宇喜多家《うきたけ》は、織田信長《おだのぶなが》に取《と》り立《た》てられて順調《じゅんちょう》に出《しゅっ》世《せ》。信長《のぶなが》の死後《しご》は豊臣秀吉《とよとみひでよし》に仕《つか》えることに。このとき若《わか》き宇喜多家《うきたけ》の当《とう》主《しゅ》は、秀吉《ひでよし》の「秀《ひで》」の字《じ》をもらって「秀家《ひでいえ》」を名乗《なの》り、秀吉《ひでよし》の猶子《ゆうし》になる。その後《ご》も九州《きゅうしゅう》攻《ぜ》めや朝鮮出兵《ちょうせんしゅっぺい》で活《かつ》やくし、秀吉《ひでよし》の期待《きたい》に応《こた》えていった。

秀吉《ひでよし》の死後《しご》も、徳川家康《とくがわいえやす》や前田利《まえだとし》家《いえ》ら強《きょう》キャラたちとならんで27歳《さい》の若《わか》さで五大老《ごたいろう》のメンバーに選《えら》ばれ、政治《せいじ》の中心《ちゅうしん》に立《た》った。ところが**関ヶ《せきが》原《はら》の戦《たたか》いで石田三成方《いしだみつなりがた》についた秀家《ひでいえ》は敗北《はいぼく》。太平洋《たいへいよう》の果《は》てにある八丈島《はちじょうじま》への流刑《るけい》**が決《き》まった。ボンボンに島《しま》での生活《せいかつ》なんてたえられるはずがない……と思《おも》いきや、秀家《ひでいえ》は島民《とうみん》と助《たす》け合《あ》い、その後《ご》50年間《ねんかん》も島暮《しまぐ》らしをエンジョイしたのだ。案外最期《あんがいさいご》まで悠々自適《ゆうゆうじてき》な生活《せいかつ》を送《おく》った、幸《しあわ》せ者《もの》であった。

私《わたし》は秀吉様《ひでよしさま》の養女《ようじょ》と結婚《けっこん》するなど、秀吉様《ひでよしさま》にかわいがってもらった。だから、家康殿《いえやすどの》の横暴《おうぼう》を止《と》めたかったのだが…

宇喜多秀家《うきたひでいえ》
1572年《ねん》～1655年《ねん》

関ヶ原《せきがはら》で分《わ》かれた武将《ぶしょう》たちの明暗《めいあん》

元就《もとなり》おじい様《さま》から受《う》けついだ領地《りょうち》の多《おお》くが没収《ぼっしゅう》されてしまった…

毛利輝元《もうりてるもと》

東《とう》軍《ぐん》徳川家康《とくがわいえやす》と西《せい》軍《ぐん》石田三成《いしだみつなり》が天下《てんか》を争《あらそ》った関ヶ原《せきがはら》の戦《たたか》い。このときどちらについたかで、武将《ぶしょう》たちの運命《うんめい》が分《わ》かれた。たとえば秀吉《ひでよし》の子飼《こが》いだった福島正則《ふくしままさのり》は、真《ま》っ先《さき》に家康《いえやす》について奮戦《ふんせん》したため、たくさん領地《りょうち》をもらった。一方《いっぽう》、三成《みつなり》に頼《たの》まれて西軍総大《せいぐんそうだい》将《しょう》になった毛利輝元《もうりてるもと》は、関ヶ原《せきがはら》で自《みずか》らは兵《へい》を動《うご》かさなかったものの、領地《りょうち》のほとんどを没収《ぼっしゅう》された。

淀《よど》殿《どの》
戦《せん》国《ごく》のモンスターペアレント
No.1 ナンバーワン
親《おや》バカ
武勇《ぶゆう》
統率力《とうそつりょく》
野望《やぼう》
教養《きょうよう》
先見性《せんけんせい》
策略《さくりゃく》
領地《りょうち》
モンスターペアレントランキング
No.2
息子《むすこ》の嫁《よめ》をいびって処刑《しょけい》される
築山殿《つきやまどの》
No.3
実子《じっし》が生《う》まれて養子《ようし》と対立《たいりつ》
南部晴政《なんぶはるまさ》

No.1の理由

息子《むすこ》を天下人《てんかびと》に！ その願《ねが》いは城《しろ》とともに焼《や》け落《お》ちた

わが子《こ》かわいさに周囲《しゅうい》にムリな要《よう》求《きゅう》をしてしまう親《おや》「モンスターペアレント」。淀殿《よどどの》は、豊臣秀吉《とよとみひでよし》との子《こ》・秀頼《ひでより》を天下人《てんかびと》にすることにこだわりすぎて、モンスターペアレントになってしまった母《はは》だ。

淀殿《よどどの》の母《はは》は織田信長《おだのぶなが》の妹《いもうと》・お市《いち》で、父《ちち》は浅井長政《あざいながまさ》。４歳《さい》ごろに信長《のぶなが》とその部下《ぶか》である秀吉《ひでよし》に攻《せ》められ父《ちち》・兄《あに》・祖父《そふ》を亡《な》くし、14歳《さい》ごろ母《はは》と義《ぎ》父《ふ》（お市《いち》の再婚相手《さいこんあいて》・柴田勝家《しばたかついえ》）も亡《な》くした。そして**父母《ふぼ》の仇《かたき》である秀《ひで》吉《よし》の側室《そくしつ》になった**のだ。

淀殿《よどどの》が「自分《じぶん》の子《こ》を天下人《てんかびと》に！」と願《ねが》うのは理解《りかい》できるし、最初《さいしょ》の子《こ》を幼児期《ようじき》に亡《な》くして、秀頼《ひでより》への思《おも》いが強《つよ》かったのも想像《そうぞう》できる。秀吉《ひでよし》死《し》後《ご》に大坂城《おおさかじょう》のリーダーとなった淀殿《よどどの》は、徳川家康《とくがわいえやす》が実権《じっけん》をにぎるにつれ、その思《おも》いにとらわれていっただろう。

徳川《とくがわ》との決戦《けっせん》・大坂《おおさか》の陣《じん》。冬《ふゆ》の陣《じん》では真田信繁《さなだのぶしげ》がふん戦《せん》したが、徳川《とくがわ》方《がた》の大砲《たいほう》に気持《きも》ちが折《お》れてしまう。和睦《わぼく》の話《はな》し合《あ》いも家康《いえやす》にうまく運《はこ》ばれ、城《しろ》の堀《ほり》をすべてうめられた。勝《か》ち目《め》なしの夏《なつ》の陣《じん》で、**武将《ぶしょう》たちは大《たい》将《しょう》秀頼《ひでより》の出陣《しゅつじん》を望《のぞ》んだが、淀殿《よどどの》は「とんでもない!!」と拒絶《きょぜつ》。焼《や》け落《お》ちる大坂城《おおさかじょう》で秀頼《ひでより》とともに自害《じがい》した。**

浅井《あざい》の娘《むすめ》として生《う》まれ
親族《しんぞく》の多《おお》くを戦《いくさ》のなかで亡《な》くした。
息子《むすこ》・秀頼《ひでより》だけは
守《まも》りたかったのだが…

淀殿《よどどの》
1569年《ねん》～1615年《ねん》

乱世《らんせ》にほんろうされた 浅井三姉妹《あざいさんしまい》

福井市内《ふくいしない》にある北《きた》庄城跡《のしょうじょうあと》の公園《こうえん》に、浅井三姉妹《あざいさんしまい》の銅《どう》像《ぞう》が立《た》っている

淀殿《よどどの》こと茶々《ちゃちゃ》にはふたりの妹《いもうと》がいた。次女《じじょ》の初《はつ》は実家《じっか》・浅井家《あざいけ》の主筋《しゅうすじ》・京《きょう》極高次《ごくたかつぐ》に、三女《さんじょ》の江《ごう》は佐治一成《さじかずなり》、豊《とよ》臣秀勝《とみひでかつ》、そして江戸幕府《えどばくふ》の2代将軍《だいしょうぐん》となる徳川秀忠《とくがわひでただ》に嫁《とつ》ぎ、3代将軍《だいしょうぐん》・家《いえ》光《みつ》の母《はは》になった。茶々《ちゃちゃ》と江《ごう》が敵同士《てきどうし》になった大坂《おおさか》の陣《じん》では、初《はつ》は和議《わぎ》のため両軍《りょうぐん》をかけまわった。3人《にん》とも乱《らん》世《せ》をけんめいに生《い》き、日本《にほん》の歴史《れきし》をつくったのだ。

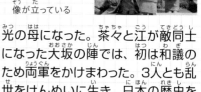

もっと知《し》りたい！
戦《せん》国《ごく》ちゃんねる

戦国《せんごく》のご長寿武将《ちょうじゅぶしょう》たち

93歳《さい》 真田信之《さなだのぶゆき》

主君《しゅくん》・徳川家康《とくがわいえやす》と徳川《とくがわ》ぎらいの父《ちち》・昌幸《まさゆき》&弟《おとうと》・信繁《のぶしげ》の板《いた》ばさみになりながらも、真田《さなだ》家《け》を存続《そんぞく》させた苦労人《くろうにん》。晩年《ばんねん》はおだやかに隠居《いんきょ》できる…かと思《おも》いきや、息子《むすこ》たちの死《し》で隠居《いんきょ》できなかった。

（真田宝物館蔵《さなだほうもつかんぞう》）

ワシも長生《ながい》きのために健康《けんこう》に気《き》をつかっていたが、上《うえ》には上《うえ》がおるんじゃのう

徳川家康《とくがわいえやす》

85歳《さい》 島津義弘《しまづよしひろ》

島津四兄弟《しまづよんきょうだい》の次男《じなん》。若《わか》い頃《ころ》は兄《あに》を支《ささ》え、晩年《ばんねん》は当主《とうしゅ》となった息子《むすこ》を支《ささ》えた。66歳《さい》で関ヶ原《せきがはら》の戦《たたか》いに参戦《さんせん》し、壮絶《そうぜつ》な「捨《す》てがまり※」で戦《せん》場《じょう》を脱出《だっしゅつ》するなど、猛将《もうしょう》ぶりは老《お》いても健在《けんざい》。

※少数《しょうすう》の兵《へい》が死《し》ぬまで敵《てき》を足止《あしど》めする戦法《せんぽう》

（小松甲川《こまつこうせん》『島津義弘公馬上姿《しまづよしひろこうばじょうすがた》』鹿児島市立美術館蔵《かごしましりつびじゅつかんぞう》）

108歳《さい》？ 南光坊天海《なんこうぼうてんかい》

家康《いえやす》の政治《せいじ》ブレーン。前半生《ぜんはんせい》がナゾなため正確《せいかく》な年齢《ねんれい》は不明《ふめい》だが、有力説《ゆうりょくせつ》では108歳《さい》没《ぼっ》だという。ナゾが多《おお》いだけに、足利将軍《あしかがしょうぐん》のご落胤説《らくいんせつ》や明智光秀《あけちみつひで》＝天海説《てんかいせつ》など、多《おお》くの伝説《でんせつ》が生《う》まれている。

（東京国立博物館蔵《とうきょうこくりつはくぶつかんぞう》／ColBase）

戦国時代《せんごくじだい》は現代《げんだい》より平均寿命《へいきんじゅみょう》が短《みじか》く、合戦《かっせん》や疫病《えきびょう》で若死《わかじ》にする人《ひと》も多《おお》かった。だが中《なか》には、現代人《げんだいじん》もビックリのご長寿《ちょうじゅ》さんもいたのだ。

大名《だいみょう》クラスでは真田信之《さなだのぶゆき》の93歳《さい》や島津義弘《しまづよしひろ》の85歳《さい》などがトップレベルの長寿《ちょうじゅ》。これでも十分《じゅうぶん》すごいが、家《か》臣《しん》やマイナー武将《ぶしょう》まで入《い》れると滝川《たきがわ》益氏《ますうじ》（１０９歳《さい》）、南光坊天海《なんこうぼうてんかい》（１０８歳《さい》）など１００歳《さい》ごえもいる。

第3章

戦国時代を勝ちぬいたNo.1《ナンバーワン》の才能

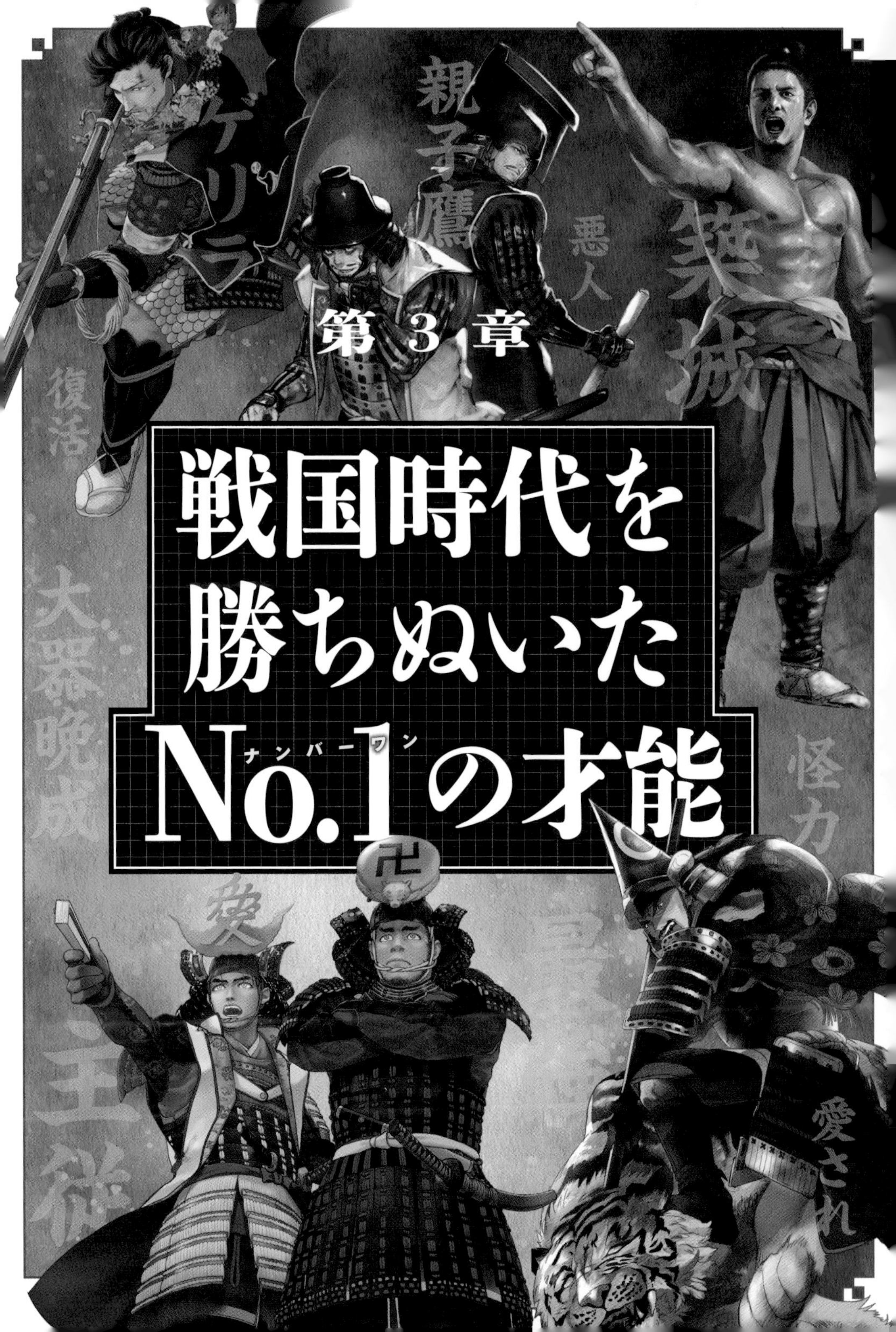

戦国《せんごく》の猛将《もうしょう》 No.1《ナンバーワン》

本多忠勝《ほんだただかつ》

武力最強《ぶりょくさいきょう》ランキング

No.2 戦国《せんこく》きっての槍《やり》の名手《めいしゅ》
可児才蔵《かにさいぞう》

No.3 信長《のぶなが》に仕《つか》えた暴《あば》れん坊《ぼう》
森長可《もりながよし》

No.1の理由

徳川家康《とくがわいえやす》に仕《つか》えた戦国最強《せんごくさいきょう》の守護神《しゅごしん》は忠義心《ちゅうぎしん》も天下無双《てんかむそう》

スポーツ選手《せんしゅ》やマンガのキャラクターの話題《わだい》でみんな大好《だいす》きなのが、「だれが一番強《いちばんつよ》いのか？」という〝最強論《さいきょうろん》〟ではないだろうか。この議論《ぎろん》を戦国武将《せんごくぶしょう》ですると必《かなら》ずあげられる猛将《もうしょう》が、本多忠勝《ほんだただかつ》である。

戦国《せんごく》の最終覇者《さいしゅうはしゃ》・徳川家康《とくがわいえやす》が少年《しょうねん》だったころから家臣《かしん》として仕《つか》えた忠《ただ》勝《かつ》は、徳川家《とくがわけ》でも特《とく》にすぐれた４人《にん》の武将《ぶしょう》・徳川四天王《とくがわしてんのう》のひとり。通算《つうさん》57回《かい》の合戦《かっせん》に出陣《しゅつじん》して一度《いちど》も傷《きず》を負《お》わなかったという規格外《きかくがい》の伝説《でんせつ》の持《も》ち主《ぬし》だ。また、作戦《さくせん》を重視《じゅうし》して仲間《なかま》を守《まも》る戦《たたか》いをしたので、**徳川軍《とくがわぐん》の〝守護神《しゅごしん》〟として頼《たよ》りにされた。**

強《つよ》くて冷静《れいせい》な忠勝《ただかつ》は敵《てき》からも注目《ちゅうもく》を集《あつ》めており、たとえば武田信玄《たけだしんげん》の家臣《かしん》が「家康《いえやす》に過《す》ぎたる（家康《いえやす》にはもったいない）もの」と書《か》き残《のこ》しているし、豊臣秀吉《とよとみひでよし》は忠勝《ただかつ》の勇猛《ゆうもう》な戦《たたか》いぶりにほれこんで、「討《う》ち取《と》ってはならない」と命令《めいれい》したほどである。**秀吉《ひでよし》は忠勝《ただかつ》を「古今独歩《ここんどっぽ》（今《いま》にも昔《むかし》にもただひとり）の勇士《ゆうし》」ともほめたたえ**ており、かなり忠勝《ただかつ》を気《き》に入《い》っていたようだ。

仲間《なかま》だけでなく敵《てき》にもモテモテだった忠勝《ただかつ》だが、どんなラブコールも無視《むし》して家康《いえやす》への忠義《ちゅうぎ》をつらぬいた。亡《な》くなる直前《ちょくぜん》に残《のこ》した和歌《わか》にさえ、家康《いえやす》を大切《たいせつ》に思《おも》う気持《きも》ちが強《つよ》くあらわれている。忠勝《ただかつ》は武勇《ぶゆう》に加《くわ》えて意志《いし》も強《つよ》かったからこそ「戦国最《せんごくさい》強《きょう》」といわれるのだろう。

わたしは家康様《いえやすさま》に
幼《おさな》いころから仕《つか》え、
家康様《いえやすさま》のためにかずかずの
戦《たたか》いで槍《やり》を振《ふ》るったのです

本多忠勝《ほんだただかつ》
1548年《ねん》～1610年《ねん》

本多忠勝《ほんだただかつ》

長篠《ながしの》の戦《たたか》いで鉄砲隊《てっぽうたい》を指揮《しき》している忠勝《ただかつ》（『長篠合戦図屏風《ながしのかっせんずびょうぶ》』大阪城天守閣蔵《おおさかじょうてんしゅかくぞう》）

戦国最強《せんごくさいきょう》! 本多忠勝《ほんだただかつ》 大解剖《だいかいぼう》!!

戦場《せんじょう》で無敵《むてき》の強《つよ》さをほこっていた本多忠勝《ほんだただかつ》。ただ強《つよ》いだけでなく、忠誠心《ちゅうせいしん》と、戦《たたか》う相手《あいて》への敬意《けいい》を忘《わす》れない人物《じんぶつ》でもあった。戦国最強《せんごくさいきょう》とうたわれた忠勝《ただかつ》を大解剖《だいかいぼう》していく!

本多忠勝肖像《ほんだただかつしょうぞう》・模写《もしゃ》(東京大学史料編纂所蔵《とうきょうだいがくしりょうへんさんじょぞう》)

決《けっ》してゆるがない家康《いえやす》への忠誠心《ちゅうせいしん》

合戦《かっせん》で大活《だいかつ》やくした忠勝《ただかつ》だが、江戸幕府《えどばくふ》が開《ひら》かれると、家康《いえやす》の家臣《かしん》のなかでは不遇《ふぐう》なあつかいを受《う》けたとされる。それでも亡《な》くなるまで家康《いえやす》への忠誠心《ちゅうせいしん》は変《か》わらなかった。

カッコイイ鹿《しか》の兜《かぶと》!

忠勝《ただかつ》のトレードマークのひとつは、真《ま》っ黒《くろ》な鹿《しか》の角《つの》の形《かたち》をした兜《かぶと》。「鹿角脇立兜《かづのわきだてかぶと》」という名前《なまえ》で、ぎらりと金《きん》の目《め》が光《ひか》っている。

戦場《せんじょう》で怪我《けが》をしたことがない!

かずかずの大《おお》きな合戦《かっせん》に参加《さんか》していながらも、忠勝《ただかつ》は一度《いちど》も怪我《けが》をしたことがなかったという伝説《でんせつ》がある。敵《てき》からしてみれば、そのウワサだけでも戦《たたか》いたくない相手《あいて》だったろう。

敵《てき》を弔《とむら》うための肩《かた》からさげた数珠《じゅず》

忠勝《ただかつ》は大《おお》きな数珠《じゅず》を肩《かた》からさげて戦場《せんじょう》へと赴《おもむ》いていた。これは、戦場《せんじょう》で自分《じぶん》が倒《たお》す敵《てき》への弔《とむら》いの意味《いみ》があったという。武将《ぶしょう》でありながら、信仰心《しんこうしん》も忘《わす》れない人物《じんぶつ》だったのだ。

威圧感《いあつかん》のある漆黒《しっこく》の鎧《よろい》

忠勝《ただかつ》は「黒糸威胴丸具足《くろいとおどしどうまるぐそく》」という、真《ま》っ黒《くろ》な鎧《よろい》を着《き》ていた。真《ま》っ黒《くろ》な鎧《よろい》と兜《かぶと》に、死者《ししゃ》を弔《とむら》うための数珠《じゅず》。忠勝《ただかつ》が持《も》っていた戦場《せんじょう》での覚悟《かくご》を表《あらわ》したような姿《すがた》だ。

徳川四天王《とくがわしてんのう》のひとり!

家康《いえやす》の家臣《かしん》のなかで、特《とく》に家康《いえやす》のためにつくした人物《じんぶつ》として本多忠勝《ほんだただかつ》と酒井忠次《さかいただつぐ》、榊原康政《さかきばらやすまさ》、井伊直政《いいなおまさ》が知《し》られている。彼《かれ》らを「徳川四天王《とくがわしてんのう》」と呼《よ》び、徳川幕府《とくがわばくふ》の成立《せいりつ》にはかかせない武将《ぶしょう》たちだ。

忠勝《ただかつ》が城主《じょうしゅ》をつとめていた桑名城《くわなじょう》（三重《みえ》県《けん》）。現在《げんざい》は一部《いちぶ》の櫓《やぐら》だけが復元《ふくげん》されている

戦場《せんじょう》で傷《きず》を負《お》うことがなかった忠勝《ただかつ》も、一度《いちど》だけケガをしたことがある。それは年老《としお》いたある日《ひ》のこと、小刀《こがたな》で彫《ほ》り物《もの》をしていたとき、手《て》がすべって指《ゆび》を切《き》ってしまったのだ。それに気《き》づいた忠勝《ただかつ》は、「自分《じぶん》もここまでか」とつぶやいた。そしてその言葉《ことば》通《どお》り、本当《ほんとう》にその数日後《すうじつご》に亡《な》くなってしまったという。

オレ様《さま》の愛槍《あいそう》

「蜻蛉切《とんぼきり》」

忠勝《ただかつ》は天下三槍《てんかさんそう》と呼《よ》ばれる名槍《めいそう》のひとつ蜻蛉《とんぼ》切《きり》を愛用《あいよう》していた。名《な》前《まえ》の由来《ゆらい》は、刃《は》にとまろうとしたトンボがまっぷたつに切《き》れてしまうほど切《き》れ味《あじ》がするどかったから。約《やく》6mもある長《なが》い槍《やり》だが、忠勝《ただかつ》は地形《ちけい》や状況《じょうきょう》に合《あ》わせて長《なが》さを変《か》えることもあったという。

江戸《えど》時代《じだい》につくられた蜻蛉切《とんぼきり》の模作《もさく》（東京国立博《とうきょうこくりつはく》物館蔵《ぶっかんぞう》／ClBase）

戦国猛将《せんごくもうしょう》ランキング

2位《い》は可児才蔵《かにさいぞう》。敵将《てきしょう》の首《くび》を取《と》りまくり、関ヶ原《せきがはら》の戦《たたか》いでは20もの首《くび》をあげた。首《くび》が多《おお》すぎて持《も》てないので口《くち》に笹《ささ》の葉《は》をくわえさせたことから、「笹《ささ》の才蔵《さいぞう》」と呼《よ》ばれた。「鬼武蔵《おにむさし》」のあだ名《な》を持《も》つ森長可《もりながよし》は3位《い》にランクイン。初陣《ういじん》で27もの首《くび》をあげたという。敵《てき》だけでなく門番《もんばん》も殺《ころ》してしまう短気《たんき》な暴《あば》れん坊《ぼう》だ。軍神《ぐんしん》・上杉謙信軍団《うえすぎけんしんぐんだん》の先《せん》陣《じん》を切《き》って戦《たたか》った柿崎景家《かきざきかげいえ》は4位《い》。強《つよ》すぎるので景家《かげいえ》の名前《なまえ》を聞《き》いただけで逃《に》げ出《だ》す敵《てき》もいたという。5位《い》は加藤《かとう》清正《きよまさ》。朝鮮半島《ちょうせんはんとう》へ行《い》ったときに虎《とら》を退《たい》治《じ》して、主君《しゅくん》・豊臣秀吉《とよとみひでよし》に虎肉《とらにく》をプレゼントしたという。

オレは福島正則様《ふくしままさのりさま》に仕《つか》えて関ヶ原《せきがはら》の戦《たたか》いにも参戦《さんせん》したんだぞ！歳《とし》をとって死《し》ぬときも鎧《よろい》を着《き》て槍《やり》を持《も》っていたほどさ！

No.2 可児才蔵《かにさいぞう》

『関ヶ原合戦図屏風《せきがはらかっせんずびょうぶ》』（関ケ原《せきがはら》町歴史民俗学習館蔵《ちょうれきしみんぞくがくしゅうかんぞう》）

13歳《さい》で森家《もりけ》の当主《とうしゅ》になったんだ！信長様《のぶながさま》とはいろんな戦場《せんじょう》でいっしょに戦《たたか》ったな！これでも茶道《さどう》が好《す》きなんだぜ

No.3 森長可《もりながよし》

森長可肖像《もりながよししょうぞう》（可成寺蔵《かじょうじぞう》）

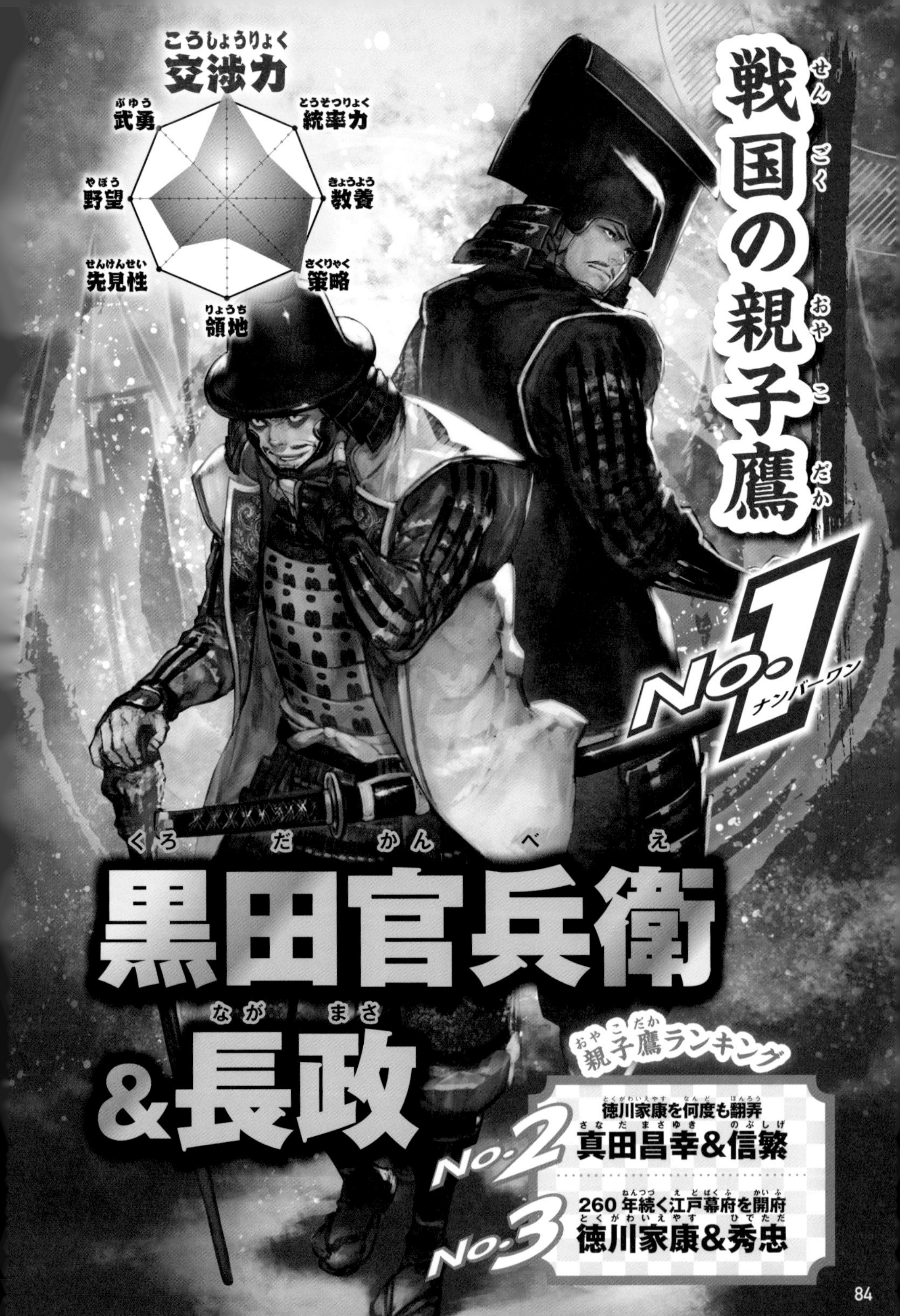
交渉力《こうしょうりょく》
統率力《とうそつりょく》
教養《きょうよう》
策略《さくりゃく》
領地《りょうち》
先見性《せんけんせい》
野望《やぼう》
武勇《ぶゆう》

戦国《せんごく》の親子鷹《おやこだか》

No.1 ナンバーワン

黒田官兵衛《くろだかんべえ》&長政《ながまさ》

親子鷹《おやこだか》ランキング

No.2 徳川家康《とくがわいえやす》を何度《なんど》も翻弄《ほんろう》
真田昌幸《さなだまさゆき》&信繁《のぶしげ》

No.3 260年《ねん》続《つづ》く江戸幕府《えどばくふ》を開府《かいふ》
徳川家康《とくがわいえやす》&秀忠《ひでただ》

No.1の理由

天下人《てんかびと》を助《たす》けた頭脳派親子《ずのうはおやこ》 愛情《あいじょう》あふれる一面《いちめん》も

子《こ》どもは親《おや》の背中《せなか》を見《み》て育《そだ》つという。確《たし》かに、芸術家《げいじゅつか》や芸能人《げいのうじん》は親子《おやこ》2代《だい》で有名人《ゆうめいじん》ということがよくあるし、親子《おやこ》で医者《いしゃ》や政治家《せいじか》になる人《ひと》は多《おお》い。**戦国時代《せんごくじだい》にも親子《おやこ》で活《かつ》やくした武将《ぶしょう》はたくさんいるが、なかでも黒田官兵衛《くろだかんべえ》・長政《ながまさ》はそろって頭脳《ずのう》プレイが得意《とくい》な切《き》れ者《もの》親子《おやこ》だった。**

父親《ちちおや》の官兵衛《かんべえ》は、豊臣秀吉《とよとみひでよし》を天下《てんか》人《びと》にした軍師《ぐんし》といわれる。軍師《ぐんし》とは、君主《くんしゅ》に知恵《ちえ》を貸《か》すアドバイス係《がかり》だ。信長《のぶなが》の家臣《かしん》だった秀吉《ひでよし》が、本能寺《ほんのうじ》の変《へん》を起《お》こした明智光秀《あけちみつひで》を討《う》って信長《のぶなが》の仇《かたき》を取《と》れたのも、そこから出世《しゅっせ》した秀吉《ひでよし》が、四国《しこく》や小田原《おだわら》を平定《へいてい》できたのも、官兵衛《かんべえ》の知略《ちりゃく》のおかげだったのだ。

一方《いっぽう》で息子《むすこ》の長政《ながまさ》は、秀吉《ひでよし》の死後《しご》にいきおいを増《ま》した徳川家康《とくがわいえやす》に味方《みかた》した。関ヶ原《せきがはら》の戦《たたか》いでは、敵《てき》の石田《いしだ》三成《みつなり》に味方《みかた》した吉川広家《きっかわひろいえ》と小早川秀《こばやかわひで》秋《あき》を事前《じぜん》に説得《せっとく》。家康《いえやす》の味方《みかた》に引《ひ》きこんでおき、合戦本番《かっせんほんばん》で家康《いえやす》の有利《ゆうり》になるよう準備《じゅんび》を整《ととの》えた。この結果《けっか》、広家軍《ひろいえぐん》はまったく動《うご》かず、秀秋軍《ひであきぐん》は三成軍《みつなりぐん》におそいかかり、家康《いえやす》はたった1日《にち》で勝利《しょうり》したのだ。

信長様《のぶながさま》にも仕《つか》えていたが
秀吉様《ひでよしさま》の軍師《ぐんし》としての活《かつ》やくが
一般的《いっぱんてき》には広《ひろ》く知《し》られているようだな。
長政《ながまさ》は関ヶ原《せきがはら》で活《かつ》やくして、福岡《ふくおか》54万石《まんごく》
の大名《だいみょう》になったぞ

黒田官兵衛《くろだかんべえ》
1546年《ねん》～1604年《ねん》

官兵衛《かんべえ》は長政《ながまさ》にきびしくすることもあったが、それも愛《あい》。死《し》が近《ちか》づいた官兵衛《かんべえ》は、わざと家臣《かしん》に意地悪《いじわる》をするようになった。自分《じぶん》がきらわれれば、長政《ながまさ》が大切《たいせつ》にされるはずだと考《かんが》えたのだ。黒田親子《くろだおやこ》は知恵《ちえ》だけでなく、愛情《あいじょう》にもあふれていた。

長政《ながまさ》が関ヶ原《せきがはら》後《ご》に築《きず》いた福岡城《ふくおかじょう》

黒田親子《くろだおやこ》が変《か》えた 2大合戦《だいかっせん》!!

戦国《せんごく》の歴史《れきし》の転換点《てんかんてん》には、黒田《くろだ》官兵衛《かんべえ》&長政《ながまさ》の活《かつ》やくがあった! 父《ちち》と子《こ》が関《かか》わったふたつの大《おお》きな戦《たたか》いを紹介《しょうかい》していく!

中国大返《ちゅうごくおおがえ》し

羽柴軍《はしばぐん》
明智軍《あけちぐん》
3日《か》に本能寺《ほんのうじ》の変《へん》を知《し》り、6日午後《かごご》に高松城《たかまつじょう》を出発《しゅっぱつ》。
岡山城《おかやまじょう》
高松城《たかまつじょう》
沼城《ぬまじょう》
姫路城《ひめじじょう》
明石《あかし》
神戸《こうべ》
尼崎《あまがさき》
富田《とんだ》
13日、山崎《やまざき》の戦《たたか》い
13日夕方《にちゆうがた》に両軍激突《りょうぐんげきとつ》し、羽柴軍《はしばぐん》が勝利《しょうり》!
6月《がつ》2日《か》未明《みめい》、本能寺《ほんのうじ》の変《へん》

中国《ちゅうごく》攻《ぜ》めの最中《さいちゅう》だった秀吉《ひでよし》は、本能寺《ほんのうじ》の変《へん》が起《お》きたことを知《し》ると誰《だれ》よりも早《はや》く軍《ぐん》を京都《きょうと》方面《ほうめん》へと向《む》かわせた。これを中国大返《ちゅうごくおおがえ》しといい、官兵衛《かんべえ》が助言《じょげん》したとされる。そして秀吉《ひでよし》は謀反《むほん》を起《お》こした明智光秀《あけちみつひで》に勝利《しょうり》するのだ。

本能寺《ほんのうじ》の変《へん》を知《し》った秀吉様《ひでよしさま》に対《たい》し、「ご運《うん》が開《ひら》けましたな」と言《い》い天下《てんか》を取《と》るように進言《しんげん》したという伝説《でんせつ》があるのだ

黒田官兵衛《くろだかんべえ》

長政《ながまさ》を救《すく》った 竹中半兵衛《たけなかはんべえ》

かけひき上手《じょうず》の官兵衛《かんべえ》だが、信長《のぶなが》を裏切《うらぎ》った荒木村重《あらきむらしげ》の説得《せっとく》には失敗《しっぱい》し、村重《むらしげ》が住《す》む有岡城《ありおかじょう》に閉《と》じこめられた。このとき官兵衛《かんべえ》は信長《のぶなが》への忠誠《ちゅうせい》の証《あかし》として長政《ながまさ》を人質《ひとじち》に出《だ》していたから大《だい》ピンチ! 官兵衛《かんべえ》も裏切《うらぎ》ったと思《おも》いこんだ信長《のぶなが》は、長政《ながまさ》の処刑《しょけい》を決《き》める。そこに割《わ》って入《はい》ったのが、官兵衛《かんべえ》の親《しん》友《ゆう》・竹中半兵衛《たけなかはんべえ》だった。半兵衛《はんべえ》は自分《じぶん》が長政《ながまさ》を処刑するとウソをついて、自《じ》分《ぶん》の屋敷《やしき》にかくまったのだ。牢屋《ろうや》から救出《きゅうしゅつ》された官兵衛《かんべえ》は半兵衛《はんべえ》に深《ふか》く感《かん》謝《しゃ》し、黒田家《くろだけ》と竹中家《たけなかけ》の交流《こうりゅう》は長《なが》く続《つづ》く。関ヶ原《せきがはら》の戦《たたか》いでは長政《ながまさ》の軍《ぐん》に半兵衛《はんべえ》の息子《むすこ》の重門《しげかど》が加《くわ》わっていた。

関《せき》ヶ《が》原《はら》の戦《たたか》い

天下《てんか》分《わ》け目《め》の関ヶ原《せきがはら》の戦《たたか》い。長政《ながまさ》は、西軍《せいぐん》についていた吉川広家《きっかわひろいえ》と小早川秀秋《こばやかわひであき》に内通《ないつう》。東軍《とうぐん》が有利《ゆうり》になるよう働《はたら》きかけ、家康勝利《いえやすしょうり》のために大《おお》きく貢献《こうけん》したのだった。

笹尾山《ささおやま》
石田三成《いしだみつなり》
黒田長政《くろだながまさ》
中山道《なかせんどう》
徳川家康《とくがわいえやす》
大谷吉継《おおたによしつぐ》
桃配山《ももくばりやま》
吉川広家《きっかわひろいえ》
広家軍《ひろいえぐん》が動《うご》かなかったことで、周囲《しゅうい》のほかの西軍武将《せいぐんぶしょう》はまともに進軍《しんぐん》することができなかった。
小早川秀秋《こばやかわひであき》
松尾山《まつおやま》
秀秋軍《ひであきぐん》は西軍《せいぐん》の主力部《しゅりょくぶ》隊《たい》だった大谷吉継《おおたによしつぐ》の軍《ぐん》を襲撃《しゅうげき》。この寝返《ねがえ》りが関ヶ原《せきがはら》の戦《たたか》いの流《なが》れを大《おお》きく変《か》えることになった。

長政《ながまさ》くんが
「家康様《いえやすさま》に味方《みかた》した方《ほう》がいい」って、
寝返《ねがえ》りをさそって
くれたんだ～

小早川秀秋《こばやかわひであき》

そのとき官兵衛《かんべえ》は？

関ヶ原《せきがはら》の戦《たたか》いがくり広《ひろ》げられていたころ、父《ちち》・官兵衛《かんべえ》は九州《きゅうしゅう》で戦《たたか》っていた。「官兵《かんべ》衛《え》はじつは天下《てんか》をねらっていた」という伝《でん》説《せつ》もあり、息子《むすこ》の活《かつ》やくで早々《そうそう》に戦《たたか》いが終《お》わってしまったのを残念《ざんねん》がったという。

関ヶ原古戦場《せきがはらこせんじょう》にある、長政《ながまさ》と竹《たけ》中半兵衛《なかはんべえ》の子《こ》・重門《しげかど》の陣跡《じんあと》をしめす碑《ひ》

オレたちの町《まち》「福岡《ふくおか》」

関ヶ原《せきがはら》の戦《たたか》い後《ご》、黒田親子《くろだおやこ》のものとなった領地《りょうち》が福岡《ふくおか》だ。地名《ちめい》は先祖《せんぞ》の出身地《しゅっしんち》・備前《びぜん》（岡山県《おかやまけん》）の福岡《ふくおか》から取《と》っている。長政《ながまさ》の時代《じだい》に完成《かんせい》した福岡城《ふくおかじょう》は、海外《かいがい》との貿易《ぼうえき》の窓口《まどぐち》になる博多湾《はかたわん》を城下町《じょうかまち》に取《と》りこんでおり、商業都市《しょうぎょうとし》として発《はっ》展《てん》させようという気合《きあ》いが伝《つた》わってくる。

福岡市内《ふくおかしない》にある崇福寺《そうふくじ》には、官兵衛《かんべえ》と長政《ながまさ》をはじめ、歴代福岡藩主《れきだいふくおかはんしゅ》の墓《はか》がある

人望《じんぼう》
武勇《ぶゆう》
統率力《とうそつりょく》
野望《やぼう》
教養《きょうよう》
先見性《せんけんせい》
策略《さくりゃく》
領地《りょうち》

立《たち》花《ばな》宗《むね》茂《しげ》

奇《き》跡《せき》の復《ふっ》活《かつ》劇《げき》

No.1《ナンバーワン》

奇《き》跡《せき》の復活劇《ふっかつげき》ランキング

No.2 「ひきょう者《もの》」から大名復活《だいみょうふっかつ》!
仙石秀久《せんごくひでひさ》

No.3 戦国最弱《せんごくさいじゃく》でも何度《なんど》でもはい上《あ》がる
小田氏治《おだうじはる》

No.1の理由 関ヶ原《せきがはら》の負《ま》け組《ぐみ》で唯一《ゆいいつ》故郷《こきょう》への帰還《きかん》を果《は》たした男《おとこ》

約束《やくそく》を破《やぶ》ったり、友《とも》だちの悪口《わるくち》を言《い》ったりすれば、信頼《しんらい》を失《うしな》って見捨《みす》てられるもの。まわりから好《す》かれて助《たす》けてもらえるのは、信義《しんぎ》に厚《あつ》い人《ひと》なのだ。**立花宗茂《たちばなむねしげ》はまさに信義《しんぎ》をつらぬく生《い》き方《かた》をして、どん底《ぞこ》から奇《き》跡《せき》の復活《ふっかつ》を果《は》たした。**

俺《おれ》は何《なに》よりも
恩義《おんぎ》を大事《だいじ》にした。
味方《みかた》に限《かぎ》らず敵《てき》にも助《たす》けて
もらったぜ！

立花宗茂《たちばなむねしげ》
1567年《ねん》～1642年《ねん》

宗茂《むねしげ》は九州《きゅうしゅう》を支配《しはい》する大友宗麟《おおともそうりん》の重臣《じゅうしん》・高橋紹運《たかはしじょううん》の息子《むすこ》で、同《おな》じく宗《そう》麟《りん》の重臣《じゅうしん》・立花道雪《たちばなどうせつ》の養子《ようし》だ。ふたりの名将《めいしょう》のもとで信義《しんぎ》に厚《あつ》い名将《めいしょう》に育《そだ》った宗茂《むねしげ》は、宗麟《そうりん》が豊臣秀吉《とよとみひでよし》の支《し》配下《はいか》に入《はい》ると秀吉《ひでよし》のために戦《たたか》った。秀吉《ひでよし》は宗茂《むねしげ》を気《き》に入《い》り、「剛勇鎮西《ごうゆうちんぜい》一《いち》（西国《さいごく》で一番《いちばん》すぐれた武勇《ぶゆう》）」とほめて柳川《やながわ》（福岡県《ふくおかけん》）の地《ち》を与《あた》えた。

秀吉《ひでよし》の死後《しご》も宗茂《むねしげ》は恩義《おんぎ》を忘《わす》れず、関《せき》ヶ《が》原《はら》の戦《たたか》いで秀吉《ひでよし》の遺志《いし》をつごうと戦《たたか》う石田三成《いしだみつなり》に味方《みかた》した。しかし三成《みつなり》が負《ま》け、宗茂《むねしげ》は勝者《しょうしゃ》の徳川家康《とくがわいえやす》に立花家《たちばなけ》をつぶされてしまう。

柳川《やながわ》を追《お》い出《だ》された宗茂《むねしげ》はどん底《ぞこ》の貧乏生活《びんぼうせいかつ》を送《おく》るが、家臣《かしん》たちは宗《むね》茂《しげ》が大好《だいす》きでついてきたし、敵《てき》の加《か》藤清正《とうきよまさ》や家康《いえやす》の息子《むすこ》の秀忠《ひでただ》も宗茂《むねしげ》のファンだった。**宗茂《むねしげ》は仲間《なかま》にも敵《てき》にも助《たす》けられ、柳川《やながわ》の大名《だいみょう》に復活《ふっかつ》！**関《せき》ヶ《が》原《はら》の負《ま》け組《ぐみ》のなかで、もとの領《りょう》地《ち》に戻《もど》れたのは宗茂《むねしげ》だけなのだ。

オレ様の 鬼嫁《おによめ》「立花誾千代《たちばなぎんちよ》」

「誾《ぎん》」の意味《いみ》は
「人《ひと》の話《はなし》を聞《き》く」らしいが…
俺《おれ》の話《はなし》は一切《いっさい》聞《き》かねえ
妻《つま》だったぜ

立花宗茂《たちばなむねしげ》

宗茂《むねしげ》の妻《つま》・誾千代《ぎんちよ》は、立花道雪《たちばなどうせつ》のひとり娘《むすめ》。7歳《さい》の時《とき》に道雪《どうせつ》から立花山城《たちばなやまじょう》（福岡県《ふくおかけん》）を受《う》けついでいる。名将《めいしょう》の娘《むすめ》としてのプライドが高《たか》く、宗茂《むねしげ》とはあまり仲《なか》が良《よ》くなかったらしい。性格《せいかく》はとても勇《いさ》ましく、女好《おんなず》きの秀吉《ひでよし》から呼《よ》び出《だ》された時《とき》には鉄砲《てっぽう》で武装《ぶそう》させた侍女《じじょ》を連《つ》れていった。権力《けんりょく》者《しゃ》の秀吉《ひでよし》が相手《あいて》でもおそれず、「私《わたし》を意《い》のままにできると思《おも》うな」と態度《たいど》で示《しめ》したのだ。

神出鬼没《しんしゅつきぼつ》のゲリラ
No.1《ナンバーワン》
雑賀孫一《さいかまごいち》
狙撃《そげき》
武勇《ぶゆう》
統率力《とうそつりょく》
野望《やぼう》
教養《きょうよう》
先見性《せんけんせい》
策略《さくりゃく》
領地《りょうち》
戦国《せんごく》のゲリラランキング
No.2
信長《のぶなが》も苦《くる》しんだ一向一揆《いっこういっき》のトップ
本願寺顕如《ほんがんじけんにょ》（一向宗《いっこうしゅう》）
No.3
ゲリラ戦《せん》とスパイ活動《かつどう》が得意《とくい》
真田昌幸《さなだまさゆき》

No.1の理由

大軍勢《だいぐんぜい》も恐怖《きょうふ》した！ ゲリラ部隊《ぶたい》のカリスマリーダー

オレがリーダーだった
鉄砲集団《てっぽうしゅうだん》の雑賀衆《さいかしゅう》は、
戦国大名《せんごくだいみょう》にやとわれることも
あったぜ！

雑賀孫一《さいかまごいち》
生没年不詳《せいぼつねんふしょう》

突然《とつぜん》の大雨《おおあめ》を「ゲリラ豪雨《ごうう》」というように、予期《よき》せず起《お》きることをゲリラという。戦場《せんじょう》でも、正規《せいき》の部隊《ぶたい》と別《べつ》に不意打《ふいう》ち作戦《さくせん》などで活《かつ》やくする小《ちい》さな部隊《ぶたい》のことを、ゲリラ部隊《ぶたい》といった。なかでも**戦国時代《せんごくじだい》に多《おお》くの武将《ぶしょう》をふるえあがらせたゲリラ部《ぶ》隊《たい》が、雑賀衆《さいかしゅう》だ。**雑賀衆《さいかしゅう》は大名《だいみょう》の支《し》配《はい》を受《う》けない独立集団《どくりつしゅうだん》で、鉄砲《てっぽう》の名《めい》手《しゅ》ぞろいの傭兵軍団《ようへいぐんだん》。傭兵《ようへい》とは、お金《かね》でやとわれる戦闘《せんとう》のプロのことだ。

この**雑賀衆《さいかしゅう》のリーダーが雑賀孫一《さいかまごいち》だった。**しかし、これはひとりの人《じん》物《ぶつ》の名前《なまえ》ではない。雑賀衆《さいかしゅう》のリーダーが代々《だいだい》名乗《なの》った名前《なまえ》で、雑賀孫《さいかまご》一《いち》は何人《なんにん》もいるのだ。特《とく》に活《かつ》やくした孫一《まごいち》は、本願寺《ほんがんじ》に協力《きょうりょく》して織田信《おだのぶ》長《なが》と戦《たたか》った。信長《のぶなが》の大軍《たいぐん》は、雑賀衆《さいかしゅう》のゲリラ戦法《せんぽう》に大苦戦《だいくせん》。まともに戦《たたか》っても勝《か》てないと思《おも》った信長《のぶなが》は、和解《わかい》してなんとか戦《たたか》いを終《お》わらせた。

このあと**雑賀衆《さいかしゅう》は信長《のぶなが》に味方《みかた》するかしないかで内部分裂《ないぶぶんれつ》**し、危険《きけん》を感《かん》じた孫一《まごいち》は身《み》を隠《かく》したという。信長《のぶなが》が本能寺《ほんのうじ》の変《へん》で世《よ》を去《さ》ると豊臣秀吉《とよとみひでよし》に協力《きょうりょく》したというが、どの孫一《まごいち》のしたことなのかは不明《ふめい》だ。まさに孫一《まごいち》自身《じしん》が神出鬼没《しんしゅつきぼつ》、戦国《せんごく》ナンバーワンのゲリラ名手《めいしゅ》といえるだろう。

百発百中《ひゃっぱつひゃくちゅう》の鉄砲名人《てっぽうめいじん》たち

ワシは弾丸《だんがん》を
100発中《ぱつちゅう》72発《はつ》も
命中《めいちゅう》させたんじゃ！

滝川一益《たきがわかずます》

織田信長《おだのぶなが》の家臣《かしん》・明智光秀《あけちみつひで》は若《わか》いころから鉄砲《てっぽう》が得意《とくい》で、越前《えちぜん》の大名《だいみょう》・朝《あさ》倉義景《くらよしかげ》に腕前《うでまえ》を見《み》せたと伝《つた》わる。同《おな》じく信長《のぶなが》の家臣《かしん》である滝川一益《たきがわかずます》も鉄砲《てっぽう》の名手《めいしゅ》で、高《たか》い命中率《めいちゅうりつ》をほこったという。信長《のぶなが》を鉄砲《てっぽう》で暗殺《あんさつ》しようとして失《しっ》敗《ぱい》し、処刑《しょけい》された杉谷善住坊《すぎたにぜんじゅうぼう》は、くわしい人物像《じんぶつぞう》がわかっておらず、鉄砲名《てっぽうめい》人《じん》ということだけが伝《つた》わっている。

怪《かい》力《りき》すぎる大《だい》名《みょう》

No.1《ナンバーワン》

最《も》上《がみ》義《よし》光《あき》

怪力《かいりき》すぎる大名《だいみょう》ランキング

No.2 人生《じんせい》で57回《かい》も戦《たたか》って無傷《むきず》!?
本《ほん》多《だ》忠《ただ》勝《かつ》

No.3 「鬼義重《おによししげ》」と呼《よ》ばれ恐《おそ》れられた
佐《さ》竹《たけ》義《よし》重《しげ》

No.1の理由

悪知恵《わるぢえ》の働《はたら》くキツネか？ 最前線《さいぜんせん》で暴《あば》れるトラか？

キツネとタヌキは昔話《むかしばなし》で人間《にんげん》をだます役《やく》としておなじみだ。このため、悪知恵《わるぢえ》がよく回《まわ》る人《ひと》はキツネやタヌキとあだ名《な》される。出羽《でわ》（山形県《やまがたけん》・秋田県《あきたけん》）の大名《だいみょう》・最上義光《もがみよしあき》もそのひとりだ。「出羽《でわ》のキツネ」こと義光《よしあき》は、邪魔《じゃま》な相手《あいて》の周囲《しゅうい》を自分《じぶん》の味方《みかた》につけて、孤立《こりつ》させてから攻《せ》めるという意地悪《いじわる》な策略《さくりゃく》が得意《とくい》だった。

奥《おく》に引《ひ》っこみ姿《すがた》を見《み》せない卑怯者《ひきょうもの》のような感《かん》じもするが、**じつは義光《よしあき》、身長《しんちょう》が180㎝もある大男《おおおとこ》で怪力《かいりき》の持《も》ち主《ぬし》。**戦場《せんじょう》で愛用《あいよう》した指揮棒《しきぼう》は重《おも》さが約《やく》1・75kgで、これは平均的《へいきんてき》な日本刀《にほんとう》の重《おも》さの2～3倍《ばい》。銃弾《じゅうだん》の跡《あと》がついた兜《かぶと》が伝《つた》わっていたり、敵《てき》を追《お》いかける姿《すがた》が屏風絵《びょうぶえ》に描《えが》かれたりと、後方《こうほう》に引《ひ》っこむどころか最前線《さいぜんせん》で暴《あば》れていたようだ。蔵王温泉《ざおうおんせん》には、家臣《かしん》がだれも持《も》ち上《あ》げられず、義光《よしあき》だけが軽々《かるがる》と持《も》ち上《あ》げたといわれる「最上義光公力石《もがみよしあきこうちからいし》」があり、その重《おも》さはなんと約《やく》190kg！ナンバーワンの怪力自慢《かいりきじまん》にちがいない。

義光《よしあき》はその怪力《かいりき》と策略《さくりゃく》で最上家《もがみけ》の最大領土《さいだいりょうど》を築《きず》いた。お城《しろ》の修理《しゅうり》を最《さい》低限《ていげん》にして重《おも》い税金《ぜいきん》をやめるなど、民衆《みんしゅう》に優《やさ》しい一面《いちめん》もあり、山形県《やまがたけん》では今《いま》も名君《めいくん》としたわれている。

ワシが家《いえ》をついだ頃《ころ》、
最上家《もがみけ》は没落《ぼつらく》していた。
だが、ワシはこの怪力《かいりき》と知恵《ちえ》で
失《うしな》った領地《りょうち》を取《と》りもどした
のじゃ！

最上義光《もがみよしあき》
1546年《ねん》～1614年《ねん》

乱世《らんせ》の怪力武将《かいりきぶしょう》たち

真柄直隆《まがらなおたか》とされる人物《じんぶつ》が真柄太刀《まがらたち》を振《ふ》り回《まわ》している（『姉川合戦図屏風《あねがわかっせんずびょうぶ》』福井県立歴史博物館蔵《ふくいけんりつれきしはくぶつかんぞう》）

義光《よしあき》の家臣《かしん》・延沢満延《のべさわみつのぶ》は、大男《おおおとこ》の義光《よしあき》が登《のぼ》った桜《さくら》の木《き》をそのまま引《ひ》っこ抜《ぬ》いたと伝《つた》わる怪力《かいりき》の武将《ぶしょう》だ。規格外《きかくがい》の武器《ぶき》を愛用《あいよう》した武将《ぶしょう》には、越前《えちぜん》の朝倉家《あさくらけ》の家臣《かしん》とされる真柄直隆《まがらなおたか》がいる。彼《かれ》の愛刀《あいとう》・真柄太刀《まがらたち》は約《やく》3mもあった。女性《じょせい》だって負《ま》けてはいない。上杉景勝《うえすぎかげかつ》の妻《つま》・菊姫《きくひめ》は、地震《じしん》のときに家臣《かしん》が逃《に》げるまでくずれた天井《てんじょう》の材木《ざいもく》を支《ささ》えたという怪力《かいりき》のお姫《ひめ》さまだ。

主従《しゅじゅう》のきずな
No.1 ナンバーワン
上杉景勝《うえすぎかげかつ》&
直江兼続《なおえかねつぐ》
意思疎通《いしそつう》
武勇《ぶゆう》
統率力《とうそつりょく》
野望《やぼう》
教養《きょうよう》
先見性《せんけんせい》
策略《さくりゃく》
領地《りょうち》
主従《しゅじゅう》のきずなランキング
No.2
命《いのち》がけの手術《しゅじゅつ》も任《まか》せられる
伊達政宗《だてまさむね》&片倉小十郎《かたくらこじゅうろう》
No.3
主従《しゅじゅう》を越《こ》えたアツい友情《ゆうじょう》
徳川家康《とくがわいえやす》&本多正信《ほんだまさのぶ》

No.1の理由

幼少期《ようしょうき》から二人三脚《ににんさんきゃく》 信頼《しんらい》のきずなで国《くに》を築《きず》いたふたり

会社《かいしゃ》の社長《しゃちょう》に成功《せいこう》の秘密《ひみつ》を質問《しつもん》すると、「自分《じぶん》だけが苦労《くろう》したわけではない」と答《こた》える人《ひと》が多《おお》い。これはわざと手柄《てがら》を小《ちい》さく言《い》っているのではなく、本心《ほんしん》だ。社長《しゃちょう》が会社《かいしゃ》を経営《けいえい》するには、優秀《ゆうしゅう》な部下《ぶか》の手助《てだす》けが何《なに》より重要《じゅうよう》。名門《めいもん》の上杉家《うえすぎけ》を守《まも》り抜《ぬ》いた上杉景勝《うえすぎかげかつ》も、重臣《じゅうしん》の直江兼続《なおえかねつぐ》と協力《きょうりょく》してピンチを何度《なんど》も切《き》りぬけた。

景勝《かげかつ》と兼続《かねつぐ》は子《こ》どものころからの主従《しゅじゅう》だ。上杉家《うえすぎけ》の跡《あと》つぎ騒動《そうどう》である「御館《おたて》の乱《らん》」でもふたりで協力《きょうりょく》して景勝《かげかつ》が当主《とうしゅ》の座《ざ》を勝《か》ち取《と》った。兼続《かねつぐ》は領地《りょうち》の管理《かんり》やまわりの大名《だいみょう》とのかけ引《ひ》きなど多方面《たほうめん》で景勝《かげかつ》を助《たす》けており、景勝《かげかつ》と同《おな》じくらい権力《けんりょく》をふるっていたともいえる。しかし**景勝《かげかつ》が兼《かね》続《つぐ》を信頼《しんらい》してすべて任《まか》せた**ので、兼《かね》続《つぐ》はますますその思《おも》いに応《こた》えようとした。天下人《てんかびと》の豊臣秀吉《とよとみひでよし》が兼続《かねつぐ》を自《じ》分《ぶん》の家臣《かしん》に望《のぞ》んでも兼続《かねつぐ》の忠義《ちゅうぎ》はゆるがなかったし、徳川家康《とくがわいえやす》が景勝《かげかつ》の反逆《はんぎゃく》を疑《うたが》った時《とき》には兼続《かねつぐ》が「直江《なおえ》状《じょう》」という長《なが》い手紙《てがみ》で景勝《かげかつ》にまちがいはないと言《い》い返《かえ》している。

景勝《かげかつ》は無表情《むひょうじょう》な人物《じんぶつ》だったが、兼《かね》続《つぐ》が亡《な》くなった時《とき》には声《こえ》をあげて泣《な》いたという。**ふたりのきずなは最期《さいご》まで強《つよ》く結《むす》ばれていた。**

叔父《おじ》である謙信公《けんしんこう》の跡《あと》をつぎ、秀吉様《ひでよしさま》に信頼《しんらい》され一時《いちじ》は会津《あいづ》（福島県《ふくしまけん》）120万石《まんごく》の大大名《だいだいみょう》となった。兼続《かねつぐ》の助《たす》けあってこそだ

上杉景勝《うえすぎかげかつ》
1556年《ねん》～1623年《ねん》

景勝《かげかつ》&兼続《かねつぐ》ってどんな人《ひと》？

二人三脚《ににんさんきゃく》でつくった米沢藩《よねざわはん》

関ヶ原《せきがはら》の戦《たたか》いで家康《いえやす》に敗《やぶ》れた上杉家《うえすぎけ》は、30万石《まんごく》の米沢藩《よねざわはん》（山形県《やまがたけん》）に移《うつ》るよう命《めい》令《れい》された。お金事情《かねじじょう》は苦《くる》しくなるが、それでも景勝《かげかつ》と兼続《かねつぐ》は家臣《かしん》をだれも追《お》い出《だ》さず、全員守《ぜんいんまも》って新天地《しんてんち》を切《き》り開《ひら》いた。跡《あと》つぎがいなかった兼続《かねつぐ》は亡《な》くなるときにそのまま直江家《なおえけ》を取《と》りつぶして、上杉家《うえすぎけ》に自分《じぶん》の領地《りょうち》をもどすことで恩返《おんがえ》ししたと伝《つた》わる。

上杉家《うえすぎけ》から
1番給料《ばんきゅうりょう》をもらっている
直江家《なおえけ》がなくなれば、
他《ほか》の家臣《かしん》の給料《きゅうりょう》が
増《ふ》えますから…

直江兼続《なおえかねつぐ》
1560年《ねん》～1620年《ねん》

悪《あく》事《じ》をしまくった武《ぶ》将《しょう》

No.1《ナンバーワン》

松《まつ》永《なが》久《ひさ》秀《ひで》

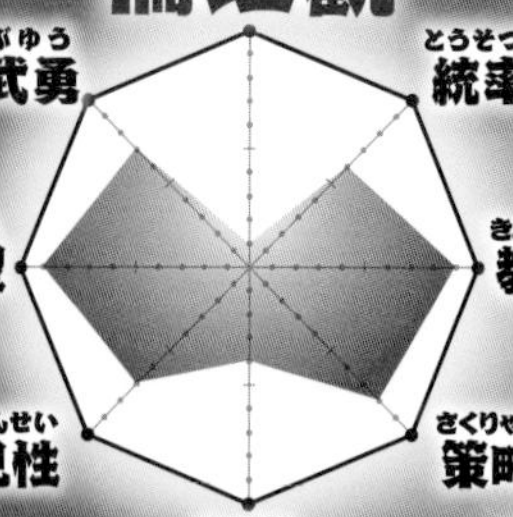

悪人《あくにん》武《ぶ》将《しょう》ランキング

No.2 にくいヤツは全員暗殺《ぜんいんあんさつ》
宇《う》喜《き》多《た》直《なお》家《いえ》

No.3 恩人《おんじん》の家《いえ》を乗《の》っ取《と》り
斎《さい》藤《とう》道《どう》三《さん》

No.1の理由

主君《しゅくん》を裏切《うらぎ》って将軍《しょうぐん》も殺《ころ》した？ 大悪人《だいあくにん》の真実《しんじつ》とは!?

合戦《かっせん》が日常化《にちじょうか》し、略奪《りゃくだつ》も当《あ》たり前《まえ》の戦国時代《せんごくじだい》。親族《しんぞく》の追放《ついほう》や暗殺《あんさつ》、同盟関係《どうめいかんけい》の裏切《うらぎ》りなど、悪事《あくじ》は日常茶飯事《にちじょうさはんじ》だった。そんな乱世《らんせ》でも**特《とく》にヤバい悪人《あくにん》とされるのが、松永久秀《まつながひさひで》だ。**斎藤道三《さいとうどうさん》、宇喜多直家《うきたなおいえ》とともに「戦国三大悪人《せんごくさんだいあくにん》」と呼《よ》ばれる久秀《ひさひで》は、主君《しゅくん》だった三好長慶《みよしながよし》の弟《おとうと》・十河一存《そごうかずまさ》を暗殺《あんさつ》する「主君《しゅくん》への裏切《うらぎ》り」、将《しょう》軍《ぐん》・足利義輝《あしかがよしてる》を殺害《さつがい》する「将軍殺《しょうぐんごろ》し」、大仏《だいぶつ》を燃《も》やす「大仏焼《だいぶつや》き討《う》ち」の「三悪《さんあく》」を働《はたら》いたといわれる。加《くわ》えて次《つぎ》に仕《つか》えた織田信長《おだのぶなが》を2度《ど》も裏切《うらぎ》るなど、やりたい放題《ほうだい》の大悪人《だいあくにん》だった。

ところが、**これらの悪事《あくじ》のほとんどがぬれ衣《ぎぬ》で、事実《じじつ》ではなかったともいわれる。**長慶《ながよし》の弟《おとうと》・一存《かずまさ》は、久秀《ひさひで》に殺《ころ》されたのではなく、本当《ほんとう》の死因《しいん》は病死《びょうし》だったというのだ。また、将軍殺《しょうぐんごろ》しは三好軍《みよしぐん》の暴走《ぼうそう》によるもので、久秀《ひさひで》は反対《はんたい》していたらしい。大仏《だいぶつ》が焼失《しょうしつ》したのも事実《じじつ》だが、三好《みよし》軍《ぐん》と松永軍《まつながぐん》の戦《たたか》いで、火《ひ》が寺《てら》に燃《も》え移《うつ》ったというのが真相《しんそう》だといわれる。

久秀《ひさひで》の悪人《あくにん》イメージがつくられたのは、武士《ぶし》が忠義《ちゅうぎ》を重《おも》んじた江戸時《えどじ》代《だい》。主君《しゅくん》と何度《なんど》も対立《たいりつ》した久秀《ひさひで》は**武《ぶ》士道《しどう》に反《はん》する「悪党《あくとう》」として、悪行《あくぎょう》が強調《きょうちょう》されてしまったようだ。**

オレは三好長慶様《みよしながよしさま》に仕《つか》えて出世《しゅっせ》したんだ。長慶様《ながよしさま》の死後《しご》は織田信長《おだのぶなが》に仕《つか》えたぜ

松永久秀《まつながひさひで》
1510年《ねん》～1577年《ねん》

オレ様の 茶器《ちゃき》「平蜘蛛《ひらぐも》」

悪人《あくにん》のイメージが強《つよ》い久秀《ひさひで》だが、主君《しゅくん》の織田信長《おだのぶなが》と同《おな》じく茶器集《ちゃきあつ》めなどのおしゃれな趣味《しゅみ》を持《も》っていた。久秀《ひさひで》が信長《のぶなが》を裏切《うらぎ》った時《とき》、信長《のぶなが》は茶器《ちゃき》「平蜘蛛《ひらぐも》」を渡《わた》せば命《いのち》は取《と》らないと伝《つた》えたが、久秀《ひさひで》は断《ことわ》って平蜘《ひらぐ》蛛《も》を壊《こわ》すことを決意《けつい》。平蜘蛛《ひらぐも》を打《う》ち割《わ》ったとも、火薬《かやく》を仕《し》こんで火《ひ》をつけて平蜘蛛《ひらぐも》と一緒《いっしょ》に久秀《ひさひで》も爆死《ばくし》したとも伝《つた》わっている。

平蜘蛛《ひらぐも》とは上写真《うえしゃしん》のように、平《ひら》べったく蜘蛛《くも》のような形《かたち》の茶釜《ちゃがま》のことだ（九州国立博物館蔵《きゅうしゅうこくりつはくぶつかんぞう》／ColBase）

庶《しょ》民《みん》からの愛《あい》され度《ど》

加《か》藤《とう》清《きよ》正《まさ》

人気《にんき》
武勇《ぶゆう》
統率力《とうそつりょく》
野望《やぼう》
教養《きょうよう》
先見性《せんけんせい》
策略《さくりゃく》
領地《りょうち》

No.1《ナンバーワン》

庶民《しょみん》からの愛《あい》され度《ど》ランキング

No.2 山梨名物《やまなしめいぶつ》の由来《ゆらい》は全部信玄《ぜんぶしんげん》!?
武田信玄《たけだしんげん》

No.3 大阪庶民《おおさかしょみん》に愛《あい》される「太閤《たいこう》はん」
豊臣秀吉《とよとみひでよし》

No.1の理由

強《つよ》く優《やさ》しく義理堅《ぎりがた》い熊本《くまもと》のヒーロー

「さん」や「先生《せんせい》」など、名前《なまえ》の後《あと》につける呼《よ》び名《な》を「敬称《けいしょう》」という。敬称《けいしょう》をつけると尊敬《そんけい》の気持《きも》ちが伝《つた》わるが、仲良《なかよ》くなったら敬称《けいしょう》は堅苦《かたくる》しいので、呼《よ》び捨《す》てやあだ名《な》で呼《よ》ぶことも多《おお》いだろう。じつは戦国武将《せんごくぶしょう》には、「敬称《けいしょう》がついたあだ名《な》」で呼《よ》ばれている人物《じんぶつ》がいる。それが加藤清正《かとうきよまさ》だ。

清正《きよまさ》のあだ名《な》は「せいしょこさん」。「清正《きよまさ》」の音読《おんよ》み「せいしょう」＋偉人《いじん》につける敬称《けいしょう》の「公《こう》」＋敬称《けいしょう》の「さん」を合体《がったい》してできたあだ名《な》である。**特《とく》に清正《きよまさ》の領地《りょうち》だった現在《げんざい》の熊本県《くまもとけん》(当時《とうじ》は肥後《ひご》)では、「せいしょこさん」が神《かみ》さまとしてまつられている。**その理由《りゆう》は、清正《きよまさ》が庶民《しょみん》も暮《く》らしやすい街《まち》づくりを心《こころ》がけたから。さらに、主君《しゅくん》であり育《そだ》ての親《おや》でもある豊臣秀吉《とよとみひでよし》への恩義《おんぎ》を大切《たいせつ》した義理《ぎり》堅《がた》い性格《せいかく》もあって、**熊本《くまもと》の民衆《みんしゅう》はみんな清正《きよまさ》が大好《だいす》きだったのだ。**

オレは秀吉様《ひでよしさま》の
天下統一《てんかとういつ》を支《ささ》えて戦《たたか》い続《つづ》けた。
熊本《くまもと》では、民《たみ》が豊《ゆた》かに
暮《く》らせるよう、街《まち》づくりに
力《ちから》を入《い》れたぞ

加藤清正《かとうきよまさ》
1562年《ねん》～1611年《ねん》

愛《あい》され武将《ぶしょう》の清正《きよまさ》には、ヒーローのような伝説《でんせつ》も多《おお》い。朝鮮半島《ちょうせんはんとう》に出《しゅつ》陣《じん》した時《とき》には、虎《とら》と戦《たたか》って勝利《しょうり》！ 名《な》古屋城《ごやじょう》にある清正《きよまさ》が運《はこ》んだとされる「清正石《きよまさいし》」は重《おも》さ推定《すいてい》10トン！ このような伝説《でんせつ》が生《う》まれるところからも、清正《きよまさ》の人気《にんき》がよくわかる。

オレ様の町《まち》「熊本《くまもと》」

熊本県《くまもとけん》を代表《だいひょう》する建築物《けんちくぶつ》のひとつ熊本城《くまもとじょう》は、清正《きよまさ》が築《きず》いた城《しろ》。防御力重視《ぼうぎょりょくじゅうし》のつくりで、秀吉《ひでよし》の息子《むすこ》・秀頼《ひでより》をむかえるための城《しろ》だったといわれる。この言《い》い伝《つた》えからも、清正《きよまさ》の忠義《ちゅうぎ》が感《かん》じられる。清正《きよまさ》は城下町《じょうかまち》も積極的《せっきょくてき》に開発《かいはつ》し、堤防《ていぼう》をつくって洪水《こうずい》を防《ふせ》いだり、海辺《うみべ》を新《あたら》しい農地《のうち》に変《か》えたりしたので、庶民《しょみん》はとても喜《よろこ》んだ。

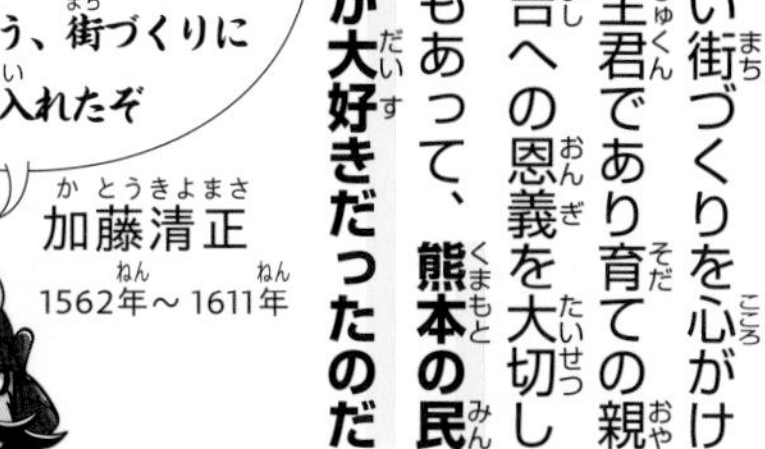

今《いま》も熊本県《くまもとけん》のシンボルとして人気《にんき》な熊本城《くまもとじょう》

城《しろ》づくり名人《めいじん》 No.1《ナンバーワン》

藤《とう》堂《どう》高《たか》虎《とら》

城《しろ》づくり名人《めいじん》ランキング

No.2 水辺《みずべ》の城《しろ》はお手《て》のもの **黒田官兵衛《くろだかんべえ》**

No.3 攻《せ》めにくい城《しろ》をつくる名人《めいじん》 **加藤清正《かとうきよまさ》**

No.1の理由

7人《にん》の主君《しゅくん》に仕《つか》え 名城《めいじょう》を築《きず》いた 苦労多《くろうおお》き築城名人《ちくじょうめいじん》

戦国武将《せんごくぶしょう》にとって城《しろ》は家《いえ》であり、政治《せいじ》をする役所《やくしょ》であり、合戦《かっせん》の基地《きち》でもある、とても重要《じゅうよう》なものだ。だからこそ戦国時代《せんごくじだい》には城《しろ》を築《きず》く技術《ぎじゅつ》が発展《はってん》し、藤堂高虎《とうどうたかとら》のような築城名人《ちくじょうめいじん》があらわれた。高虎《たかとら》は築城《ちくじょう》の技術《ぎじゅつ》も数《かず》も戦国《せんごく》ナンバーワンといわれる名人中《めいじんちゅう》の名人《めいじん》。しかし、その才能《さいのう》を花開《はなひら》かせるまでに**何度《なんど》も主君《しゅくん》を変《か》えた苦労人《くろうにん》でもあった。**

高虎《たかとら》は主家《しゅけ》が滅《ほろ》んだり、給料《きゅうりょう》が少《すく》なすぎてもめたりして大名家《だいみょうけ》を転々《てんてん》とし、5番目《ばんめ》の主君《しゅくん》・豊臣秀長《とよとみひでなが》からはじめて築城《ちくじょう》を命令《めいれい》された。そして和歌山城《わかやまじょう》（和歌山県《わかやまけん》）の仕上《しあ》がりを秀長《ひでなが》にほめられたことで、やりがいに目覚《めざ》める。才能《さいのう》を見出《みいだ》してくれた秀長《ひでなが》の死後《しご》は、秀長《ひでなが》の兄《あに》である秀吉《ひでよし》を主君《しゅくん》にした。その後《ご》は徳川家康《とくがわいえやす》に仕《つか》え、城《しろ》を築《きず》き続《つづ》けた。

そして、**家康《いえやす》のもとで才能《さいのう》が完全《かんぜん》に花開《はなひら》く。**同《おな》じモデルを積《つ》み重《かさ》ねることで早《はや》く安《やす》くつくれる層塔型天守《そうとうがたてんしゅ》や、大軍《たいぐん》を相手《あいて》にできる出入《でい》り口《ぐち》の枡形虎口《ますがたこぐち》などを開発《かいはつ》！ 自分《じぶん》が住《す》む今治城《いまばりじょう》（愛媛県《えひめけん》）や、徳川御三家《とくがわごさんけ》の名古屋城《なごやじょう》など、たくさんの城《しろ》をつくった。**現在見《げんざいみ》られる立派《りっぱ》な城《しろ》は、高虎《たかとら》が築《きず》いたものも多《おお》いのだ。**

俺《おれ》は貧乏《びんぼう》な生《う》まれだった。
だが、転職《てんしょく》をくり返《かえ》して
大名《だいみょう》まで上《のぼ》りつめたのだ！

藤堂高虎《とうどうたかとら》
1556年《ねん》～1630年《ねん》

築城名人《ちくじょうめいじん》ランキング

清正《きよまさ》が築《きず》いた熊本城《くまもとじょう》の石垣《いしがき》。だんだん急《きゅう》になる反《そ》りが特徴《とくちょう》だ

2位《い》は大坂城《おおさかじょう》や福岡城《ふくおかじょう》を築《きず》いた黒田官兵衛《くろだかんべえ》。水辺《みずべ》の地形《ちけい》を生《い》かした築城《ちくじょう》が得意《とくい》だ。福岡城《ふくおかじょう》は博多湾《はかたわん》の水運《すいうん》を利用《りよう》した街《まち》づくりとワンセットで築《きず》かれている。3位《い》は熊本城《くまもとじょう》を築《きず》いた加藤清正《かとうきよまさ》。アイデアたっぷりの築城《ちくじょう》が得意《とくい》で、熊本城《くまもとじょう》には簡単《かんたん》に登《のぼ》れない石垣《いしがき》や石《いし》を落《お》とす罠《わな》などをしかけた。これでもかと守《まも》りを強化《きょうか》した城《しろ》なのだ。

大《たい》器《き》晩《ばん》成《せい》な武《ぶ》将《しょう》

No.1《ナンバーワン》

水《みず》野《の》勝《かつ》成《なり》

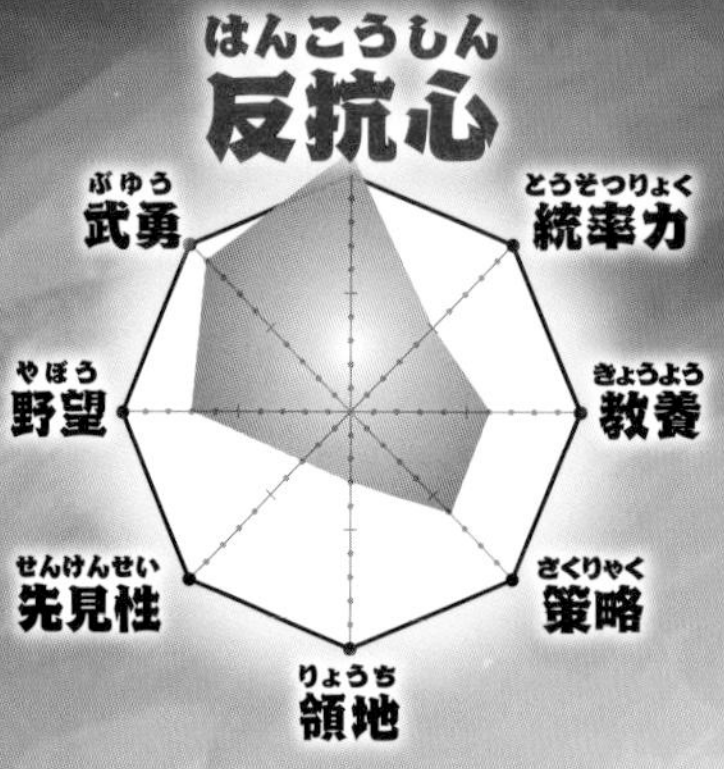

反抗心《はんこうしん》
統率力《とうそつりょく》
教養《きょうよう》
策略《さくりゃく》
領地《りょうち》
先見性《せんけんせい》
野望《やぼう》
武勇《ぶゆう》

大《たい》器《き》晩《ばん》成《せい》な武《ぶ》将《しょう》ランキング

No.2 50歳《さい》から活《かつ》やくしはじめた
北条早雲《ほうじょうそううん》

No.3 信長《のぶなが》との出会《であ》いは40歳《さい》過《す》ぎ?
明智光秀《あけちみつひで》

No.1の理由

父《ちち》も主君《しゅくん》も恐《おそ》れない怖《こわ》いもの知《し》らずの遅《おそ》ざき武将《ぶしょう》！

本当《ほんとう》はちがうと思《おも》うのに、まわりに合《あ》わせて同意《どうい》して心《こころ》がモヤモヤしたことはないだろうか？ そんな思《おも》いがイヤなら、水野勝成《みずのかつなり》のように生《い》きてみるのもいいかもしれない。

勝成《かつなり》の父《ちち》と徳川家康《とくがわいえやす》の母《はは》は姉弟《きょうだい》なので、勝成《かつなり》は家康《いえやす》のいとこにあたる。せっかくいい家柄《いえがら》に生《う》まれたが、**絶《ぜっ》対《たい》に自分《じぶん》の意見《いけん》を曲《ま》げない気《き》の強《つよ》い性格《せいかく》のせいで水野家《みずのけ》を追《お》い出《だ》された。**

勝成《かつなり》は父《ちち》の忠重《ただしげ》が戦場《せんじょう》で兜《かぶと》をかぶるよう注意《ちゅうい》しても無視《むし》し、告《つ》げ口《ぐち》した家臣《かしん》を斬《き》るなど、逆《さか》らってばかり。忠重《ただしげ》の怒《いか》りが爆発《ばくはつ》して親子《おやこ》の縁《えん》を切《き》られ、勝成《かつなり》は15年《ねん》も放浪生活《ほうろうせいかつ》を送《おく》ることになるのだ。

ただし**勝成《かつなり》は武勇《ぶゆう》に優《すぐ》れ、仲間思《なかまおも》いでもあった。**見所《みどころ》があると思《おも》った家康《いえやす》が間《あいだ》に入《はい》り、勝成《かつなり》と忠重《ただしげ》は15年《ねん》ぶりに仲直《なかなお》り。その翌年《よくねん》に忠重《ただしげ》は亡《な》くなり、勝成《かつなり》は37歳《さい》で水野家《みずのけ》をついだ。その後《ご》も合戦《かっせん》で家康《いえやす》の命令《めいれい》を聞《き》かずに突進《とっしん》して怒《おこ》られるなど、性格《せいかく》は変《か》わらなかったが、まっすぐさが評価《ひょうか》されて大坂《おおさか》の陣《じん》の後《あと》に出世《しゅっせ》。**75歳《さい》で島原《しまばら》の乱《らん》に出陣《しゅつじん》し、徳川軍《とくがわぐん》のご意見番《いけんばん》をつとめた。**自分《じぶん》らしく生《い》きれば、時間《じかん》はかかっても最後《さいご》には認《みと》められるのだ。

若《わか》いころは
放浪生活《ほうろうせいかつ》だったぜ。
でも、関ヶ原《せきがはら》や大坂《おおさか》の陣《じん》で
活《かつ》やくして10万石《まんごく》の
大名《だいみょう》になったぞ

水野勝成《みずのかつなり》
1564年《ねん》～1651年《ねん》

オレ様の 官職《かんしょく》「日向守《ひゅうがのかみ》」

多《おお》くの手柄《てがら》を立《た》てた武将《ぶしょう》は、朝廷《ちょうてい》にもらった官位《かんい》を名誉《めいよ》のあかしとした。勝成《かつなり》の官職《かんしょく》は「日向守《ひゅうがのかみ》」。その昔《むかし》、本能寺《ほんのうじ》の変《へん》を起《お》こした明智光秀《あけちみつひで》が名乗《なの》っていたので、「裏切《うらぎ》り者《もの》の官職《かんしょく》」といやがられていた。しかし勝成《かつなり》はそんな評判《ひょうばん》をばかばかしいと笑《わら》い飛《と》ばし、自分《じぶん》から望《のぞ》んで日向守《ひゅうがのかみ》になると、「鬼日向《おにひゅうが》」と呼《よ》ばれるほど合戦《かっせん》で活《かつ》やくした。

わたしの官職《かんしょく》
だっただけで不吉《ふきつ》とは、
失礼《しつれい》な…

明智光秀《あけちみつひで》

もっと知《し》りたい！

戦《せん》▶国《ごく》ちゃんねる

武将《ぶしょう》を助《たす》けた忍者《にんじゃ》たち

闇《やみ》の中《なか》をかけ、不思議《ふしぎ》な術《じゅつ》で情報《じょうほう》をうばう忍者《にんじゃ》。しかし、彼《かれ》らが史実《しじつ》でどんな術《じゅつ》を使《つか》っていたのか、どんな活《かつ》やくをしていたのかは、いまだにナゾが多《おお》い。数少《かずすく》ない資料《しりょう》からわかっているのは、忍者《にんじゃ》の主《おも》な仕事《しごと》が情報《じょうほう》収集《しゅうしゅう》や機密《きみつ》の防衛《ぼうえい》、合戦《かっせん》での敵《てき》のかく乱《らん》だったということ。そして、北条《ほうじょう》家《け》の「風魔党《ふうまとう》」のように大名《だいみょう》たちが独《どく》自《じ》に忍者集団《にんじゃしゅうだん》を抱《かか》えていたことだ。

徳川《とくがわ》家康《いえやす》 服部半蔵《はっとりはんぞう》

徳川家康《とくがわいえやす》に仕《つか》える伊賀忍者《いがにんじゃ》の頭領《とうりょう》。…ではなく、先祖《せんぞ》が伊賀《いが》出身《しゅっしん》だったため、伊賀忍者《いがにんじゃ》の指揮《しき》を任《まか》された武士《ぶし》である。家康最大《いえやすさいだい》のピンチだった「伊賀越《いがご》え」では、コネを活《い》かして伊賀《いが》の武士《ぶし》たちと交渉《こうしょう》し、無事《ぶじ》に家康《いえやす》を三河《みかわ》に帰還《きかん》させた。

乱世《らんせ》ではより多《おお》くの情報《じょうほう》を集《あつ》めたヤツが勝《か》つ。オレも黒脛巾組《くろはばきぐみ》っつう忍《しの》び軍団《ぐんだん》をつくったんだぜ
伊達政宗《だてまさむね》

北条《ほうじょう》氏直《うじなお》 風魔小太郎《ふうまこたろう》

風魔党《ふうまとう》は北条家《ほうじょうけ》に仕《つか》える忍者集団《にんじゃしゅうだん》で、頭領《とうりょう》の風魔小太郎《ふうまこたろう》は身長《しんちょう》2m を超《こ》える恐《おそ》ろしげな大男《おおおとこ》だったという。『北条五代記《ほうじょうごだいき》』には、小太郎《こたろう》と風魔党《ふうまとう》が武田軍《たけだぐん》との戦《たたか》いで活《かつ》やくする様子《ようす》が記《しる》されている。

万治版《まんじばん》『北条五代記《ほうじょうごだいき》』にえがかれた風魔小太郎《ふうまこたろう》（国文学研究資料館蔵《こくぶんがくけんきゅうしりょうかんぞう》）

上杉《うえすぎ》謙信《けんしん》？ 加藤段蔵《かとうだんぞう》

越後《えちご》の名将《めいしょう》・上杉謙信《うえすぎけんしん》に仕官《しかん》するため、重臣《じゅうしん》の屋敷《やしき》から薙刀《なぎなた》をぬすんでみせる。しかし、謙信《けんしん》は段蔵《だんぞう》の技《わざ》を危険視《きけんし》して殺《ころ》そうとしたという。

薙刀《なぎなた》をぬすむ段蔵《だんぞう》（『伽《おとぎ》婢子《ぼうこ》』国文学研究資料館蔵《ごくぶんがくけんきゅうしりょうかんぞう》）

武田《たけだ》信玄《しんげん》 望月千代女《もちづきちよじょ》

武田家《たけだけ》では忍者《にんじゃ》を使《つか》って情報《じょうほう》を集《あつ》めていた。千代女《ちよじょ》が率《ひき》いる「歩《ある》き巫女《みこ》」も女忍者《おんなにんじゃ》だったという。彼女《かのじょ》たちは全国《ぜんこく》で巫女《みこ》として活動《かつどう》しながら、布教中《ふきょうちゅう》に得《え》た情報《じょうほう》を信玄《しんげん》に伝《つた》えていたそうだ。

我《われ》は忍者《にんじゃ》を使《つか》って情報《じょうほう》を集《あつ》め、全国《ぜんこく》の大名《だいみょう》のことは何《なん》でも知《し》っておったぞ
武田信玄《たけだしんげん》

戦国No.1《ナンバーワン》の趣味や性格

大谷吉継《おおたによしつぐ》

石田三成《いしだみつなり》

熱《あつ》い友情関係《ゆうじょうかんけい》ランキング

No.2 後《のち》に主従《しゅじゅう》になった大親友《だいしんゆう》
豊臣秀吉《とよとみひでよし》＆前田利家《まえだとしいえ》

No.3 ライバルであり友《とも》!
黒田官兵衛《くろだかんべえ》＆竹中半兵衛《たけなかはんべえ》

熱《あつ》い友情関係《ゆうじょうかんけい》No.1《ナンバーワン》

No.1の理由

秀吉《ひでよし》のもとに仕《つか》え 天下分《てんかわ》け目《め》の戦《いくさ》に協力《きょうりょく》 戦国一《せんごくいち》の大親友《だいしんゆう》

裏切《うらぎ》りや足《あし》の引《ひ》っ張《ぱ》りあいが当然《とうぜん》の戦国時代《せんごくじだい》にも熱《あつ》い友情《ゆうじょう》は存在《そんざい》する。豊臣家臣《とよとみかしん》、石田三成《いしだみつなり》と大谷吉継《おおたによしつぐ》はこの時代《じだい》を代表《だいひょう》する親友同士《しんゆうどうし》だった。

若《わか》いころから秀吉《ひでよし》に仕《つか》えたふたりは、息《いき》もピッタリの名《めい》コンビだ。秀《ひで》吉《よし》に「戦《いくさ》の準備《じゅんび》をせよ」と命《めい》じられた三成《みつなり》は兵法《へいほう》が得意《とくい》な吉継《よしつぐ》に助《たす》けを求《もと》めて大成功《だいせいこう》。また、三成《みつなり》が大坂《おおさか》の堺《さかい》を治《おさ》めていた時《とき》は吉継《よしつぐ》が三成《みつなり》の補佐《ほさ》をするなど、ふたりは豊臣家《とよとみけ》を支《ささ》える良《よ》きパートナーだったのだ。

ふたりの友情《ゆうじょう》を感《かん》じるエピソードがある。それはふたりが参加《さんか》した茶会《ちゃかい》でのこと。当時《とうじ》吉継《よしつぐ》は顔《かお》がただれる病気《びょうき》を患《わずら》っており、顔《かお》の膿《うみ》をうっかり茶器《ちゃき》に落《お》としてしまった。ほかの客《きゃく》が「うわっ」と吉継《よしつぐ》の茶《ちゃ》をさけるなか、三成《みつなり》は気《き》にすることなく一《いっ》気《き》飲《の》み。それを見《み》た吉継《よしつぐ》は感動《かんどう》した。

その後《ご》ふたりは人生《じんせい》を賭《か》けた大勝《おおしょう》負《ぶ》に出《で》ることになる。秀吉死後《ひでよししご》、徳《とく》川家康《がわいえやす》が豊臣家《とよとみけ》を乗《の》っ取《と》ろうとしており、三成《みつなり》は「家康《いえやす》を倒《たお》すため挙兵《きょへい》するぞ」と決意《けつい》。まず吉継《よしつぐ》に話《はなし》を持《も》ちかけた。しかし**吉継《よしつぐ》は計画《けいかく》を中止《ちゅうし》させようと説得《せっとく》する。それでも意見《いけん》を曲《ま》げない三成《みつなり》を見《み》て、吉継《よしつぐ》は三成《みつなり》の友情《ゆうじょう》に応《こた》えるため覚悟《かくご》を決《き》めた。**

そして迎《むか》えた関ヶ原《せきがはら》の戦《たたか》いの結果《けっか》は惨敗《ざんぱい》。味方《みかた》が逃亡《とうぼう》していくなか、吉継《よしつぐ》は戦場《せんじょう》で自決《じけつ》して亡《な》くなった。逃《に》げなかったのは三成《みつなり》との友情《ゆうじょう》を守《まも》るためだったのかもしれない。

わたしは幼《おさな》いころから
小姓《こしょう》として秀吉様《ひでよしさま》に
お仕《つか》えしていました。
寺《てら》で休《やす》んでいた秀吉様《ひでよしさま》に
三杯《さんばい》のお茶《ちゃ》を差《さ》しあげたのが
きっかけでお仕《つか》え
することになったのです

石田三成《いしだみつなり》
1560年《ねん》～1600年《ねん》

秀吉様《ひでよしさま》に仕《つか》えるようになり
軍事《ぐんじ》・政治《せいじ》の両面《りょうめん》で力《ちから》を振《ふ》るった。
関ヶ原《せきがはら》では、病《やまい》の身《み》だったが
輿《こし》に乗《の》って参戦《さんせん》したぞ

大谷吉継《おおたによしつぐ》
1559年《ねん》～1600年《ねん》

三成《みつなり》と吉継《よしつぐ》の

大親友《だいしんゆう》への道《みち》

吉継《よしつぐ》に戦《たたか》いのサポートを求《もと》めた戦下手《いくさべた》の三成《みつなり》

三成《みつなり》は文官《ぶんかん》（事務官《じむかん》）としては優秀《ゆうしゅう》だったが、戦《たたか》いはとても下手《へた》だった。そのため、吉継《よしつぐ》に戦《いくさ》いのサポートを求《もと》めたのだ。吉継《よしつぐ》の教《おし》えは的確《てきかく》で、三成《みつなり》はとても感謝《かんしゃ》した。

三成《みつなり》には大《おお》きな
武功《ぶこう》がないが、
政治《せいじ》で秀吉様《ひでよしさま》を
支《ささ》えたぞ
大谷吉継《おおたによしつぐ》

親友度《しんゆうど》★★

同時期《どうじき》に秀吉《ひでよし》に出仕《しゅっし》しはじめた？

ふたりの前半生《ぜんはんせい》には、多《おお》くのナゾが残《のこ》っている。吉継《よしつぐ》が三成《みつなり》を頼《たよ》ったとも考《かんが》えられていたが、近年《きんねん》では秀吉《ひでよし》が長浜城主《ながはまじょうしゅ》となり、多《おお》くの家臣《かしん》をやとったころ、偶然《ぐうぜん》ふたりとも出仕《しゅっし》しはじめたという説《せつ》が有力《ゆうりょく》なようだ。

現在《げんざい》の長浜城《ながはまじょう》（滋賀県《しがけん》）。この地《ち》で、はじめて城《しろ》を持《も》った秀吉《ひでよし》は、領内《りょうない》から優秀《ゆうしゅう》な人《じん》材《ざい》をたくさん登用《とうよう》した

親友度《しんゆうど》★

いつどんなときに誰《だれ》が敵《てき》になるかわからない戦国時代《せんごくじだい》。その中《なか》で、石田三成《いしだみつなり》と大谷吉継《おおたによしつぐ》はお互《たが》いに信頼《しんらい》し、ときに助《じょ》言《げん》し合《あ》いながら豊臣政権《とよとみせいけん》を支《ささ》えてきた。そんなふたりは、どうやって戦国一《せんごくいち》の大親友《だいしんゆう》となっていったのだろう。

ワシが天下人《てんかびと》となるため、
ふたりともよく頑張《がんば》ってくれた！
秀頼《ひでより》のために関ヶ原《せきがはら》で
戦《たたか》ってくれたことも
感謝《かんしゃ》しておるぞ！
豊臣秀吉《とよとみひでよし》

関ヶ原《せきがはら》の戦《たたか》いで協力《きょうりょく》でもいっしょに敗北《はいぼく》……

秀吉《ひでよし》亡《な》き後《あと》、徳川家康《とくがわいえやす》との政権争《せいけんあらそ》いに敗《やぶ》れた三成《みつなり》。しかし、豊臣家《とよとみけ》のためを思《おも》い、三成《みつなり》は関ヶ原《せきがはら》の戦《たたか》いに挑《いど》むことを決意《けつい》する。吉継《よしつぐ》は病《やまい》を抱《かか》えながらも三成《みつなり》に協力《きょうりょく》。しかし、ともに関ヶ原《せきがはら》で敗《やぶ》れた。

関ヶ原古戦場《せきがはらこせんじょう》に残《のこ》る吉継《よしつぐ》の墓《はか》

吉継殿《よしつぐどの》はこの戦《たたか》いに
勝《か》ち目《め》がないことを
悟《さと》っていたのだと思《おも》う…
しかし最後《さいご》まで
ともに戦《たたか》ってくれたのだ
石田三成《いしだみつなり》

MAX!!

親友度《しんゆうど》★★★★★

茶会《ちゃかい》で膿《うみ》を飲《の》んだのは三成《みつなり》じゃなくて秀吉《ひでよし》!?

このころのふたりの友情《ゆうじょう》を印象《いんしょう》付《づ》ける茶会《ちゃかい》の話《はなし》だが、この話《はなし》が載《の》っているのは明治時代《めいじじだい》の本《ほん》。しかも本《ほん》には茶《ちゃ》を飲《の》んだのは秀吉《ひでよし》と書《か》かれている。後《のち》のバリエーションのひとつとして「三成《みつなり》が飲《の》んだ」が書《か》かれるようになったとか。実際《じっさい》に誰《だれ》が飲《の》んだのかは闇《やみ》の中《なか》だ。

いっしょに豊臣政権《とよとみせいけん》のために頑張《がんば》る!!

三成《みつなり》と吉継《よしつぐ》は、豊臣政権《とよとみせいけん》の中《なか》でもいっしょに仕事《しごと》をこなすことが多《おお》かった。九州《きゅうしゅう》攻《ぜ》めや小田原《おだわら》攻《ぜ》め、朝鮮出兵《ちょうせんしゅっぺい》といった戦《たたか》いだけでなく、太閤検地《たいこうけんち》といった政策面《せいさくめん》でも協力《きょうりょく》していた。ふたりは豊臣政権《とよとみせいけん》にはなくてはならない人物《じんぶつ》となっていったのだ。しかし、吉継《よしつぐ》は病《やまい》に倒《たお》れてしまう……。

親友度《しんゆうど》★★★★

吉継《よしつぐ》に呪《のろ》われた小早川秀秋《こばやかわひであき》

秀吉《ひでよし》の甥《おい》、小早川秀秋《こばやかわひであき》は、関ヶ原《せきがはら》の戦《たたか》いで三成側《みつなりがわ》の西軍《せいぐん》として参戦《さんせん》。しかし密《ひそ》かに家康《いえやす》から「寝返《ねがえ》れば土地《とち》を与《あた》えよう」とお誘《さそ》いが……。迷《まよ》った秀秋《ひであき》だが、家康《いえやす》に急《せ》かされ腹《はら》をくくった。彼《かれ》が吉継軍《よしつぐぐん》へ突撃《とつげき》を決《き》めたせいで西軍《せいぐん》は一気《いっき》に総崩《そうくず》れ。吉継《よしつぐ》は自害《じがい》して亡《な》くなり、三成《みつなり》は処刑《しょけい》という結末《けつまつ》に。そして秀秋《ひであき》は戦後《せんご》、家康《いえやす》から岡山城《おかやまじょう》を与《あた》えられ安泰《あんたい》な人生《じんせい》を歩《あゆ》んだ……なんてことはなく、実際《じっさい》は味方《みかた》の武将《ぶしょう》が離《はな》れていってしまった。そして関ヶ原《せきがはら》の戦《たたか》いから2年後《ねんご》、21歳《さい》という若《わか》さで亡《な》くなってしまう。あまりに早《はや》すぎる死《し》に周囲《しゅうい》からは「もしや吉継《よしつぐ》の祟《たた》りでは?」と恐《おそ》れられたのだった。

おしどり夫《ふう》婦《ふ》
No.1ナンバーワン
山《やま》内《うち》一《かず》豊《とよ》&千《ち》代《よ》
夫婦仲《ふうふなか》
武勇《ぶゆう》
統率力《とうそつりょく》
野望《やぼう》
教養《きょうよう》
先見性《せんけんせい》
策略《さくりゃく》
領地《りょうち》
おしどり夫《ふう》婦《ふ》ランキング
夫《おっと》のために自慢《じまん》の黒髪《くろかみ》を売《う》る
明智《あけち》光秀《みつひで》&熙子《ひろこ》
No.2
家《いえ》がつぶれても離《はな》れない!
今川《いまがわ》氏真《うじざね》&早川殿《はやかわどの》
No.3

No.1の理由
二人三脚《ににんさんきゃく》でチャンスをつかめ！ 戦国《せんごく》のおしどり夫婦《ふうふ》

戦国時代《せんごくじだい》は主従《しゅじゅう》のきずながメインで、妻《つま》の存在《そんざい》は忘《わす》れられがち。しかし戦国時代《せんごくじだい》にも有名《ゆうめい》なおしどり夫婦《ふうふ》がいた。それが土佐藩《とさはん》（高知県《こうちけん》）の初代藩主《しょだいはんしゅ》・山内一豊《やまうちかずとよ》と妻《つま》の千代《ちよ》だ。

一豊《かずとよ》の名前《なまえ》が有名《ゆうめい》になったのは信《のぶ》長《なが》が主催《しゅさい》した軍事《ぐんじ》パレードである馬《うま》揃《ぞろ》えでのこと。**一豊《かずとよ》は周囲《しゅうい》もびっくりな超高級名馬《ちょうこうきゅうめいば》に乗《の》って登場《とうじょう》したのだ。信長《のぶなが》は「俺《おれ》のイベントに名馬《めいば》を持《も》ってくるとは感心《かんしん》なやつ！」と喜《よろこ》び、一豊《かずとよ》は出世《しゅっせ》コースに乗《の》った。**しかし実《じつ》はその馬《うま》を用意《ようい》したのは妻《つま》の千《ち》代《よ》。彼女《かのじょ》は夫《おっと》の晴《は》れ舞台《ぶたい》のため持参《じさん》金《きん》をはたいて馬《うま》を購入《こうにゅう》したのである。

そんな千代《ちよ》と一豊《かずとよ》をくっつけたのは一豊《かずとよ》の母《はは》だ。ぬいもの教室《きょうしつ》を開《ひら》いていた彼女《かのじょ》は千代《ちよ》を見《み》て「この娘《むすめ》は良妻賢母《りょうさいけんぼ》になる」と見《み》ぬいた。母《はは》の勘《かん》は大当《おおあ》たり。千代《ちよ》は布《ぬの》の切《き》れ端《はし》をぬい合《あ》わせて着物《きもの》を作《つく》るなど質素倹《しっそけん》約《やく》につとめ、秀吉《ひでよし》にまでほめられた。

石田三成《いしだみつなり》が、徳川家康《とくがわいえやす》の留守《るす》の間《あいだ》に挙兵《きょへい》の準備《じゅんび》を整《ととの》えはじめた時《とき》には、千代《ちよ》は家康《いえやす》の元《もと》にいる夫《おっと》へ三成《みつなり》の動《うご》きを知《し》らせる密書《みっしょ》を送《おく》る。さらに「家康様《いえやすさま》によく仕《つか》えなさいよ」と叱咤激励《しったげきれい》の手紙《てがみ》を敵《てき》に見《み》つからないように使者《ししゃ》の笠《かさ》（かぶり笠《かさ》）のひもにかくすという念《ねん》の入《い》れようだ。笠《かさ》の緒文《おぶみ》と呼《よ》ばれるこの一件《いっけん》で、一豊《かずとよ》は家康《いえやす》にも認《みと》められた。

千代《ちよ》は夫《おっと》・一豊《かずとよ》を支《ささ》え、一豊《かずとよ》も妻《つま》の機転《きてん》を活《い》かして運《うん》をつかむ。ふたりは二人三脚《ににんさんきゃく》で戦国《せんごく》の乱世《らんせ》を乗《の》り切《き》ったのだ。

高知県《こうちけん》にはふたりをまつった山内《やまうち》神社《じんじゃ》が建《た》てられている

信長様《のぶながさま》に仕《つか》えていたころの秀吉様《ひでよしさま》に、家臣《かしん》として召《め》し上《あ》げてもらったのだ！最後《さいご》には土佐一国《とさいっこく》の主《あるじ》になったのだぞ！
一豊様《かずとよさま》は側室《そくしつ》を持《も》たず、私《わたし》だけを愛《あい》してくれたの。戦国時代《せんごくじだい》ではめずらしかったのよ

山内一豊《やまうちかずとよ》
1545年《ねん》？～1605年《ねん》

千代《ちよ》
1557年《ねん》～1617年《ねん》

一豊《かずとよ》と千代《ちよ》のラブラブ大図鑑《だいずかん》

一豊《かずとよ》と千代《ちよ》のエピソードは、江戸時代《えどじだい》から現代《げんだい》にいたるまで大人気《だいにんき》。仲《なか》のよい夫婦像《ふうふぞう》の象徴《しょうちょう》になったり、戦前《せんぜん》の理想《りそう》の女性像《じょせいぞう》として好《この》まれたり、さまざまな形《かたち》で人々《ひとびと》に愛《あい》されて来《き》た。

愛《あい》する夫《おっと》の晴《は》れ舞台《ぶたい》
ヒミツでためていた
お金《かね》を、ドン！

明治時代《めいじじだい》にえがかれた浮世絵《うきよえ》。千代《ちよ》がお金《かね》を取《と》り出《だ》して、一豊《かずとよ》に渡《わた》そうとしている。背景《はいけい》の家《いえ》の様子《ようす》がおんぼろ屋敷《やしき》なのもポイントだ（日本銀行貨幣博物館蔵《にっぽんぎんこうかへいはくぶつかんぞう》）

夫婦愛《ふうふあい》が
銅像《どうぞう》に！

一豊《かずとよ》が暮《く》らしていた岐阜県郡上市《ぎふけんぐじょうし》には、千代《ちよ》が夫《おっと》に馬《うま》を渡《わた》す場面《ばめん》の銅像《どうぞう》が立《た》てられている

一豊《かずとよ》は武勇《ぶゆう》も優《すぐ》れた
武士《ぶし》だったぞ！
妻《つま》も肝《きも》がすわっている
お似合《にあ》いの夫婦《ふうふ》じゃった！

豊臣秀吉《とよとみひでよし》

妻《つま》がくれた馬《うま》に乗《の》り 信長《のぶなが》の前《まえ》に登場《とうじょう》!

一豊《かずとよ》が、千代《ちよ》が買《か》い与《あた》えた馬《うま》に乗《の》り、信長《のぶなが》がもよおした軍《ぐん》事《じ》パレードに参加《さんか》。信長《のぶなが》は感心《かんしん》した様子《ようす》で一豊《かずとよ》を見《み》ている

愛馬《あいば》の名前《なまえ》は
鏡栗毛《かがみくりげ》といったんだ。
しかし
信長様《のぶながさま》の前《まえ》に出《で》るのは
キンチョーしたな

山内一豊《やまうちかずとよ》

山内夫婦《やまうちふうふ》ってどんな人《ひと》?

天正大地震《てんしょうおおじしん》で娘《むすめ》を亡《な》くす

一豊《かずとよ》と千代《ちよ》にはひとり娘《むすめ》、与祢《よね》がいた。しかし彼女《かのじょ》は天正大地《てんしょうおおじ》震《しん》で長浜城《ながはまじょう》の倒壊《とうかい》に巻《ま》きこまれ、たった6歳《さい》で亡《な》くなってしまう。この地震《じしん》では秀吉配下《ひでよしはいか》である内《うち》ヶ《が》島家《しまけ》の城《しろ》も倒壊《とうかい》。一族《いちぞく》が巻《ま》きこまれ家《いえ》が断絶《だんぜつ》してしまった。今《いま》も昔《むかし》も地震《じしん》は多《おお》くの悲劇《ひげき》を生《う》んだ。

一豊《かずとよ》と千代《ちよ》がむすめを失《うしな》った長浜城《ながはまじょう》。地震《じしん》の時《とき》は千《ち》代《よ》も城《しろ》にいたが、彼女《かのじょ》は奇跡的《きせきてき》に助《たす》かっている

おしどり夫婦《ふうふ》ランキング

戦国時代《せんごくじだい》のおしどり夫婦《ふうふ》、2位以下《いいか》を見《み》ていきたい。まず2位《い》は明智《あけち》光秀《みつひで》と妻《つま》の熙子《ひろこ》。光秀《みつひで》はこの時代《じだい》には珍《めず》しく側室《そくしつ》を持《も》たず、熙子《ひろこ》も髪《かみ》を売《う》って夫《おっと》を支《ささ》えた。3位《い》は今川氏《いまがわうじ》真《ざね》と早川殿《はやかわどの》。氏真《うじざね》の父《ちち》・義元《よしもと》が討《う》ち死《じ》にし、家《いえ》ともども夫《おっと》が落《お》ちぶれても早川殿《はやかわどの》は離婚《りこん》せず生《しょう》がい付《つ》きそった。4位《い》は伊達晴宗《だてはるむね》と久保姫《くぼひめ》。最初《さいしょ》こそ、晴宗《はるむね》の略奪《りゃくだつ》から始《はじ》まった結婚《けっこん》だが11人《にん》の子《こ》どもをつくって大家族《だいかぞく》に。そして5位《い》は武田勝頼《たけだかつより》と北条夫人《ほうじょうふじん》。家同士《いえどうし》の同盟《どうめい》が破綻《はたん》しても夫《おっと》の元《もと》に残《のこ》り続《つづ》けた北条夫人《ほうじょうふじん》は、信長軍《のぶながぐん》の攻撃《こうげき》がはじまると「ひとりで生《い》き残《のこ》るわけにはいかない」と夫《おっと》の前《まえ》で自決《じけつ》、夫《おっと》との死《し》を選《えら》んだ。

キリシタン大名《だいみょう》ランキング
信仰《しんこう》をつらぬき国外追放《こくがいついほう》!
高山右近《たかやまうこん》
No.2
秀吉《ひでよし》に仕《つか》えたキリシタン
小西行長《こにしゆきなが》
No.3
熱心《ねっしん》なキリシタン大名《だいみょう》
No.1《ナンバーワン》
大友宗麟《おおともそうりん》
信仰心《しんこうしん》
統率力《とうそつりょく》
教養《きょうよう》
策略《さくりゃく》
領地《りょうち》
先見性《せんけんせい》
野望《やぼう》
武勇《ぶゆう》

No.1の理由 キリスト教国家《きょうこっか》の建国《けんこく》を目《め》ざしたキリシタン大名《だいみょう》

今《いま》とちがって戦国時代《せんごくじだい》の日本《にほん》ではキリスト教《きょう》はめずらしく、キリスト教《きょう》を信仰《しんこう》する大名《だいみょう》は、キリシタン大《だい》名《みょう》と呼《よ》ばれた。**そのナンバーワンといえるのが大友宗麟《おおともそうりん》（大友義鎮《おおともよししげ》）**だろう。

九州《きゅうしゅう》の名門《めいもん》、大友家《おおともけ》当主《とうしゅ》でもある宗麟《そうりん》は、宣教師《せんきょうし》フランシスコ・ザビエルからキリスト教《きょう》を学《まな》ぶとすっかり夢中《むちゅう》に。宣教師《せんきょうし》や商人《しょうにん》と手《て》を組《く》んで南蛮貿易《なんばんぼうえき》を行《おこな》ったり、宣教師《せんきょうし》たちが「診療所《しんりょうじょ》を建《た》てさせて！」といえば了承《りょうしょう》したり。実《じつ》は西洋医療《せいよういりょう》の診療《しんりょう》所《じょ》はこれが日本初《にほんはつ》。評判《ひょうばん》を聞《き》いて遠《とお》く関西《かんさい》からも患者《かんじゃ》が押《お》し寄《よ》せたとか。

やがて宗麟《そうりん》は**九州《きゅうしゅう》6か国《こく》を手《て》に入《い》れ「九州《きゅうしゅう》にキリスト教国家《きょうこっか》を樹立《じゅりつ》してやろう」という野望《やぼう》を抱《だ》きはじめる**。しかし九州征服《きゅうしゅうせいふく》まであと一歩《いっぽ》、というところで大友軍《おおともぐん》は島津軍《しまづぐん》に敗《はい》北《ぼく》。宗麟《そうりん》は秀吉《ひでよし》に頭《あたま》を下《さ》げて兵《へい》を借《か》りるまで落《お》ちぶれてしまった。

弱体化《じゃくたいか》した理由《りゆう》は宗麟《そうりん》が仏教《ぶっきょう》を嫌《きら》って寺《てら》を破壊《はかい》するなどの横暴《おうぼう》を働《はたら》いたせいだ。これには仏教徒《ぶっきょうと》の家臣《かしん》が激怒《げきど》。内乱《ないらん》が勃発《ぼっぱつ》し戦《いくさ》どころではなくなってしまう。そんな時《とき》、宗麟《そうりん》が病《やまい》に倒《たお》れる。キリスト教王国《きょうおうこく》を目《め》ざすどころか領地《りょうち》さえ失《うしな》い、失意《しつい》のなかで宗麟《そうりん》は亡《な》くなってしまった。

私《わたくし》 は将軍《しょうぐん》から
九州《きゅうしゅう》6か国《こく》の守護《しゅご》を任《まか》され、
貿易《ぼうえき》で領地《りょうち》を富《と》ませるなど
大友家《おおともけ》を
繁栄《はんえい》させたのです！

大友宗麟《おおともそうりん》
1530年《ねん》～1587年《ねん》

オレ様の愛刀《あいとう》「骨喰藤四郎《ほねばみとうしろう》」

大友家家宝《おおともけかほう》の刀《かたな》、骨喰藤四郎《ほねばみとうしろう》。切《き》るマネをするだけで骨《ほね》までくだけるという名刀《めいとう》だ。足《あし》利尊氏《かがたかうじ》に献上《けんじょう》されたものの、足利義輝暗殺事《あしかがよしてるあんさつじ》件《けん》の際《さい》にうばわれてしまった。宗麟《そうりん》が買《か》いもどしたが大友家《おおともけ》は没落《ぼつらく》。その後《ご》は豊臣秀吉《とよとみひでよし》、徳川秀忠《とくがわひでただ》（家康《いえやす》の子《こ》）と天下人《てんかびと》に受《う》けつがれた。最初《さいしょ》は薙刀《なぎなた》だったが秀吉《ひでよし》の元《もと》に届《とど》いた時《とき》には脇差《わきざし》に打《う》ち直《なお》されていたという。

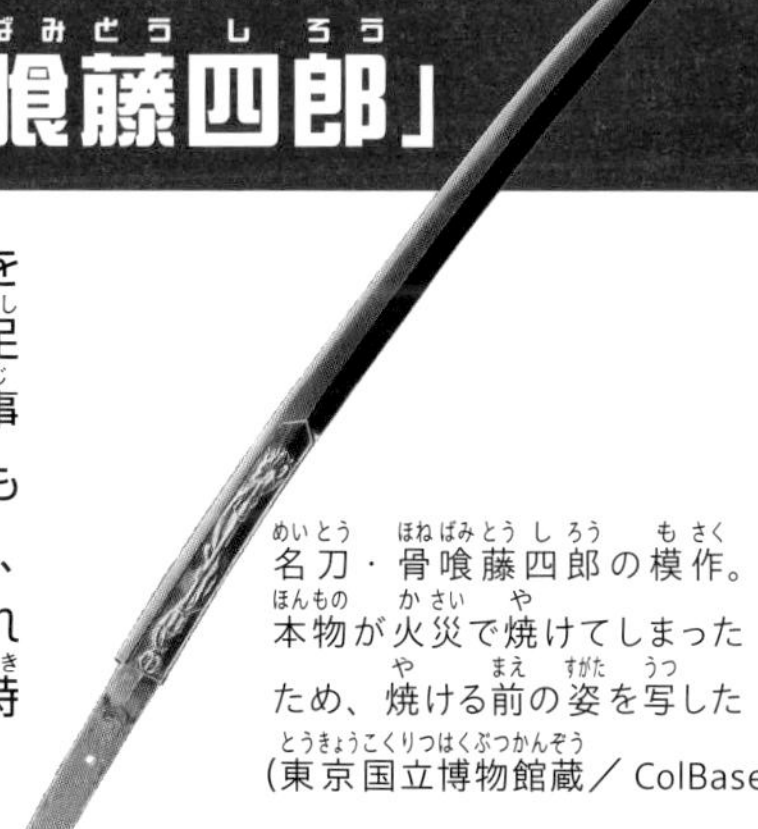

名刀《めいとう》・骨喰藤四郎《ほねばみとうしろう》の模作《もさく》。本物《ほんもの》が火災《かさい》で焼《や》けてしまったため、焼《や》ける前《まえ》の姿《すがた》を写《うつ》した
（東京国立博物館蔵《とうきょうこくりつはくぶつかんぞう》／ ColBase）

荒《あら》木《き》村《むら》重《しげ》

平《へい》穏《おん》なセカンドキャリア No.1《ナンバーワン》

セカンドキャリアランキング

No.2
息子《むすこ》に追放《ついほう》されたが元気《げんき》に長生《ながい》き!
武田《たけだ》信虎《のぶとら》

No.3
家《いえ》は滅《ほろ》んだけど文化人《ぶんかじん》として活《かつ》やく!
今川《いまがわ》氏真《うじざね》

No.1の理由

戦《たたか》いの人生《じんせい》からぬけ出《だ》して第二《だいに》の人生《じんせい》は茶人《ちゃじん》に変身《へんしん》

城《しろ》を出《で》たのは毛利殿《もうりどの》に
援軍《えんぐん》を頼《たの》むためだった。
だが、結局《けっきょく》オレは
城《しろ》にもどらず、家族《かぞく》たちを
見捨《みす》てたのだ…

荒木村重《あらきむらしげ》
1535年《ねん》～1586年《ねん》

戦国武将《せんごくぶしょう》は戦《たたか》ってばかりの人生《じんせい》だ、なんて思《おも》われがちだが、武将《ぶしょう》をやめて新《あら》たな人生《じんせい》を選《えら》んだ男《おとこ》がいた。それが**主君《しゅくん》の織田信長《おだのぶなが》に反旗《はんき》をひるがえした荒木村重《あらきむらしげ》**。裏切《うらぎ》った理由《りゆう》は、信長《のぶなが》からひどいパワハラを受《う》けたせいだ、といわれている。

村重《むらしげ》は周囲《しゅうい》の説得《せっとく》も聞《き》かず籠城戦《ろうじょうせん》でねばったものの、信長軍《のぶながぐん》は強《つよ》い。すると村重《むらしげ》、子供《こども》や家族《かぞく》、臣下《しんか》を丸《まる》ごと見捨《みす》てて、ひとりで逃《に》げ出《だ》したのである。残《のこ》された家臣《かしん》、家族《かぞく》はひとたまりもない。信長軍《のぶながぐん》に捕《つか》まりひどい拷問《ごうもん》を受《う》け処刑《しょけい》された。その数《かず》600人以上《にんいじょう》というから驚《おどろ》きだ。

村重《むらしげ》が逃《に》げこんだのは息子《むすこ》の城《しろ》だった。そこも危《あぶ》なくなると毛利家《もうりけ》へ逃亡《とうぼう》。信長《のぶなが》の残党狩《ざんとうが》りの手《て》からも逃《のが》れ、本能寺《ほんのうじ》の変《へん》で信長《のぶなが》が亡《な》くなるまでねばりにねばった。**信長死後《のぶながしご》は秀吉《ひでよし》の元《もと》で働《はたら》き、最後《さいご》は千利休《せんのりきゅう》の元《もと》で茶人《ちゃじん》に転職《てんしょく》**して一生《いっしょう》を終《お》えた。

しかしそんな彼《かれ》は自分《じぶん》を道糞《どうふん》……道《みち》に落《お》ちている糞《くそ》と同《おな》じだと名乗《なの》っていたという。「自分《じぶん》なんて糞以下《くそいか》ですので…」と言《い》わんばかりの命名《めいめい》だが、自分《じぶん》のために死《し》んでいった人《ひと》たちのことを思《おも》い出《だ》し、過去《かこ》を悔《く》やんでいたのかもしれない。

信長《のぶなが》を裏切《うらぎ》った男《おとこ》たち

パワハラタイプの信長《のぶなが》は敵《てき》も多《おお》い。実弟《じってい》の信勝《のぶかつ》は家臣《かしん》の柴田勝家《しばたかついえ》と組《く》んで信長暗殺計画《のぶながあんさつけいかく》をたて、部下《ぶか》の松永久秀《まつながひさひで》、明智光秀《あけちみつひで》、妹婿《いもうとむこ》の浅井《あざい》長政《ながまさ》まで信長《のぶなが》に対《たい》して謀反《むほん》を起《お》こした。しかし信勝《のぶかつ》は殺害《さつがい》、久秀《ひさひで》と長政《ながまさ》は自害《じがい》に追《お》いこむなど信長《のぶなが》も負《ま》けてはいない。ただ光秀《みつひで》の裏切《うらぎ》りは予《よ》想外《そうがい》だったか信長《のぶなが》は本能寺《ほんのうじ》の変《へん》で倒《たお》れることになる。

どいつもこいつも
裏切《うらぎ》りやがって！
…俺様《おれさま》が悪《わる》いのか…？

織田信長《おだのぶなが》

芸《げい》に身《み》を助《たす》けられた武将《ぶしょう》

No.1《ナンバーワン》

細《ほそ》川《かわ》藤《ふじ》孝《たか》

芸《げい》に身《み》を助《たす》けられたランキング

No.2
築城《ちくじょう》スキルで家康《いえやす》の信頼《しんらい》ゲット
藤堂高虎《とうどうたかとら》

No.3
派手《はで》なパフォーマンスで天下人《てんかびと》をとりこに!
伊達政宗《だてまさむね》

No.1の理由

芸《げい》は身《み》を助《たす》ける？ 和歌《わか》に命《いのち》を救《すく》われた多才《たさい》な男《おとこ》

強《つよ》いだけでは戦国時代《せんごくじだい》は生《い》きぬけない。それがよくわかる武将《ぶしょう》が細川《ほそかわ》藤孝《ふじたか》だ。彼《かれ》は室町幕府《むろまちばくふ》、織田信長《おだのぶなが》、豊臣秀吉《とよとみひでよし》と主君《しゅくん》を転々《てんてん》とした人物《じんぶつ》でもある。うまく生《い》きのびた理由《りゆう》は、**彼《かれ》が和歌《わか》、茶道《さどう》、蹴鞠《けまり》など遊《あそ》びのプロフェッショナルだったから**だ。

特《とく》に歌《うた》の才能《さいのう》はダントツ。ある時《とき》、藤孝《ふじたか》は公家《くげ》に嫌《いや》がらせで突《つ》き飛《と》ばされた。しかも「転《ころ》ぶ間《ま》に歌《うた》を詠《よ》んでみせろ」と無茶振《むちゃぶ》りをされた藤孝《ふじたか》は、とっさに「とんと突《つ》くコロリと転《ころ》ぶ幽斎《ゆうさい》（藤孝《ふじたか》）がいかでこの間《ま》に歌《うた》を詠《よ》むべき」（転《ころ》んだら歌《うた》が詠《よ》めるわけがないじゃないか）と返《かえ》し、それを聞《き》いた人々《ひとびと》は大《おお》ウケ。こうして彼《かれ》は文化人《ぶんかじん》として一目置《いちもくお》かれるように。

また彼《かれ》は和歌《わか》で命《いのち》まで救《すく》われている。それは関ヶ原《せきがはら》の戦《たたか》いのこと。城《しろ》を敵《てき》に囲《かこ》まれ「もはやこれまで…」と観念《かんねん》した時《とき》、後陽成天皇《ごようぜいてんのう》の勅使《ちょくし》（天皇《てんこう》の命令《めいれい》を伝《つた》える使者《ししゃ》）が現《あらわ》れた。実《じつ》は藤孝《ふじたか》、天皇《てんのう》の弟《おとうと》の八条宮《はちじょうのみや》に和歌《わか》を教《おし》えていたのだ。しかも**藤孝《ふじたか》は『古今伝授《こきんでんじゅ》』という古今和歌集《こきんわかしゅう》の秘伝《ひでん》を受《う》けつぐ人物《じんぶつ》**。天皇《てんのう》は「藤孝《ふじたか》が死《し》ぬと教《おし》えが途絶《とだ》える」とあわてて救《すく》いに来《き》たのだ。さすがに勅使《ちょくし》には誰《だれ》もさからえず、藤孝《ふじたか》は無事救出《ぶじきゅうしゅつ》。戦後《せんご》も特《とく》に罪《つみ》には問《と》われなかった。

将軍様《しょうぐんさま》を見限《みかぎ》って信長様《のぶながさま》に仕《つか》え、大名《だいみょう》となった。乱世《らんせ》を生《い》き残《のこ》るには正《ただ》しい主君選《しゅくんえら》びも大切《たいせつ》じゃ

細川藤孝《ほそかわふじたか》
1534年《ねん》～1610年《ねん》

戦国《せんごく》の武将歌人《ぶしょうかじん》たち

和歌《わか》は戦国武将《せんごくぶしょう》にとってはたしなみのひとつ。甲斐《かい》の虎《とら》と呼《よ》ばれた武田信玄《たけだしんげん》は寺院《じいん》に百首《ひゃくしゅ》の和歌《わか》を納《おさ》めており、内容《ないよう》は四季《しき》の美《うつく》しさを詠《よ》んだものだけでなく、なんと恋《こい》の歌《うた》まで。さらに北条家《ほうじょうけ》3代目当主《だいめとうしゅ》の北条《ほうじょう》氏康《うじやす》はきつねに呪詛《じゅそ》をかけられるも、和歌《わか》を詠《よ》んでのろい返《がえ》しをした、という伝説《でんせつ》が残《のこ》っている。

軍兵《ぐんぺい》は 物言《ものい》はずして 大将《たいしょう》の下知《げち》聞《き》く時《とき》ぞ いくさには勝《か》つ
戦《いくさ》で兵《へい》たちが不満《ふまん》を言《い》わずに大将《たいしょう》の指図《さしず》を聞《き》く時《とき》は勝《か》てる、という意味《いみ》じゃ

武田信玄《たけだしんげん》

夫《おっと》を支《ささ》えた妻《つま》
NO.1《ナンバーワン》
北政所《きたのまんどころ》（ねね）
内助《ないじょ》の功《こう》
武勇《ぶゆう》
統率力《とうそつりょく》
野望《やぼう》
教養《きょうよう》
先見性《せんけんせい》
策略《さくりゃく》
領地《りょうち》
夫《おっと》を支《ささ》えた妻《つま》ランキング
NO.2
今川《いまがわ》３代《だい》を支《ささ》えた肝《きも》っ玉母《たまかあ》さん
寿桂尼《じゅけいに》
NO.3
夫《おっと》を出世《しゅっせ》させた知恵者《ちえしゃ》の妻《つま》
千代《ちよ》

No.1の理由
まさに妻《つま》のかがみ！秀吉《ひでよし》の天下《てんか》は妻《つま》の支《ささ》えがあってこそ！

戦国武将《せんごくぶしょう》の妻《つま》はおしとやかなお姫《ひめ》さまばかり……なんてことはなく、実《じつ》はバリバリと働《はたら》いた妻《つま》も存在《そんざい》した。それが豊臣秀吉《とよとみひでよし》の妻《つま》、ねね。当時《とうじ》にはめずらしい恋愛結婚《れんあいけっこん》だった。

出会《であ》いは秀吉《ひでよし》が織田信長《おだのぶなが》に仕《つか》えていた時代《じだい》。ねねは武士《ぶし》の娘《むすめ》で、秀吉《ひでよし》は百姓出身《ひゃくしょうしゅっしん》と、格差婚《かくさこん》だったため彼《かの》女《じょ》の母《はは》はふたりの結婚《けっこん》に反対《はんたい》した。

秀吉《ひでよし》にとついだねねは、すぐさま良妻賢母《りょうさいけんぼ》っぷりを発揮《はっき》する。**秀吉《ひでよし》に代《か》わって城《しろ》の中《なか》の切《き》り盛《も》りをし、信《のぶ》長《なが》へのあいさつや、朝廷《ちょうてい》を相手《あいて》とする交渉《こうしょう》だってお手《て》のもの。**秀吉《ひでよし》と朝《ちょう》廷《てい》がいい関係《かんけい》を築《きず》けたのは、ねねの存在《そんざい》が大《おお》きいという。さらに人質《ひとじち》の子《こ》どもたちの世話《せわ》をやいたり、年貢《ねんぐ》の取《と》り立《た》てに困《こま》った町人《ちょうにん》たちをとりなしたりと大《おお》いそがし。秀吉《ひでよし》が関白《かんぱく》となり、ねねが北政所《きたのまんどころ》と呼《よ》ばれるようになっても彼女《かのじょ》のサポートは続《つづ》いた。まさに秀吉《ひでよし》の影《かげ》の副官《ふくかん》。ふたりは夫婦《ふうふ》であり戦友《せんゆう》でもあった。

一方《いっぽう》で「秀吉《ひでよし》の側室淀殿《そくしつよどどの》とねねの仲《なか》は険悪《けんあく》」といわれてきたが、最近《さいきん》の研究《けんきゅう》では秀吉死後《ひでよししご》、**ねねが淀殿《よどどの》とその息子秀頼《むすこひでより》を支《ささ》え続《つづ》けた、という説《せつ》も。**秀吉旧臣《ひでよしきゅうしん》に顔《かお》が効《き》くねねが大《おお》坂城《さかじょう》にいたからこそ、家康《いえやす》もすぐに手《て》を出《だ》せなかったのかもしれない。

秀吉《ひでよし》さまと私《わたくし》の間《あいだ》には
子《こ》どもがいなかったから、
親《しん》せきの子《こ》どもたちを
自分《じぶん》の子《こ》のように
育《そだ》てたのよ

北政所《きたのまんどころ》（ねね）
1546年《ねん》～1624年《ねん》

わたしの遺品《いひん》「高台寺蒔絵《こうだいじまきえ》」

秀吉《ひでよし》が亡《な》くなった後《あと》、ねねは京都《きょうと》の一角《いっかく》に夫《おっと》・秀吉《ひでよし》をとむらうための寺《てら》、高台寺《こうだいじ》を建《た》てて晩年《ばんねん》を過《す》ごした。彼女《かのじょ》は寺《てら》に夫《おっと》との思《おも》い出《で》の品《しな》などを持《も》ちこんだのだが、その中《なか》に「高台寺蒔絵《こうだいじまきえ》」がある。これは黒《くろ》い漆《うるし》に金粉《きんぷん》で絵《え》をつけた食器《しょっき》やたんすのこと。輝《かがや》くようなねねの宝物《たからもの》は、今《いま》でも高台寺《こうだいじ》の美術館《びじゅつかん》に展示《てんじ》されている。

「高台寺蒔絵《こうだいじまきえ》」のひとつである秋草蒔絵歌書《あきくさまきえかしょ》簞笥《だんす》。美《うつく》しい秋草《あきくさ》の蒔絵《まきえ》がえがかれている
（高台寺蔵《こうだいじぞう》／京都国立博物館提供《きょうとこくりつはくぶつかんていきょう》）

縁《えん》の下《した》の力《ちから》持《も》ち

No.1《ナンバーワン》

豊《とよ》臣《とみ》秀《ひで》長《なが》

サポート
武勇《ぶゆう》
統率力《とうそつりょく》
野望《やぼう》
教養《きょうよう》
先見性《せんけんせい》
策略《さくりゃく》
領地《りょうち》

縁《えん》の下《した》の力《ちから》持《も》ちランキング

No.2
今川義元《いまがわよしもと》を育《そだ》てた戦国最強《せんごくさいきょう》の師匠《ししょう》
太原雪斎《たいげんせっさい》

No.3
朝倉家《あさくらけ》3代《だい》を支《ささ》えた軍団長《ぐんだんちょう》
朝倉宗滴《あさくらそうてき》

No.1の理由

豊臣政権《とよとみせいけん》を支《ささ》えた頼《たよ》れる副官《ふくかん》は秀吉《ひでよし》も一目《いちもく》置《お》く弟《おとうと》

天下《てんか》を統一《とういつ》してもひとりではすぐに転落《てんらく》してしまう。豊臣秀吉《とよとみひでよし》が天下《てんか》人《びと》となれたのは、彼《かれ》がすごかっただけでなく、**豊臣秀長《とよとみひでなが》という「縁《えん》の下《した》の力《ちから》持《も》ち」が存在《そんざい》したから**だ。

秀吉《ひでよし》の弟《おとうと》である秀長《ひでなが》は、領地《りょうち》を任《まか》せれば領民《りょうみん》にしたわれ、四国攻《しこくぜ》めでは総大将《そうだいしょう》に立《た》つという知勇兼備《ちゆうけんび》の才能《さいのう》を持《も》っていた。さらに性格《せいかく》も温《おん》厚《こう》、生真面目《きまじめ》という絵《え》にかいたような優等生《ゆうとうせい》。疑《うたが》い深《ぶか》い秀吉《ひでよし》も弟《おとうと》を信《しん》頼《らい》していたらしく「公《おおやけ》のことは秀《ひで》長《なが》に頼《たの》むように」と周囲《しゅうい》に言《い》うほど。秀長《ひでなが》は秀吉《ひでよし》の頼《たよ》れる副官《ふくかん》だったのだ。

しかし彼《かれ》は秀吉《ひでよし》が天下《てんか》を統一《とういつ》した翌年《よくとし》に亡《な》くなってしまう。弟《おとうと》の死《し》は秀吉《ひでよし》に大《おお》きなショックを与《あた》えたらしい。秀長《ひでなが》の死後《しご》すぐ、秀吉《ひでよし》は茶人《ちゃじん》の千利休《せんのりきゅう》を自害《じがい》に追《お》いこみ、朝鮮出《ちょうせんしゅっ》兵《ぺい》、部下《ぶか》の粛清《しゅくせい》などやりたい放題《ほうだい》。そんな豊臣家《とよとみけ》の混乱《こんらん》は、徳川家康《とくがわいえやす》に付《つ》け入《い》るすきを与《あた》えてしまった。

もし秀長《ひでなが》がもう少《すこ》し長生《ながい》きしていれば、秀吉《ひでよし》の暴走《ぼうそう》を止《と》めたにちがいない。そうすれば家康《いえやす》なんてなんのその、豊臣《とよとみ》の世《よ》は長《なが》く続《つづ》いたはず。縁《えん》の下《した》の力《ちから》持《も》ちである秀長《ひでなが》の存在《そんざい》ひとつで、歴史《れきし》が大《おお》きく変《か》わった可能《かのう》性《せい》もあったのだ。

兄上《あにうえ》とは父《ちち》がちがうとされていましたが、じつは同父《どうふ》という説《せつ》もあります

豊臣秀長《とよとみひでなが》
1540年《ねん》～1591年《ねん》

オレ様の居城《きょじょう》「大和郡山城《やまとこおりやまじょう》」

四国攻《しこくぜ》めの功績《こうせき》で大和《やまと》（奈良県《ならけん》）を与《あた》えられた秀長《ひでなが》。しかし大和《やまと》は僧侶《そうりょ》の力《ちから》が強《つよ》く治《おさ》めるのが難《むずか》しい。そこで秀長《ひでなが》は豊臣《とよとみ》の威信《いしん》をかけ巨大《きょだい》な城《しろ》の建築《けんちく》を始《はじ》める。石垣《いしがき》の石《いし》が足《た》りなくなると地蔵《じぞう》や寺《てら》の庭石《にわいし》を流用《りゅうよう》。こうして寺《てら》の権力《けんりょく》を奪《うば》い立派《りっぱ》な大和《やまと》郡山城《こおりやまじょう》が完成《かんせい》した。今《いま》でも石垣《いしがき》にはさまれた地蔵《じぞう》は「逆《さか》さ地蔵《じぞう》」として残《のこ》っている。

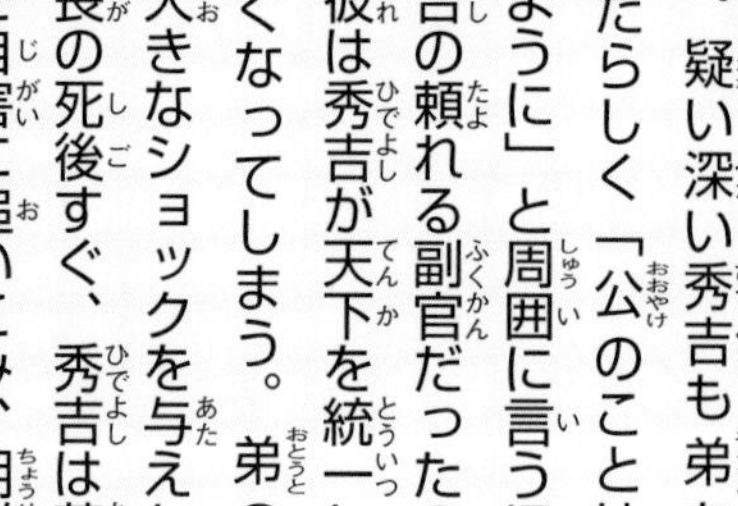

秀長《ひでなが》の居城《きょじょう》だった大和郡山城《やまとこおりやまじょう》。明治時代《めいじじだい》に建物《たてもの》はこわされたが、石垣《いしがき》や堀《ほり》は残《のこ》っており、櫓《やぐら》などが再建《さいけん》されている

権力者《けんりょくしゃ》に愛《あい》された茶人《ちゃじん》

No.1《ナンバーワン》

千《せんの》利《り》休《きゅう》

茶人《ちゃじん》ランキング

No.2
織部焼《おりべやき》をつくった利休《りきゅう》の一番弟子《いちばんでし》
古田織部《ふるたおりべ》

No.3
利休《りきゅう》を尊敬《そんけい》し茶風《ちゃふう》を受《う》けついだ
細川忠興《ほそかわただおき》

No.1の理由

茶《ちゃ》の湯《ゆ》の力《ちから》で権力《けんりょく》を手《て》に入《い》れた戦国最強《せんごくさいきょう》の茶人《ちゃじん》

戦国時代《せんごくじだい》、武将《ぶしょう》の間《あいだ》では意外《いがい》なことに茶道《さどう》が流行《りゅうこう》していた。そのため優《すぐ》れた茶人《ちゃじん》は引《ひ》っ張《ぱ》りだこ。そんな人気茶人《にんきちゃじん》のなかに、千利休《せんのりきゅう》がいた。

当時《とうじ》の茶道《さどう》のスタンダードは「書《しょ》院《いん》の茶《ちゃ》」。立派《りっぱ》な茶室《ちゃしつ》に中国《ちゅうごく》から取《と》り寄《よ》せた派手《はで》な壺《つぼ》や掛《か》け軸《じく》を飾《かざ》り、豪華《ごうか》な茶道具《ちゃどうぐ》でお茶《ちゃ》を点《た》てるというもの。しかし**千利休《せんのりきゅう》はそれとは異《こと》なる「わび茶《ちゃ》」を生《う》み出《だ》した**。使《つか》う道《どう》具《ぐ》は純日本製《じゅんにほんせい》、茶室《ちゃしつ》は非常《ひじょう》にせまく飾《かざ》りもシンプル。この新《あたら》しいスタイルは、武将《ぶしょう》の間《あいだ》で「渋《しぶ》い！」と話題《わだい》になる。

利休《りきゅう》のわび茶《ちゃ》の心《こころ》を感《かん》じられるエピソードをひとつ紹介《しょうかい》しよう。ある日《ひ》、秀吉《ひでよし》は利休《りきゅう》の屋敷《やしき》で朝顔《あさがお》が見頃《みごろ》らしいと聞《き》いて花《はな》を見《み》に出《で》かけることにした。しかし庭《にわ》の朝顔《あさがお》はかり取《と》られている。がっかりした秀吉《ひでよし》だが、茶室《ちゃしつ》に入《はい》ると一輪《いちりん》の美《うつ》しい朝顔《あさがお》がいけてある。それを見《み》た秀吉《ひでよし》は「すばらしい！」と喜《よろこ》んだそうだ。多《おお》くの朝顔《あさがお》を見《み》せるのではなく一輪《いちりん》だけ美《うつ》しい花《はな》を飾《かざ》る。これがわび茶風《ちゃふう》のおもてなしだった。

こうして**秀吉《ひでよし》からも一目置《いちもくお》かれた利休《りきゅう》だが、突然《とつぜん》、その秀吉《ひでよし》から自害《じがい》を命《めい》じられた**。権力《けんりょく》をにぎりすぎたためとも、秀吉《ひでよし》を批判《ひはん》したためともいわれるが、理由《りゆう》は不明《ふめい》なままである。

ワシは師匠《ししょう》の
武野紹鴎《たけのじょうおう》に学《まな》んで、
茶《ちゃ》の湯《ゆ》を研究《けんきゅう》し
「わび茶《ちゃ》」を
完成《かんせい》させたのじゃ

千利休《せんのりきゅう》
1522年《ねん》～1591年《ねん》

茶《ちゃ》の真髄《しんずい》を受《う》けついだ
利休七哲《りきゅうしちてつ》

利休《りきゅう》には「利休七哲《りきゅうしちてつ》」と呼《よ》ばれる愛弟子《まなでし》がいた。それは蒲生氏郷《がもううじさと》、細川忠興《ほそかわただおき》、古田織部《ふるたおりべ》、高山右近《たかやまうこん》、牧村兵部《まきむらひょうぶ》、瀬田掃部《せたかもん》、芝山監物《しばやまけんもつ》の7名《めい》。織部《おりべ》は師匠《ししょう》の死《し》のあと茶道《さどう》を極《きわ》め、忠興《ただおき》は利休《りきゅう》が使《つか》っていた茶《ちゃ》道具《どうぐ》を受《う》けついだ。また、氏郷《うじさと》は利休《りきゅう》の子《こ》・千少庵《せんのしょうあん》を保護《ほご》し、千家《せんけ》の復活《ふっかつ》を支援《しえん》。理不尽《りふじん》な死《し》をむかえた利休《りきゅう》だが、彼《かれ》の志《こころざし》は弟子《でし》たちが引《ひ》きついだのだ。

わしは利休師匠《りきゅうししょう》から、
「日本《にほん》にひとりかふたりの
文武両道《ぶんぶりょうどう》の大名《だいみょう》」と
絶賛《ぜっさん》されたのだ

蒲生氏郷《がもううじさと》

自由《じゆう》すぎるかぶき者《もの》

No.1《ナンバーワン》 前田慶次《まえだけいじ》

自由《じゆう》なかぶき者《もの》ランキング

真っ赤《か》な槍《やり》と派手《はで》な服《ふく》で町《まち》をうろつく
前田利家《まえだとしいえ》 No.2

うつけ者《もの》と呼《よ》ばれた天下人《てんかびと》
織田信長《おだのぶなが》 No.3

自由《むゆう》
統率力《とうそつりょく》
教養《きょうよう》
策略《さくりゃく》
領地《りょうち》
先見性《せんけんせい》
野望《やぼう》
武勇《ぶゆう》

No.1の理由 自由気《じゆうき》ままに時代《じだい》を生《い》きぬいた戦国一《せんごくいち》のかぶき者《もの》！

ゲームや漫画《まんが》でも派手《はで》なかっこうで登場《とうじょう》する前田慶次《まえだけいじ》。彼《かれ》は戦国《せんごく》きっての「かぶき者《もの》」だ。**かぶき者《もの》とは人《ひと》と異《こと》なる派手《はで》なかっこう、異様《いよう》な立《た》ちふるまいをする人《ひと》のこと。**当時《とうじ》の人《ひと》からは少《すこ》しさけられがちな存在《そんざい》だった。

そんな慶次《けいじ》は前田姓《まえだせい》だが、母親《ははおや》が前田利久《まえだとしひさ》（前田利家《まえだとしいえ》の兄《あに》）と再婚《さいこん》しただけで前田家《まえだけ》の血筋《ちすじ》ではない。そのせいか、家《いえ》のことはそっちのけ、若《わか》いころから自由奔放《じゆうほんぽう》だった。特《とく》に彼《かれ》は義理《ぎり》の叔父《おじ》である利家《としいえ》を嫌《きら》い、利家《としいえ》をだまして水風呂《みずぶろ》につけ、前田家《まえだけ》を飛《と》び出《だ》してしまった。彼《かれ》は**「俺《おれ》は穀蔵院《こくぞういん》ひょっとこ斎《さい》だ！」**と変《へん》な**名前《なまえ》を名乗《なの》ったり、ド派手《はで》な鎧兜《よろいかぶと》で戦《たたか》ったり、豊臣秀吉《とよとみひでよし》の前《まえ》でサル真似《まね》をしてみせたり。**一風変《いっぷうか》わったかぶき仕草《しぐさ》で周囲《しゅうい》の度肝《どぎも》をぬいた。

しかし放浪生活《ほうろうせいかつ》の中《なか》で上杉景勝《うえすぎかげかつ》と出会《であ》った慶次《けいじ》は「彼《かれ》こそ自分《じぶん》の主《あるじ》にふさわしい」と考《かんが》え、自《みずか》ら仕《つか》えたいと願《ねが》い出《で》た。景勝《かげかつ》には「俺《おれ》は大根《だいこん》みたいにむさ苦《くる》しいが、かめばかむほど味《あじ》が出《で》る」と自己紹介《じこしょうかい》したとか。そしてその後《ご》は景勝《かげかつ》に仕《つか》え続《つづ》けた。

楽《たの》しいエピソードの多《おお》い慶次《けいじ》だが、じつは彼《かれ》の実態《じったい》はナゾに包《つつ》まれている。後世《こうせい》、物語《ものがたり》を盛《も》り上《あ》げるために ちょっと盛《も》った可能性《かのうせい》もあるようだ。

慶次《けいじ》ってのは通称《つうしょう》だ。
本名《ほんみょう》は利益《とします》とも利太《としたか》とも
言《い》われているけど、
さあ〜て、
どっちがホントかな？

前田慶次《まえだけいじ》
生没年不詳《せいぼつねんふしょう》

オレ様の 武具《ぶぐ》「朱塗《しゅぬ》りの甲冑《かっちゅう》」

慶次《けいじ》の愛用品《あいようひん》として、現代《げんだい》まで残《のこ》っているのが『朱漆塗《しゅうるしぬり》紫糸《むらさきいと》素懸威《すがけおどし》五枚胴具足《ごまいどうぐそく》南蛮《なんばん》笠式《かさしき》』、という長《なが》い名前《なまえ》の甲冑《かっちゅう》。胸《むね》から腰《こし》回《まわ》りまですべて朱塗《しゅぬ》りで、袖《そで》の部分《ぶぶん》は黄金色《おうごんいろ》の鱗型《うろこがた》。かぶき者《もの》にぴったりの派手《はで》な一品《いっぴん》だ。戦場《せんじょう》では目立《めだ》ったにちがいない。ただサイズは普通《ふつう》の大《おお》きさなので、慶次《けいじ》はそれほど大男《おおおとこ》ではなかったようだ。

前田慶次《まえだけいじ》の甲冑《かっちゅう》と伝《つた》わる朱漆塗《しゅうるしぬり》紫糸《むらさきいと》素懸威《すがけおどし》五枚胴具足《ごまいどうぐそく》南蛮笠式《なんばんかさしき》
(宮坂考古館蔵《みやさかこうこかんぞう》)

イケメン武将《ぶしょう》 No.1《ナンバーワン》

井《い》伊《い》直《なお》政《まさ》

気《き》づかい

武勇《ぶゆう》
統率力《とうそつりょく》
野望《やぼう》
教養《きょうよう》
先見性《せんけんせい》
策略《さくりゃく》
領地《りょうち》

イケメン武将《ぶしょう》ランキング

No.2
織田信長《おだのぶなが》に仕《つか》えた美男子《びなんし》!
森蘭丸《もりらんまる》

No.3
武芸《ぶげい》にすぐれ大名《だいみょう》にもモテた
片倉重長《かたくらしげなが》

No.1の理由《りゆう》

イケメンで気《き》もきく戦国一《せんごくいち》のモテ男《おとこ》

おれは15歳《さい》で
家康《いえやす》さまに仕《つか》えた。
戦《いくさ》で大活《だいかつ》やくして、
彦根《ひこね》の大名《だいみょう》に
なったんだぜ！

井伊直政《いいなおまさ》
1561年《ねん》～1602年《ねん》

イケメンで戦《いくさ》に強《つよ》く、くわえて女性《じょせい》にもモテモテ、というマンガの主人公《しゅじんこう》のような男《おとこ》が存在《そんざい》した。それは徳川《とくがわ》配下《はいか》武将《ぶしょう》の井伊直政《いいなおまさ》。彼《かれ》はわずか2歳《さい》で父《ちち》を今川家《いまがわけ》に殺《ころ》される、という悲劇《ひげき》にあいながら家康《いえやす》に出会《であ》い運命《うんめい》を切《き》り開《ひら》いた武将《ぶしょう》だった。

そんな直政《なおまさ》のルックスは、**歴史書《れきししょ》に「美男子《びなんし》」と書《か》き残《のこ》されているほどのイケメンだったようだ**。秀吉《ひでよし》の母《はは》・大政所《おおまんどころ》が家康《いえやす》の城《しろ》に人質《ひとじち》としてやって来《き》た時《とき》、彼《かれ》を見《み》て「イケメン♥」と喜《よろこ》んだとか。さらに直政《なおまさ》は大《おお》政所《まんどころ》や侍女《じじょ》たちにおかしを差《さ》し出《だ》し、自《みずか》ら話《はな》し相手《あいて》になるという気《き》づかいも。優《やさ》しい性格《せいかく》で彼女《かのじょ》たちをすっかりとりこにしてしまった。

そんな優《やさ》しい男《おとこ》だが一歩《いっぽ》戦場《せんじょう》に出《で》れば勇猛果敢《ゆうもうかかん》。関ヶ原《せきがはら》の戦《たたか》いでは家康《いえやす》に与《あた》えられた軍団《ぐんだん》を率《ひき》いて戦場《せんじょう》をかけ回《まわ》って西軍《せいぐん》を驚《おどろ》かせ、戦後《せんご》には和平交渉《わへいこうしょう》にも尽力《じんりょく》。また家康《いえやす》を裏切《うらぎ》った男《おとこ》に対《たい》しては「こんな裏切《うらぎ》り者《もの》と同席《どうせき》したくない！」と、ののしるなど熱《あつ》いところもあった。

そんな直政《なおまさ》は、いつしか家康《いえやす》古参《こさん》メンバーの酒井忠次《さかいただつぐ》、榊原康政《さかきばらやすまさ》、本多忠勝《ほんだただかつ》と並《なら》んで徳川四天王《とくがわしてんのう》と呼《よ》ばれるようになる。まさに徳川《とくがわ》の世《よ》をつくり上《あ》げたひとりでもあった。

オレ様の 軍装《ぐんそう》「赤備《あかぞな》え」

井伊直政《いいなおまさ》は赤鎧兜《あかよろいかぶと》の軍団《ぐんだん》、井伊《いい》の赤備《あかぞな》えで有名《ゆうめい》。なぜ赤色《あかいろ》なのかといえば、彼《かれ》が武田《たけだ》の甲州兵《こうしゅうへい》を指揮《しき》していたからだ。甲州兵《こうしゅうへい》は赤色《あかいろ》がトレードマークだったため、直政《なおまさ》もそれを取《と》り入《い》れ先鋒《せんぽう》をつとめた。戦《たたか》い方《かた》のすさまじさから赤鬼《あかおに》と呼《よ》ばれ恐《おそ》れられたとか。また井伊家《いいけ》が藩主《はんしゅ》となった彦根《ひこね》でも幕末《ばくまつ》まで赤備《あかぞな》えの甲冑《かっちゅう》が使《つか》われていた。

(関ヶ原町《せきがはらちょう》歴史民俗学習館蔵《れきしみんぞくがくしゅうかんぞう》)

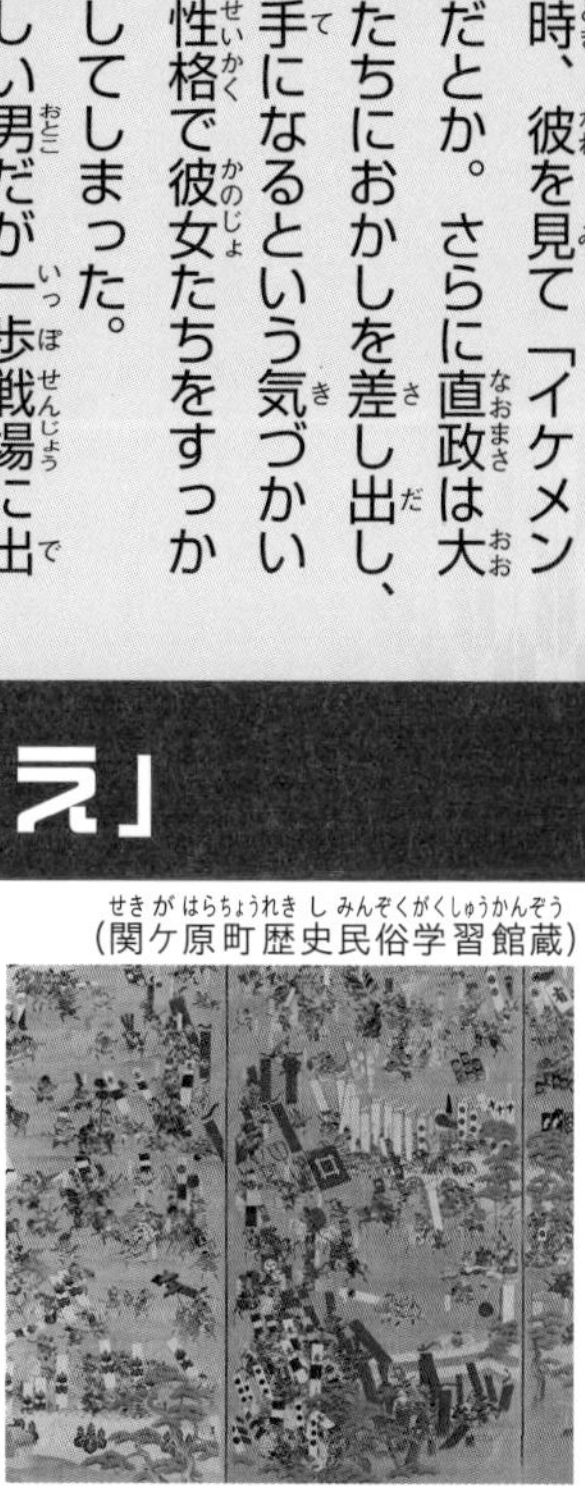

『関ヶ原合戦図屏風《せきがはらかっせんずびょうぶ》』にえがかれた井伊直政《いいなおまさ》の赤備《あかぞな》えの軍団《ぐんだん》

もっと知《し》りたい!
戦《せん》▶国《ごく》ちゃんねる

永徳《えいとく》vs等伯《とうはく》 華麗《かれい》なる巨匠《きょしょう》の戦《たたか》い

唐獅子図屏風《からじしずびょうぶ》

狩野永徳《かのうえいとく》(1543～1590)

岩場《いわば》を歩《ある》く2頭《とう》の獅子《しし》をえがいた大作《たいさく》。えがかれているのは、獅子《しし》2頭《とう》と岩壁《がんぺき》、金雲《きんうん》のみとシンプルだが、豪快《ごうかい》な筆《ふで》づかいと大胆《だいたん》な構図《こうず》で獅子《しし》の迫力《はくりょく》や風景《ふうけい》の雄大《ゆうだい》さを、見事《みごと》に表現《ひょうげん》しきっている。

(宮内庁三《くないちょうさん》の丸尚蔵館《まるしょうぞうかん》蔵《ぞう》／ColBase)

松林図屏風《しょうりんずびょうぶ》

長谷川等伯《はせがわとうはく》(1539～1610)

墨《すみ》の濃淡《のうたん》だけで松林《まつばやし》をえがいた水墨《すいぼく》画《が》。この絵《え》はナゾが多《おお》く、息子《むすこ》を亡《な》くした心境《しんきょう》を表現《ひょうげん》している、等伯《とうはく》の故郷《こきょう》・能登《のと》の風景《ふうけい》をえがいたなど、絵《え》の解釈《かいしゃく》をめぐって様々《さまざま》な説《せつ》が提唱《ていしょう》されている。

(東京国立博物館蔵《とうきょうこくりつはくぶつかんぞう》／ColBase)

戦国時代《せんごくじだい》は武将《ぶしょう》たちの戦《たたか》いの時代《じだい》だったが、美術界《びじゅつかい》でも熱《あつ》い戦《たたか》いが起《お》こっていた。当時《とうじ》のトップ画家《がか》は狩野永徳《のうえいとく》。大胆《だいたん》で華《はな》やかな永徳《えいとく》の画風《がふう》は戦国大名《せんごくだいみょう》たちに大《おお》ウケし、織田信長《おだのぶなが》や豊臣秀吉《とよとみひでよし》は自分《じぶん》の城《しろ》を彼《かれ》の絵《え》で飾《かざ》り立《た》てている。

もうひとりの巨匠《きょしょう》・長谷川等伯《はせがわとうはく》は越後《えちご》の仏画師《ぶつがし》だったが、京《みやこ》で成功《せいこう》する野望《やぼう》をいだいて上洛《じょうらく》。優美《ゆうび》かつダイナミックな画風《がふう》が評価《ひょうか》され、狩野《かのう》派《は》に並《なら》ぶ絵師《えし》となった。

たたき上《あ》げの等伯《とうはく》は、エリートの永徳《えいとく》を強《きょう》れつに意識《いしき》していたようで、永徳《えいとく》に依頼《いらい》された仕事《しごと》を横取《よこど》りしようとしたり、永徳《えいとく》の画風《がふう》を批判《ひはん》したりしていたという。

狩野派《かのうは》は、
江戸時代《えどじだい》も日本最高《にほんさいこう》の
画家集団《がかしゅうだん》として
徳川将軍《とくがわしょうぐん》に
仕《つか》えたのじゃ
徳川家康《とくがわいえやす》

第5章

武勇伝？ 黒歴史？ ちょっと残念なNo.1《ナンバーワン》

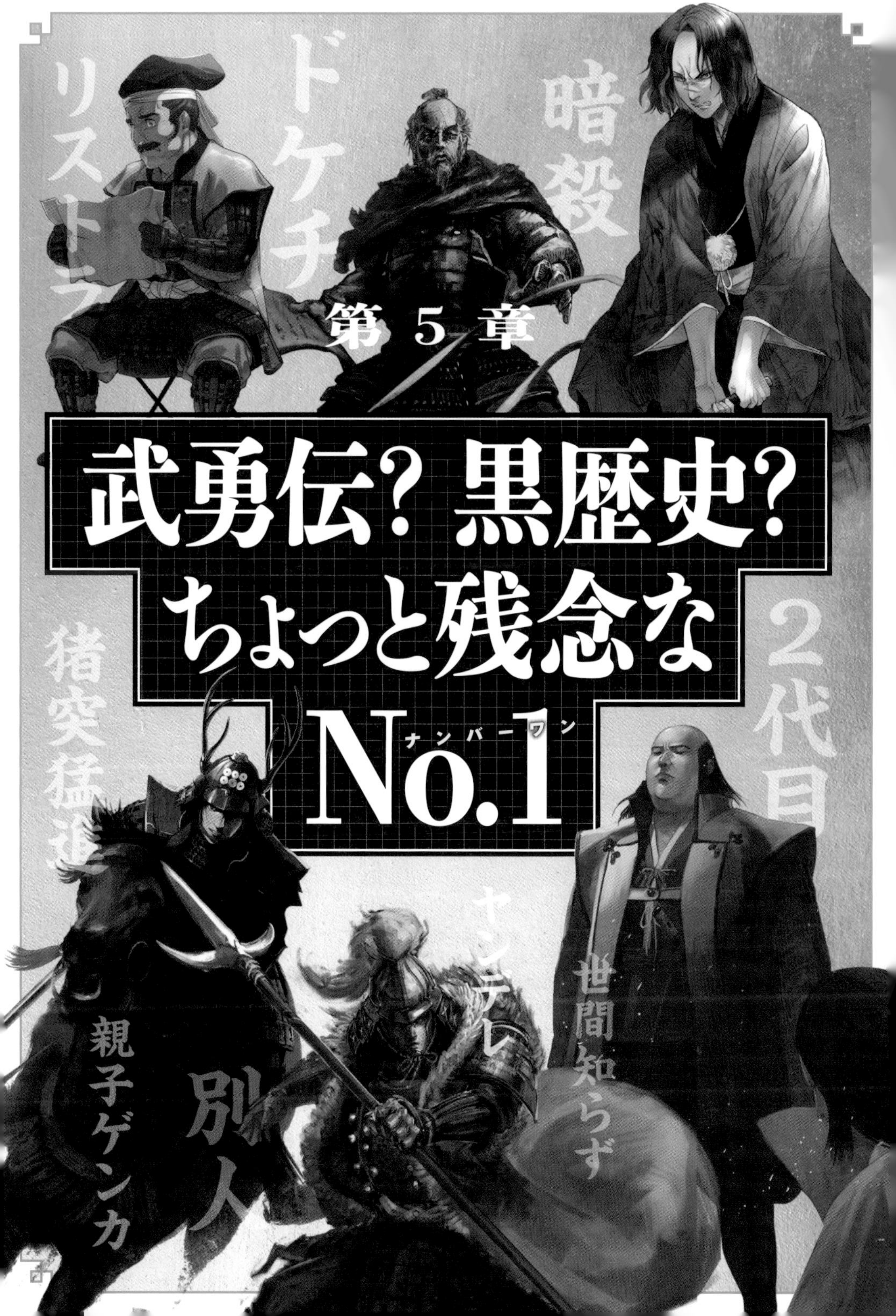

仲《なか》の悪《わる》い親子《おやこ》No.1《ナンバーワン》

斎藤道三《さいとうどうさん》&義龍《よしたつ》

仲《なか》の悪《わる》い親子《おやこ》ランキング

父《ちち》に殺《ころ》されかけた宗麟《そうりん》

大友義鑑《おおともよしあき》&宗麟《そうりん》 No.2

父《ちち》・信玄《しんげん》を相手《あいて》に謀反《むほん》

武田信玄《たけだしんげん》&義信《よしのぶ》 No.3

No.1の理由

親子仲《おやこなか》が悪《わる》すぎて…ケンカどころか戦《いくさ》になった斎藤家《さいとうけ》

家族《かぞく》なら、親子《おやこ》ゲンカなんていつの間《ま》にか忘《わす》れていることも多《おお》いだろう。しかし美濃《みの》（岐阜県《ぎふけん》）の戦国大《せんごくだい》名《みょう》・斎藤道三《さいとうどうさん》と長男《ちょうなん》・義龍《よしたつ》のケンカは、殺《ころ》し合《あ》いの合戦《かっせん》にまでもつれこんだ。

若《わか》いころの道三《どうさん》には不明点《ふめいてん》が多《おお》い。京都《きょうと》生まれ、11歳《さい》で寺《てら》に入《はい》るが飛《と》び出《だ》して油売《あぶらう》りの商人《しょうにん》に。**美濃《みの》に入《はい》って土岐家《ときけ》の家臣《かしん》になると、跡《あと》つぎ騒《そう》動《どう》のどさくさで家《いえ》を乗《の》っ取《と》り、主君《しゅくん》を追放《ついほう》して大名《だいみょう》に。**人呼《ひとよ》んで美濃《みの》のマムシ。しかしこのいつ話《わ》の半分《はんぶん》は道三《どうさん》の父《ちち》の話《はなし》だとわかってきている。

いずれにせよ道三《どうさん》と義龍《よしたつ》は仲《なか》が悪《わる》かった。その要因《よういん》は、道三《どうさん》が義龍《よしたつ》より次男《じなん》・三男《さんなん》をとてもかわいがったこと。さらに、道三《どうさん》は娘婿《むすめむこ》の織田信《おだのぶ》長《なが》がお気《き》に入《い》りで、義龍《よしたつ》には「父《ちち》上《うえ》は弟《おとうと》に跡《あと》をつがせるのでは？」「美濃《みの》を信長《のぶなが》に渡《わた》すのでは？」という不安《ふあん》と疑《うたが》いがつのっていた。

このため道三《どうさん》の隠居《いんきょ》と義龍《よしたつ》への当《とう》主交代《しゅこうたい》は、義龍《よしたつ》とその家臣《かしん》がせまったともいわれる。**しかし当主《とうしゅ》になっても義龍《よしたつ》の疑《うたが》いは晴《は》れない。弟《おとうと》ふたりを殺《ころ》して、ついに殺《ころ》し合《あ》いの親《おや》子《こ》ゲンカ・長良川《ながらがわ》の戦《たたか》いとなる。**

斎藤家《さいとうけ》は土岐家《ときけ》の元家臣《もとかしん》が多《おお》く、土岐《とき》の子《こ》かもしれない義龍側《よしたつがわ》に兵《へい》が集《あつ》まった。そして信長《のぶなが》の援軍《えんぐん》が来《く》る前《まえ》に道三《どうさん》は敗北《はいぼく》。長良川《ながらがわ》の河原《かわら》に首《くび》がさらされた。その後《ご》、裏切《うらぎ》りではじまった家族《かぞく》は、不安《ふあん》と疑《うたが》いと裏切《うらぎ》りによって、3代《だい》で消《き》えてしまった。

出自《しゅつじ》は不明《ふめい》な部分《ぶぶん》が多《おお》いが
美濃《みの》の国主《こくしゅ》となったのだ。
信長《のぶなが》とは同盟《どうめい》を組《く》んだが
義龍《よしたつ》とはわかり合《あ》えんかった
斎藤道三《さいとうどうさん》
1494年《ねん》？～1556年《ねん》

道三塚
岐阜市内《ぎふしない》にある道三《どうさん》をとむらう道三塚《どうさんづか》

母《はは》は前主君《ぜんしゅくん》・土岐頼芸《ときよりのり》の
側室《そくしつ》だった。
だからオレは土岐《とき》の子《こ》だ、
と家臣《かしん》たちは信《しん》じたのだ
斎藤義龍《さいとうよしたつ》
1527年《ねん》～1561年《ねん》

戦国《せんごく》を生《い》きぬけ!!

斎藤家奮闘録《さいとうけふんとうろく》

斎藤家《さいとうけ》は道三《どうさん》・義龍《よしたつ》・龍興《たつおき》の3代《だい》で美濃《みの》を治《おさ》めていた。
斎藤家《さいとうけ》が戦国大名《せんごくだいみょう》となり、
やがて滅亡《めつぼう》していくまでのドラマを見《み》ていこう。

1542年《ねん》 美濃《みの》の国主《こくしゅ》に!!

道三《どうさん》はそれまで頼《たよ》っていた土岐頼芸《ときよりのり》さえも美濃《みの》から追《お》い出《だ》し、美濃《みの》の国主《こくしゅ》となる。ここに「美濃《みの》のマムシ」と呼《よ》ばれた戦国大名《せんごくだいみょう》・斎藤道三《さいとうどうさん》が誕生《たんじょう》したのだ。

わしの手段《しゅだん》を選《えら》ばない悪賢《わるがしこ》さが毒蛇《どくへび》のマムシに例《たと》えられたのだ
斎藤道三《さいとうどうさん》

当時《とうじ》「うつけ」と呼《よ》ばれていた俺様《おれさま》の才能《さいのう》を道三《どうさん》は見《み》ぬいたのかもな
織田信長《おだのぶなが》

道三《どうさん》ってどんな人《ひと》?

美濃《みの》を信長《のぶなが》にゆずった道三《どうさん》

娘《むすめ》の帰蝶《きちょう》(濃姫《のうひめ》)の婿《むこ》・織田《おだ》信長《のぶなが》と正徳寺《しょうとくじ》で会《あ》い、その才能《さいのう》を見《み》ぬいた斎藤道三《さいとうどうさん》は、美濃《みの》を信長《のぶなが》にまかせるという遺言《ゆいごん》を残《のこ》したそうだ。長良川《ながらがわ》の戦《たたか》いに間《ま》に合《あ》わなかった信長《のぶなが》は、道三《どうさん》の死後《しご》、義龍《よしたつ》の子《こ》・龍興《たつおき》の代《だい》に美濃《みの》を攻《せ》め取《と》り、天下《てんか》をめざす。道三《どうさん》は見《み》る目《め》があった?

1538年《ねん》 戦国大名《せんごくだいみょう》デビュー☆

土岐家《ときけ》の家臣《かしん》となっていた道三《どうさん》。土岐家《ときけ》の内紛《ないふん》に乗《の》っかり、みるみる力《ちから》をつけていく。美濃《みの》の守護代《しゅごだい》だった斎藤利良《さいとうとしなが》が死去《しきょ》したスキを見《み》のがさず、斎藤家《さいとうけ》の跡《あと》つぎになった。

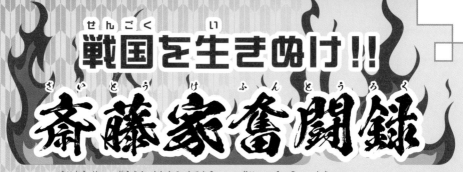

不仲親子《ふなかおやこ》ランキング

戦国時代《せんごくじだい》には、ほかにもとんでもなく仲《なか》の悪《わる》い親子《おやこ》たちがいた。斎《さい》藤親子《とうおやこ》に次《つ》ぐ2位《い》は、大友義鑑《おおともよしあき》&宗《そう》麟《りん》。やんちゃすぎる宗麟《そうりん》を父《ちち》が殺《ころ》そうとし、気付《きづ》いた家臣《かしん》に逆《ぎゃく》に攻《せ》められ、義鑑《よしあき》は落命《らくめい》した。3位《い》は武田《たけだ》信玄《しんげん》&義信《よしのぶ》。信玄《しんげん》を倒《たお》そうとした疑《うたが》いで、子《こ》・義信《よしのぶ》の家臣《かしん》は処刑《しょけい》、閉《と》じこめられた義信《よしのぶ》も自殺《じさつ》という悲劇《ひげき》に。4位《い》は伊達稙宗《だてたねむね》&晴宗《はるむね》（政宗《まさむね》の曽祖《そうそ》父《ふ》と祖父《そふ》）。稙宗《たねむね》の政治《せいじ》に、子《こ》も家《か》臣《しん》も不満《ふまん》で、お家《いえ》真《ま》っ二《ぷた》つの内乱《ないらん》に。5位《い》は徳川家康《とくがわいえやす》&信康《のぶやす》。信康《のぶやす》が武田軍《たけだぐん》に通《つう》じたとして家康《いえやす》が切腹《せっぷく》させた。家《いえ》のため、民《たみ》のため……戦《せん》国《ごく》は親子関係《おやこかんけい》も命《いのち》がけだったのだ。

戦《たたか》いが行《おこな》われた長良川《ながらがわ》の今《いま》の姿《すがた》

家臣《かしん》たちにはオヤジより俺《おれ》の方《ほう》が人気《にんき》だったのになんで病気《びょうき》なんかに…

斎藤義龍《さいとうよしたつ》

道三《どうさん》と義龍《よしたつ》の対立《たいりつ》が深《ふか》まり、長良川《ながらがわ》の戦《たたか》いが起《お》きる。道三《どうさん》は信長《のぶなが》に味方《みかた》を頼《たの》んでいたが間《ま》に合《あ》わず死《し》んでしまった。これで斎藤家《さいとうけ》と織田家《おだけ》にはみぞが生《う》まれ、少《すこ》しずつ斎藤家《さいとうけ》の栄光《えいこう》には陰《かげ》りが見《み》えてくる。

1556年《ねん》 長良川《ながらがわ》の戦《たたか》い 道三死亡《どうさんしぼう》

義龍《よしたつ》の子《こ》・龍興《たつおき》が斎藤家《さいとうけ》をつぐも、信長《のぶなが》の侵攻《しんこう》にたえられず美濃《みの》から追《お》い出《だ》されてしまった……。

1561年《ねん》 義龍死亡《よしたつしぼう》

道三《どうさん》と義龍《よしたつ》、そして龍興《たつおき》の菩提寺《ぼだいじ》だった岐阜市内《ぎふしない》の常在寺《じょうざいじ》

1567年《ねん》 斎藤家滅亡《さいとうけめつぼう》

せっかく父《ちち》・道《どう》三《さん》を倒《たお》して権力《けんりょく》を手《て》にしたはずの義龍《よしたつ》。しかし、5年《ねん》ほどで病死《びょうし》してしまう。

真《さな》田《だ》信《のぶ》繁《しげ》（幸《ゆき》村《むら》）

エピソード盛《も》られ度《ど》No.1《ナンバーワン》

エピソード盛《も》られランキング

No.2 痛快《つうかい》な「かぶき者《もの》」？
前田慶次《まえだけいじ》

No.3 上杉謙信《うえすぎけんしん》に仕《つか》えた猛将《もうしょう》？
鬼小島弥太郎《おにこじまやたろう》

No.1の理由《りゆう》

盛《も》られに盛《も》られ数百年《すうひゃくねん》愛《あい》され続《つづ》ける絶対的《ぜったいてき》ヒーロー！

動画《どうが》はなく、紙《かみ》の記録《きろく》も真偽不明《しんぎふめい》。歴史上《れきしじょう》の人物《じんぶつ》は〝盛《も》られた姿《すがた》〟が真《しん》実《じつ》だと思《おも》われていることが多《おお》い。

真田信繁《さなだのぶしげ》は、その代表例《だいひょうれい》だろう。大坂冬《おおさかふゆ》の陣《じん》で「真田丸《さなだまる》」という砦《とりで》で敵《てき》をさんざん手《て》こずらせ、夏《なつ》の陣《じん》では敵《てき》の本陣《ほんじん》に何度《なんど》も突《つ》っこみ徳川家《とくがわいえ》康《やす》を逃走《とうそう》させるも討《う》ち死《じ》にした。**この戦《たたか》いぶりを見《み》ていた敵方《てきがた》は信繁《のぶしげ》を「日本一《ひのもといち》の兵《つわもの》」とたたえたのだ。**しかし、これ以前《いぜん》の信繁《のぶしげ》のことは、記《き》録《ろく》が少《すく》なくはっきりわかっていない。

ところが江戸時代初期《えどじだいしょき》の軍記物《ぐんきもの》（合戦《かっせん》をえがいた小説《しょうせつ》）に「真田幸《さなだゆき》村《むら》」の名《な》で登場《とうじょう》した信繁《のぶしげ》は、講談《こうだん》（読《よ》み聞《き》かせる芸能《げいのう》）になり、さらに盛《も》られていく。真《ま》っ赤《か》な甲冑《かっちゅう》に十《じゅう》文字槍《もんじやり》、徳川《とくがわ》がきらう「妖刀村正《ようとうむらまさ》」を腰《こし》に、真田十勇士《さなだじゅうゆうし》とともに徳川軍《とくがわぐん》に立《た》ち向《む》かう。薩摩《さつま》（鹿児島県《かごしまけん》）に落《お》ちのびる伝説《でんせつ》まで生《う》まれている。

ナゾが多《おお》いから盛《も》り放題《ほうだい》だったとはいえ、徳川《とくがわ》の世《よ》になぜ敵方《てきがた》の武将《ぶしょう》が大《おお》ウケしたのだろうか。いつの時《じ》代《だい》も庶民《しょみん》はお上《かみ》にイロイロ不満《ふまん》があるもの。**幸村《ゆきむら》こと信繁《のぶしげ》は、徳川《とくがわ》=幕《ばく》府《ふ》をこらしめ、そして美《うつく》しく滅《ほろ》びるヒーローとして愛《あい》されたのだ。**

それから400年以上《ねんいじょう》。史実《しじつ》が一《いっ》般《ぱん》にもよく知《し》られるようになった最《さい》近《きん》まで、信繁《のぶしげ》はずっと「幸村《ゆきむら》」だった。愛《あい》されすぎて盛《も》られすぎたヒーローだが、やっぱり彼《かれ》の戦《たたか》いぶりはカッコイイのだ。

わたしの父《ちち》は「表裏比興《ひょうりひきょう》」と呼《よ》ばれた知将《ちしょう》・真田昌幸《さなだまさゆき》。
父《ちち》ゆずりの知略《ちりゃく》と武勇《ぶゆう》で、徳川家康《とくがわいえやす》を苦《くる》しめました！

真田信繁《さなだのぶしげ》
1567年《ねん》？～1615年《ねん》

江戸時代《えどじだい》にえがかれた錦絵《にしきえ》。真《ま》ん中《なか》で戦《たたか》っているのが軍記物《ぐんきもの》で愛《あい》された真田幸村《さなだゆきむら》こと信繁《のぶしげ》。周囲《しゅうい》には真田十勇士《さなだじゅうゆうし》の姿《すがた》もある(上田市立博物館蔵《うえだしりつはくぶつかんぞう》)

史実《しじつ》の真田信繁《さなだのぶしげ》武具《ぶぐ》コレクション

盛《も》られたエピソードの多《おお》い信繁《のぶしげ》だが、実際《じっさい》に大坂《おおさか》の陣《じん》で活《かつ》やくしたのは確《たし》かだ。彼《かれ》が奮戦《ふんせん》した痕跡《こんせき》は、今《いま》も各地《かくち》に残《のこ》っている。史実《しじつ》の信繁《のぶしげ》はどんな武具《ぶぐ》で戦《たたか》ったのだろう？

六文銭《ろくもんせん》と鹿《しか》の角《つの》は
わたしの戦場《せんじょう》での
アイコンになっていますね

真田信繁《さなだのぶしげ》

オレ様《さま》の家紋《かもん》

「六文銭《ろくもんせん》」

真田《さなだ》の家紋《かもん》はお金《かね》が6枚並《まいなら》んだ六文銭《ろくもんせん》（六連銭《ろくれんせん》）。死《し》んで三途《さんず》の川《かわ》を越《こ》える時《とき》の渡《わた》し賃《ちん》として棺《かん》おけに6枚入《まいい》れる風習《ふうしゅう》がある。つまり三途《さんず》の川《かわ》の渡《わた》し賃《ちん》を身《み》につけることで、「いつでも死《し》ぬ覚悟《かくご》で戦《たたか》う!」という武士《ぶし》としての決意《けついい》を表《あらわ》しているという。

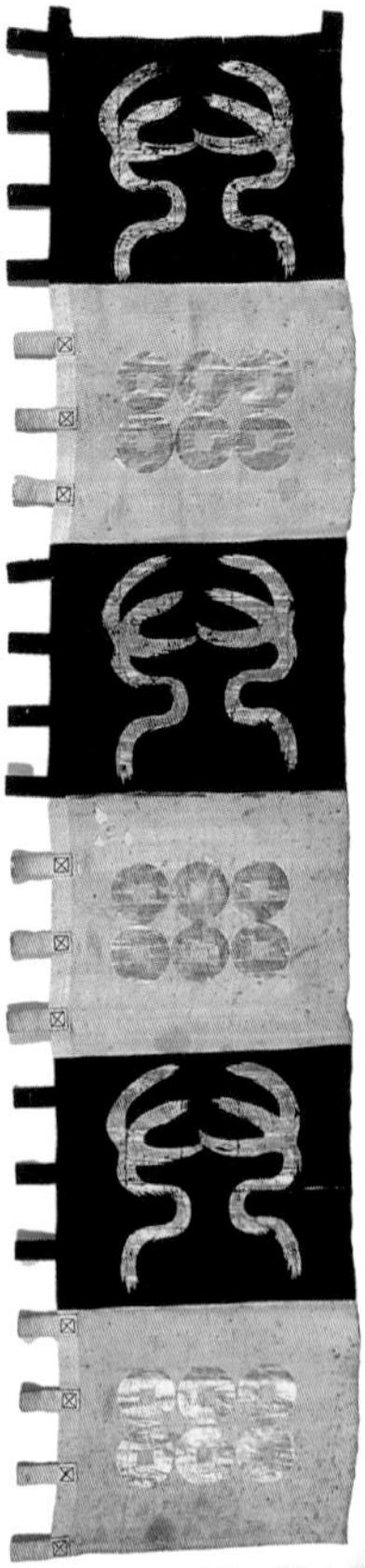

真田軍《さなだぐん》をしめした六文銭《ろくもんせん》の旗《はた》

真田家《さなだけ》の家紋《かもん》である六文《ろくもん》銭《せん》と、鹿《しか》の角《つの》のマークがえがかれた旗指物《はたさしもの》。旗指物《はたさしもの》とは、戦場《せんじょう》で自分《じぶん》の軍《ぐん》の場所《ばしょ》をしめすための旗《はた》だ。

（上田市立博物館蔵《うえだしりつはくぶつかんぞう》）

「妖刀村正《ようとうむらまさ》」は使《つか》っていなかった？

「妖刀村正《ようとうむらまさ》」とは徳川家《とくがわけ》に災《わざわ》いをもたらすとされる刀《かたな》のことだ。物語《ものがたり》の中《なか》で信繁《のぶしげ》は、この村正《むらまさ》を持《も》っていることがある。実際《じっさい》に信繁《のぶしげ》が使用《しよう》したとされる刀《かたな》が伝《つた》わっているが、村正《むらまさ》ではない。

（真田宝物館蔵《さなだほうもつかんぞう》）

わたしが着《き》ていた鎧《よろい》は
赤《あか》かったはずなんですけど
現代《げんだい》には残《のこ》ってないのかな？

十文字槍《じゅうもんじやり》で敵陣《てきじん》に突撃《とつげき》！

「妖刀村正《ようとうむらまさ》」とともに有名《ゆうめい》な信繁《のぶしげ》の武器《ぶき》が、刃《やいば》が十文字《じゅうもんじ》になっている槍《やり》だ。信繁《のぶしげ》が蟄居《ちっきょ》していた九度山《くどやま》には、信繁《のぶしげ》が使《つか》ったとされる十文字槍《じゅうもんじやり》が伝《つた》わっている。

（真田《さなだ》庵蔵《あんぞう》／和歌山県《わかやまけん》九度山町《くどやまちょう》提供《ていきょう》）

（福井市《ふくいし》郷土《きょうど》歴史《れきし》博物館《はくぶつかん》蔵《ぞう》）

物語《ものがたり》のヒーローは
じつは合戦初心者《かっせんしょしんしゃ》？

これは信繁《のぶしげ》が使《つか》っていたものとされる采配《さいはい》。

ヒーローとしてえがかれる信繁《のぶしげ》だが、じつは大坂《おおさか》の陣《じん》まで実戦経《じっせんけい》験《けん》があまりなかったとか。戦上手《いくさじょうず》な父《ちち》・昌《まさ》幸《ゆき》に教《おそ》わったのかも？

あんまり赤《あか》くない？
信繁《のぶしげ》が着《き》ていた鎧《よろい》

大坂夏《おおさかなつ》の陣《じん》の後《あと》に寺《てら》にあずけられたという信繁《のぶしげ》の鎧《よろい》。手《て》の甲《こう》には真田家《さなだけ》の家紋《かもん》・六文銭《ろくもんせん》があしらわれている。伝承《でんしょう》のように赤《あか》くはないが、いつの戦《たたか》いで使《つか》ったものなのだろう？

（大阪城《おおさかじょう》天守閣《てんしゅかく》蔵《ぞう》）

幸村《ゆきむら》〔信繁《のぶしげ》〕を助《たす》けた 真田十勇士《さなだじゅうゆうし》

幸村《ゆきむら》人気《にんき》を支《ささ》えた10人《にん》の家臣《かしん》・真田十勇士《さなだじゅうゆうし》。忍者《にんじゃ》の猿飛佐助《さるとびさすけ》と霧《きり》隠才蔵《がくれさいぞう》、火薬《かやく》武器《ぶき》をつくる望月六《もちづきろく》郎《ろう》、最古参《さいこさん》の海野六郎《うんのろくろう》、元武田家《もとたけだか》臣《しん》の穴山小助《あなやまこすけ》、スナイパー・筧十《かけいじゅう》蔵《ぞう》、重《おも》い鉄棒《てつぼう》が武器《ぶき》の三好清海入《みよしせいかいにゅう》道《どう》、その弟《おとうと》で元山賊《もとさんぞく》の三好伊佐入《みよしいさにゅう》道《どう》、由利鎌之助《ゆりかまのすけ》は鎖鎌《くさりがま》と槍《やり》の達人《たつじん》、そして海賊《かいぞく》の頭領《とうりょう》だった根津甚八《ねづじんぱち》という面々《めんめん》だ。モデルがいる者《もの》もいるが、ほとんどは大正《たいしょう》～昭和初期《しょうわしょき》に、少年《しょうねん》マンガなみの人気《にんき》をほこった文《ぶん》庫本《こぼん》「立川文庫《たつかわぶんこ》」の中《なか》で創作《そうさく》された人物《じんぶつ》なのだ。元《もと》は講談《こうだん》の記録本《きろくぼん》だったが、大《だい》ヒットをうけて十勇士《じゅうゆうし》の新作《しんさく》が次々《つぎつぎ》と誕生《たんじょう》。特《とく》に少年《しょうねん》や若者《わかもの》が夢中《むちゅう》になった。

史実《しじつ》とほぼ別人《べつじん》

No.1《ナンバーワン》

山本勘助《やまもとかんすけ》

史実《しじつ》とほぼ別人《べつじん》ランキング

上杉謙信《うえすぎけんしん》の軍師《ぐんし》がモデル
宇佐美定満《うさみさだみつ》 No.2

創作物《そうさくぶつ》で人気爆発《にんきばくはつ》!
真田信繁《さなだのぶしげ》 No.3

リアル度《ど》
武勇《ぶゆう》
統率力《とうそつりょく》
野望《やぼう》
教養《きょうよう》
先見性《せんけんせい》
策略《さくりゃく》
領地《りょうち》

No.1の理由

川中島《かわなかじま》で大活《だいかつ》やく？ そもそもいなかった？ 信玄《しんげん》を支えた天才軍師《てんさいぐんし》

武田《たけだ》信玄《しんげん》に仕《つか》えた天才軍師《てんさいぐんし》・山本《やまもと》勘助《かんすけ》を知《し》っているだろうか？ 片目《かため》片足《かたあし》が不自由《ふじゆう》で色黒《いろぐろ》。全国《ぜんこく》を放浪《ほうろう》して兵法《へいほう》・武術《ぶじゅつ》・築城術《ちくじょうじゅつ》を学《まな》んだ。今《いま》川義元《がわよしもと》の家臣《かしん》になれず、40歳《さい》を過《す》ぎて信玄《しんげん》と出会《であ》った。**勘助《かんすけ》の知恵《ちえ》は作《さく》戦《せん》を立《た》てる軍師《ぐんし》としても、法律《ほうりつ》づくりなどの政治《せいじ》でも信玄《しんげん》を助《たす》けた。**

さらに、長野《ながの》県《けん》の高遠城《たかとおじょう》・海津《かいづ》城《じょう》・小諸城《こもろじょう》など、守《まも》りの堅《かた》い城《しろ》づくりの名人《めいじん》としても名《な》を上《あ》げた。しかし4度目《どめ》の川中島《かわなかじま》の戦《たたか》いで、武田《たけだ》の別働隊《べつどうたい》が上杉軍《うえすぎぐん》を背後《はいご》からつき、逃《に》げるところを本隊《ほんたい》が討《う》つという勘助《かんすけ》提案《ていあん》の「キツツキ戦法《せんぽう》」が見破《みやぶ》られ、責任《せきにん》を感《かん》じて敵軍《てきぐん》に飛《と》びこんで戦死《せんし》してしまった。

江戸時代《えどじだい》、勘助《かんすけ》は講談《こうだん》などで大人《だいにん》気《き》だったのだが……その活《かつ》やくは、武田軍《たけだぐん》の合戦《かっせん》などをまとめた軍学書《ぐんがくしょ》『甲陽軍鑑《こうようぐんかん》』にしか書《か》かれておらず、実在《じつざい》しない伝説《でんせつ》の軍師《ぐんし》だといわれてきたのだ。しかし、**新史料《しんしりょう》の発見《はっけん》で「山本菅助《やまもとかんすけ》」という漢字《かんじ》ちがいの人《じん》物《ぶつ》が実在《じつざい》し、信玄《しんげん》から軍略《ぐんりゃく》を任《まか》されていたことはわかった。**でも上《うえ》のような活《かつ》やくをしたのかは不明《ふめい》で、今《いま》のところ「史実《しじつ》とほぼ別人《べつじん》ナンバーワン」なのはしかたない。さらなる発見《はっけん》を期待《きたい》しよう！

わたしは長《なが》らく
本当《ほんとう》に実在《じつざい》した人物《じんぶつ》か
疑《うたが》われていましたが
実際《じっさい》に武田信玄公《たけだしんげんこう》に
お仕《つか》えしていたのです！

山本勘助《やまもとかんすけ》
1493年《ねん》？～1561年《ねん》

伝説《でんせつ》に彩《いろど》られた大名《だいみょう》の軍師《ぐんし》たち

軍師《ぐんし》には派手《はで》な伝説《でんせつ》が多《おお》い。羽柴《はしば》秀吉《ひでよし》が竹中半兵衛《たけなかはんべえ》を勧誘《かんゆう》する話《はなし》は、三国志《さんごくし》に登場《とうじょう》する諸葛孔明《しょかつこうめい》の「三《さん》顧《こ》の礼《れい》」の場面《ばめん》にそっくりだし、今《いま》川義元《かわよしもと》の軍師《ぐんし》・太原雪斎《たいげんせっさい》が大名《だいみょう》3人《にん》を会《あ》わせて同盟《どうめい》を成立《せいりつ》させたのも、場所《ばしょ》もメンバーも少《すこ》しちがうようだ。片倉小十郎《かたくらこじゅうろう》が主君《しゅくん》・伊達政宗《だてまさむね》の右《みぎ》目《め》を小刀《こがたな》でえぐった話《はなし》も、遺骨《いこつ》から創作《そうさく》だとわかっている。

竹中半兵衛《たけなかはんべえ》

わたしは秀吉様《ひでよしさま》に
お仕《つか》えしていた軍師《ぐんし》
として知《し》られています

政宗様《まさむねさま》が幼《おさな》いころから
お支《ささ》えしていたので
後世《こうせい》にいろいろな話《はなし》が
つくられたのでしょう

片倉小十郎《かたくらこじゅうろう》

世間《せけん》知《し》らず武将《ぶしょう》No.1《ナンバーワン》

朝倉義景《あさくらよしかげ》

行動力《こうどうりょく》
統率力《とうそつりょく》
教養《きょうよう》
策略《さくりゃく》
領地《りょうち》
先見性《せんけんせい》
野望《やぼう》
武勇《ぶゆう》

世間《せけん》知《し》らずランキング

No.2 秀吉《ひでよし》の忘《わす》れ形見《がたみ》 豊臣秀頼《とよとみひでより》

No.3 大名《だいみょう》の子《こ》から貧乏浪人《びんぼうろうにん》へ 立花宗茂《たちばなむねしげ》

No.1の理由

平和《へいわ》に育《そだ》った戦国大名《せんごくだいみょう》チャンスを逃《のが》して一族《いちぞく》は滅亡《めつぼう》……

戦国時代《せんごくじだい》、家《いえ》のためにはチャンスを逃《のが》さず戦《たたか》わねばならぬ時《とき》がある。応仁《おうにん》の乱《らん》のどさくさにまぎれて7代《だい》・朝倉孝景《あさくらたかかげ》が国《くに》を乗《の》っ取《と》り戦国大名《せんごくだいみょう》になった越前《えちぜん》（福井県北部《ふくいけんほくぶ》）朝倉家《あさくらけ》。本拠地《ほんきょち》の一乗谷《いちじょうだに》は、「北ノ京《きたのきょう》」と呼《よ》ばれるほど栄《さか》えた、平和《へいわ》で美《うつ》しい城下町《じょうかまち》だった。

11代《だい》・義景《よしかげ》の時《とき》、京都《きょうと》で暗殺《あんさつ》された将軍《しょうぐん》・足利義輝《あしかがよしてる》の弟《おとうと》・義秋《よしあき》（のちの義昭《よしあき》）が一乗谷《いちじょうだに》に逃《に》げこんでくる。

しかし、朝倉家《あさくらけ》を支《ささ》えていた名将《めいしょう》・朝倉宗滴《あさくらそうてき》の死後《しご》、10年《ねん》ほどたっていた平和《へいわ》な一乗谷《いちじょうだに》で育《そだ》った義景《よしかげ》は、内政《ないせい》に手《て》いっぱいで**「義昭《よしあき》を将軍《しょうぐん》にかつぎ上《あ》げて中央《ちゅうおう》におどり出《で》る！」という絶好《ぜっこう》のチャンスを生《い》かすことができなかった**のである。そのため義昭《よしあき》がシビレをきらして織田信長《おだのぶなが》を頼《たよ》り、信長《のぶなが》に攻《せ》めこまれて金ヶ崎《かねがさき》の戦《たたか》いに。浅井長政《あざいながまさ》との同盟《どうめい》で大逆転《だいぎゃくてん》をしたものの、信長《のぶなが》を取《と》り逃《に》がして姉川《あねがわ》の戦《たたか》いでは敗北《はいぼく》。講和条件《こうわじょうけん》でも失敗《しっぱい》し、その後《ご》の武田信玄《たけだしんげん》との共同《きょうどう》作戦《さくせん》では、雪《ゆき》を理由《りゆう》に信長《のぶなが》を追《お》わずに帰国《きこく》して、信玄《しんげん》をあぜんとさせた。

しだいに義景《よしかげ》の人望《じんぼう》は失《うしな》われ、信長《のぶなが》に一乗谷《いちじょうだに》まで攻《せ》めこまれると**重臣《じゅうしん》が裏切《うらぎ》り、義景《よしかげ》は逃亡《とうぼう》して切腹《せっぷく》。**美《うつく》しい北ノ京《きたのきょう》も燃《も》えてしまった。

名門《めいもん》・朝倉家《あさくらけ》の当主《とうしゅ》となったものの織田信長《おだのぶなが》と対立《たいりつ》して追《お》いつめられ朝倉家《あさくらけ》をほろぼしてしまったのだ……

朝倉義景《あさくらよしかげ》
1533年《ねん》～1573年《ねん》

朝倉家《あさくらけ》の軍事担当《ぐんじたんとう》 朝倉宗滴《あさくらそうてき》

30万《まん》の一向衆《いっこうしゅう》に1万《まん》の手勢《てぜい》で勝《か》った「九頭竜川《くずりゅうがわ》の戦《たたか》い」で名《な》を上《あ》げた朝倉宗滴《あさくらそうてき》は、7代《だい》・朝倉孝景《あさくらたかかげ》の末子《まっし》。バツグンの戦《いくさ》センスで3代《だい》に渡《わた》り朝倉家《あさくらけ》を支《ささ》え繁栄《はんえい》させた。将軍家《しょうぐんけ》も頼《たよ》りにし、上杉謙信《うえすぎけんしん》とも書状《しょじょう》を交《か》わす仲《なか》で事実上《じじつじょう》の当主《とうしゅ》のようなカリスマ大将《たいしょう》だった。彼《かれ》が病死《びょうし》すると朝倉家《あさくらけ》は一気《いっき》に弱体化《じゃくたいか》し、18年後《ねんご》には滅亡《めつぼう》してしまった。

北ノ京《きたのきょう》といわれた一乗谷《いちじょうだに》にあった朝倉屋敷《あさくらやしき》の跡地《あとち》。門《もん》は江戸時代《えどじだい》に再建《さいけん》されたものだ

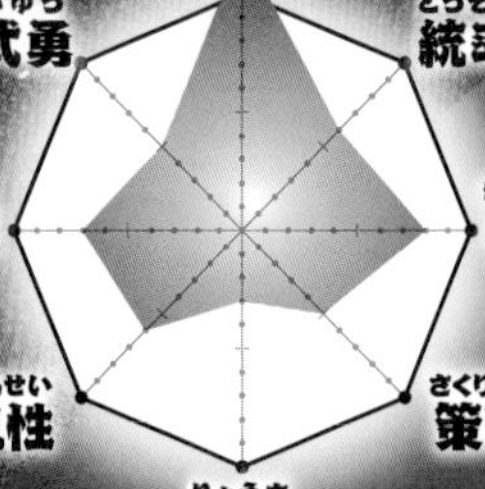

かわいそうなリストラ No.1《ナンバーワン》

佐《さ》久《く》間《ま》信《のぶ》盛《もり》

かわいそうなリストラランキング

主君《しゅくん》につくすも暗殺《あんさつ》される
太《おお》田《た》道《どう》灌《かん》 No.2

慎重《しんちょう》に進軍《しんぐん》しただけでクビに…
尾《び》藤《とう》知《とも》宣《のぶ》 No.3

No.1の理由

信長《のぶなが》に口《くち》ごたえして勤続《きんぞく》30年《ねん》でまさかの突然追放《とつぜんついほう》!?

ビッグになった社長《しゃちょう》が、長年支《ながねんささ》えたベテラン重役《じゅうやく》をクビにする……。織田信長《おだのぶなが》の重臣《じゅうしん》・佐久間信盛《さくまのぶもり》も、こんなリストラにあった気《き》の毒《どく》な人《ひと》だ。

信盛《のぶもり》は、信長《のぶなが》の父《ちち》の代《だい》から織田家《おだけ》に仕《つか》え、少年時代《しょうねんじだい》の信長《のぶなが》の重臣《じゅうしん》になった。**以後《いご》重要《じゅうよう》な戦《いくさ》のほとんどに参加《さんか》し、政治《せいじ》もソツなくこなした。地味《じみ》ながら有能《ゆうのう》な重臣《じゅうしん》**だったのだ。

ところが朝倉家《あさくらけ》を滅《ほろ》ぼした一乗谷《いちじょうだに》の戦《たたか》いの時《とき》、信長《のぶなが》に根《ね》にもたれるほどの怒《いか》りをかう。重臣《じゅうしん》たちが主君《しゅくん》より出遅《でおく》れ信長《のぶなが》が激怒《げきど》すると、家臣《かしん》としてベテランだった信盛《のぶもり》は反論《はんろん》。当《とう》然《ぜん》信長《のぶなが》はさらに怒《おこ》った。

のちに信盛《のぶもり》は強敵《きょうてき》・大坂本願寺《おおさかほんがんじ》に5年《ねん》かけて勝利《しょうり》するが、信長《のぶなが》から19もの落《お》ち度《ど》を叱《しか》る「折檻状《せっかんじょう》」が届《とど》く。「結果《けっか》を出《だ》すのが遅《おそ》い!」「三方ケ原《みかたがはら》で逃《に》げた!」「一乗谷《いちじょうだに》で口《くち》ごたえした!」などなど。そして**勤続約《きんぞくやく》30年《ねん》で突然追放《とつぜんついほう》された**のだ。

これは明智光秀《あけちみつひで》の告《つ》げ口《ぐち》だとか、信長《のぶなが》が領地《りょうち》を増《ふ》やすためだったなどの説《せつ》があるが、信盛《のぶもり》は高野山《こうやさん》や熊野《くまの》を放浪《ほうろう》し2年後《ねんご》に他界《たかい》したという。天下人《てんかびと》目前《もくぜん》の主君《しゅくん》、ハデな戦果《せんか》の同僚《どうりょう》たち。このころの織田家《おだけ》では、もう信盛《のぶもり》は輝《かがや》けなかったのだろうか。

信長様《のぶながさま》が子《こ》どものころから
お仕《つか》えしており
幾多《いくた》の戦《たたか》いに参加《さんか》しました。
ところがある日突然《ひとつぜん》リストラに
あってしまったのです

佐久間信盛《さくまのぶもり》
1528年《ねん》～1582年《ねん》

リストラされた信長《のぶなが》の3人《にん》の家臣《かしん》

信盛《のぶもり》が追放《ついほう》された1580年《ねん》は、織田軍《おだぐん》のリストララッシュだった。古参《こさん》の重臣《じゅうしん》・林秀貞《はやしひでさだ》と、もとは信長《のぶなが》の叔父《おじ》の家臣《かしん》だった丹羽氏勝《にわうじかつ》は、信長《のぶなが》と敵対《てきたい》した昔《むかし》のことを蒸《む》し返《かえ》された。斎藤龍興《さいとうたつおき》から信長《のぶなが》に寝返《ねがえ》った安藤守就《あんどうもりなり》は、息子《むすこ》が武田信玄《たけだしんげん》と通《つう》じていたとか。じつは前田利家《まえだとしいえ》も、若《わか》いころに追放《ついほう》されているが、勝手《かって》に戦《いくさ》で武功《ぶこう》をあげて復帰《ふっき》している。

信長家臣《のぶながかしん》リストラリスト

林秀貞《はやしひでさだ》	文官《ぶんかん》として長《なが》く信長《のぶなが》に仕《つか》えてきた。信長《のぶなが》の嫡男《ちゃくなん》・信忠《のぶただ》にも仕《つか》えていたが、20年《ねん》も前《まえ》の謀反《むほん》の罪《つみ》で追放《ついほう》される。
安藤守就《あんどうもりなり》	武田家《たけだけ》と内通《ないつう》を疑《うたが》われて追放《ついほう》。本能寺《ほんのうじ》の変《へん》の後《あと》に再起《さいき》を図《はか》るも、そちらも失敗《しっぱい》に終《お》わる。
丹羽氏勝《にわうじかつ》	元《もと》は信長《のぶなが》の叔父《おじ》・信次《のぶつぐ》の家臣《かしん》だった。信長《のぶなが》に対《たい》して逆心《ぎゃくしん》を抱《いだ》いたとして追放《ついほう》される。

前《まえ》田《だ》利《とし》家《いえ》
ムダづかい
武勇《ぶゆう》
統率力《とうそつりょく》
野望《やぼう》
教養《きょうよう》
先見性《せんけんせい》
策略《さくりゃく》
領地《りょうち》
ドケチ武将《ぶしょう》ランキング
質素倹約《しっそけんやく》が信条《しんじょう》!
徳川家康《とくがわいえやす》
NO.2
小《ち》さな節約《せつやく》を積《つ》み上《あ》げる
黒田官兵衛《くろだかんべえ》
NO.3
ドケチ武将《ぶしょう》
NO.1《ナンバーワン》

No.1の理由

派手《はで》に見《み》えてケチ⁉ 加賀百万石《かがひゃくまんごく》を築《きず》いた戦国《せんごく》の大大名《だいだいみょう》

金《きん》ぱくピカピカで豪華《ごうか》なイメージがある「加賀百万石《かがひゃくまんごく》」の金沢城下町《かなざわじょうかまち》。この礎《いしずえ》を築《きず》いた前田利家《まえだとしいえ》は、じつはドケチだった。

若《わか》いころから織田信長《おだのぶなが》に仕《つか》えた利家《とし》家《いえ》は、ド派手《はで》な姿《すがた》でケンカばかりのかぶき者《もの》。ある日《ひ》、信長《のぶなが》お気《き》に入《い》りの茶坊主《ちゃぼうず》を斬《き》って追放《ついほう》され、浪人《ろうにん》になるが、戦《いくさ》に勝手《かって》に参加《さんか》して武功《ぶこう》をアピールし、2年後《ねんご》に復帰《ふっき》。以降《いこう》も戦《いくさ》で活《かつ》やくし「槍《やり》の又左《またざ》」と呼《よ》ばれた。

豊臣政権《とよとみせいけん》では豊臣秀吉《とよとみひでよし》の相談役《そうだんやく》、跡《あと》つぎ秀頼《ひでより》の後見人《こうけんにん》、五大老《ごたいろう》のひとりとして死《し》ぬまで政権《せいけん》を支《ささ》えた。

そんな大物《おおもの》・利家《としいえ》だが、**浪人時代《ろうにんじだい》よほど苦労《くろう》したのか、大名《だいみょう》になっても愛用《あいよう》のそろばんをはじいて、お金《かね》は全部自分《ぜんぶじぶん》で管理《かんり》。**ケチって兵《へい》をあまりやとわなかったため佐々成政《さっさなりまさ》との戦《いくさ》で負《ま》けそうになり、妻《つま》のまつに「ためこんでる金銀《きんぎん》を使《つか》いなさい！」と怒《おこ》られたとか。でも出《だ》すときは出《だ》す人《ひと》で、秀吉《ひでよし》の朝鮮出兵時《ちょうせんしゅっぺいじ》は今《いま》の１００億円以上《おくえんいじょう》もの軍資金《ぐんしきん》を出《だ》し、困《こま》っている大名《だいみょう》にもお金《かね》を貸《か》していた。しかも「借金《しゃっきん》のさいそくはするな」と死《し》ぬ前《まえ》に言《い》い残《のこ》したそう。かぶき者《もの》、追放《ついほう》、槍《やり》の名手《めいしゅ》にドケチ話《ばなし》……ちょっと憎《にく》めない、おもしろい戦国武将《せんごくぶしょう》だ。

信長様《のぶながさま》の家臣《かしん》であり
秀吉様《ひでよしさま》とは古《ふる》い友人《ゆうじん》だ！
加賀百万石《かがひゃくまんごく》の領地《りょうち》を与《あた》えられ
前田家《まえだけ》の礎《いしずえ》を築《きず》いたぞ！

前田利家《まえだとしいえ》
1538年《ねん》～1599年《ねん》

ケチか？倹約《けんやく》か？ 武将《ぶしょう》たちの節約術《せつやくじゅつ》

馬屋《うまや》を修理《しゅうり》しない、女中《じょちゅう》の食《た》べすぎ防止《ぼうし》に漬物《つけもの》をまずくしたなど、徳川家康《とくがわいえやす》のケチは有名《ゆうめい》だが、黒田官兵衛《くろだかんべえ》も、野菜《やさい》の皮《かわ》を漬物《つけもの》に、不要品《ふようひん》は家臣《かしん》に売《う》るというツワモノだ。しかし佐久間信盛《さくまのぶもり》は、新《あたら》しい兵《へい》をやとわない、家臣《かしん》にほうびをやらないというケチで主君《しゅくん》の信長《のぶなが》を怒《おこ》らせた。ケチで貯《たくわ》えたら戦《いくさ》や災害《さいがい》で使《つか》う。これが戦国《せんごく》のケチの極意《ごくい》だ!

江戸幕府《えどばくふ》を
開府《かいふ》できたのもワシの
倹約《けんやく》あってこそ
だったのかもしれんな
No.2

徳川家康《とくがわいえやす》

いざというとき
戦《たたか》いで
勝利《しょうり》するためには
日《ひ》ごろの節約《せつやく》が
大切《たいせつ》だ！
No.3

黒田官兵衛《くろだかんべえ》

戦国《せんごく》のアサシン No.1《ナンバーワン》

宇喜多《うきた》
直家《なおいえ》

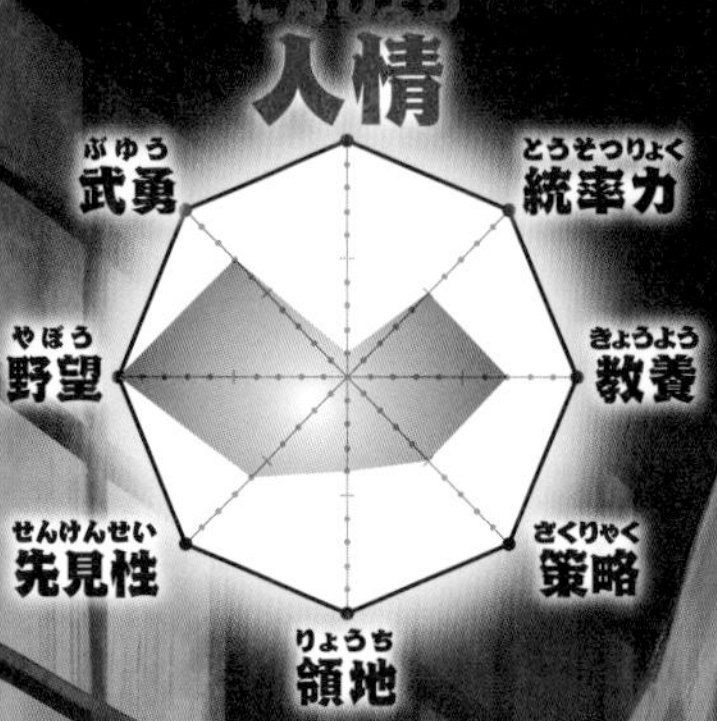

人情《にんじょう》
武勇《ぶゆう》
統率力《とうそつりょく》
野望《やぼう》
教養《きょうよう》
先見性《せんけんせい》
策略《さくりゃく》
領地《りょうち》

戦国《せんごく》の暗殺者《あんさつしゃ》ランキング

溺愛《できあい》されていた弟《おとうと》を暗殺《あんさつ》
伊達政宗《だてまさむね》 No.2

旧領主《きゅうりょうしゅ》の家臣《かしん》を罠《わな》にかける
山内一豊《やまうちかずとよ》 No.3

No.1の理由《りゆう》

目的《もくてき》のためなら身内《みうち》も斬《き》り捨《す》てる！戦国《せんごく》のダークヒーロー

裏切《うらぎ》り、暗殺《あんさつ》、だまし合《あ》い……生《い》き残《のこ》るためになんでもやった戦国時《せんごくじ》代《だい》。そんな時代《じだい》の三大悪人《さんだいあくにん》・中国三《ちゅうごくさん》大謀将《だいぼうしょう》に数《かぞ》えられる宇喜多直家《うきたなおいえ》は、播磨《はりま》・美作《みまさか》・備前《びぜん》（兵庫県《ひょうごけん》・岡山県《おかやまけん》の一部《いちぶ》）の戦国大名《せんごくだいみょう》・浦上家《うらがみけ》に仕《つか》える小領主《しょうりょうしゅ》の家柄《いえがら》。しかも、主家《しゅけ》の勢《せい》力争《りょくあらそ》いで祖父《そふ》を亡《な》くして没落《ぼつらく》した。

成長《せいちょう》した直家《なおいえ》は、備前《びぜん》の旧主家《きゅうしゅけ》に仕《つか》えて武功《ぶこう》を上《あ》げ、小《ちい》さな城《しろ》の城主《じょうしゅ》になる。そして、旧領《きゅうりょう》をうばい返《かえ》すために、祖父《そふ》（父《ちち》とも）を殺《ころ》した男《おとこ》と妻《つま》の父《ちち》を暗殺《あんさつ》する。ここから**直家《なおいえ》は、謀略《ぼうりゃく》と暗殺《あんさつ》を何度《なんど》もくり返《かえ》し、のし上《あ》がっていく。**

直家《なおいえ》がおそろしいのは、妻《つま》の父《ちち》、娘《むすめ》の夫《おっと》、姉《あね》の夫《おっと》などなど、目的《もくてき》のためなら親族《しんぞく》でもためらいなく手《て》にかけたこと。異母弟《いぼてい》の忠家《ただいえ》も、直家《なおいえ》に会《あ》う時《とき》は着物《きもの》の下《した》に身《み》を守《まも》るための鎖《くさり》帷子《かたびら》を着《き》こんでいたほどだという。

そしてついに主家《しゅけ》も滅《ほろ》ぼし、直家《なおいえ》は3か国《ごく》にまたがる戦国大名《せんごくだいみょう》になった。その後《ご》、毛利軍《もうりぐん》との戦《たたか》いのさなかに病死《びょうし》するが、**没落《ぼつらく》と辛《つら》い少年時《しょうねんじ》代《だい》を経《へ》て、自分《じぶん》の力《ちから》で仇《かたき》をとり大《だい》名《みょう》にのし上《あ》がったのはスゴイ。**なお、このダークヒーロー直家《なおいえ》の生《お》い立《た》ちや暗殺《あんさつ》エピソードは、後世《こうせい》の作《つく》り話《ばなし》が多《おお》いことも知《し》っておいてほしい。

一度没落《いちどぼつらく》するものし上《あ》がり
宇喜多家《うきたけ》の家《か》とくを奪還《だっかん》した！
さらに主君《しゅくん》の毛利《もうり》と手《て》を切《き》り
最後《さいご》には織田《おだ》に仕《つか》えたのだ

宇喜多直家《うきたなおいえ》
1529年《ねん》～1581年《ねん》？

後年《こうねん》、直家《なおいえ》は石山城《いしやまじょう》（後《のち》の岡山城《おかやまじょう》）の城《じょう》主《しゅ》となった。城《しろ》はその後《ご》、息子《むすこ》の秀家《ひでいえ》や小《こ》早川秀秋《ばやかわひであき》の手《て》で大改修《だいかいしゅう》されるが、岡山《おかやま》の発展《はってん》の礎《いしずえ》を築《きず》いたのは直家《なおいえ》だったのだ

オレ様の愛妻《あいさい》「お福《ふく》」

極悪人《ごくあくにん》といわれる宇喜多直家《うきたなおいえ》だが、後妻《ごさい》のお福《ふく》にはベタボレだったそうだ。お福《ふく》は絶世《ぜっせい》の美女《びじょ》で、一説《いっせつ》には直家《なおいえ》の死後《しご》、子《こ》どもたちのために豊臣《とよとみ》秀吉《ひでよし》の側室《そくしつ》になったとも。直家《なおいえ》との子《こ》・秀家《ひでいえ》は、秀吉《ひでよし》が後見《こうけん》して後《のち》には五大老《ごたいろう》のひとりになっている。時代《じだい》にほんろうされた美女《びじょ》・お福《ふく》。直家《なおいえ》はあの世《よ》で愛妻《あいさい》・お福《ふく》をヤキモキしながら見守《みまも》っていたかも。

ヤンデレ武将《ぶしょう》
NO.1《ナンバーワン》
細《ほそ》川《かわ》忠《ただ》興《おき》
愛妻度《あいさいど》
武勇《ぶゆう》
統率力《とうそつりょく》
野望《やぼう》
教養《きょうよう》
先見性《せんけんせい》
策略《さくりゃく》
領地《りょうち》
妻《つま》の存在感《そんざいかん》が強《つよ》い武将《ぶしょう》ランキング
子《こ》どもたちに妻《つま》の供養《くよう》を何度《なんど》も頼《たの》む
毛利元就《もうりもとなり》
NO.2
正妻《せいさい》の嫉妬《しっと》が怖《こわ》かった
徳川秀忠《とくがわひでただ》
NO.3

No.1の理由

狂《くる》おしいほどに妻《つま》を愛《あい》した文武両道《ぶんぶりょうどう》の武将茶人《ぶしょうちゃじん》

心《こころ》を病《や》むほどに愛《あい》してしまう〃ヤンデレ〃。智勇《ちゆう》にすぐれ、一流《いちりゅう》の文化人《ぶんかじん》だった細川忠興《ほそかわただおき》は、短気《たんき》も天下一《てんかいち》といわれた武将《ぶしょう》だった。そして、その激情《げきじょう》で狂《くる》おしいほど妻《つま》を愛《あい》した。

足利将軍家《あしかがしょうぐんけ》に仕《つか》えた忠興《ただおき》の父《ちち》・細川藤孝《ほそかわふじたか》（幽斎《ゆうさい》）は織田信長上洛後《おだのぶながじょうらくご》、同僚《どうりょう》で友《とも》の明智光秀《あけちみつひで》とともに織田家《おだか》臣《しん》に。**忠興《ただおき》は信長《のぶなが》の命令《めいれい》で光秀《みつひで》の娘《むすめ》・玉《たま》（ガラシャ）と結婚《けっこん》した**のだ。

しかし幸《しあわ》せな新婚生活《しんこんせいかつ》は、光秀《みつひで》が起《お》こした本能寺《ほんのうじ》の変《へん》で一変《いっぺん》する。玉《たま》は謀反人《むほんにん》の娘《むすめ》となったが、愛《あい》が強《つよ》すぎる忠興《ただおき》は離婚《りこん》などできず、玉《たま》を幽閉《ゆうへい》。2年後《ねんご》、秀吉《ひでよし》にゆるされた。

その後《ご》も忠興《ただおき》の玉《たま》への愛情《あいじょう》はすさまじく、玉《たま》を見《み》ただけ、話《はな》しただけで庭師《にわし》や家臣《かしん》を斬《き》る、玉《たま》の椀《わん》に髪《かみ》の毛《け》が入《はい》っていたと料理人《りょうりにん》を斬《き》るほど。またつねづね、**出陣中《しゅつじんちゅう》に妻《つま》に手《て》を出《だ》す者《もの》がいたら妻《つま》を殺《ころ》せと言《い》っていた。**

玉《たま》は強気《つよき》な女性《じょせい》だったが、父《ちち》の謀反《むほん》以降《いこう》心労《しんろう》が重《かさ》なり、救《すく》いを求《もと》めてキリスト教徒《きょうと》になった。そして関ヶ原《せきがはら》の戦《たたか》い直前《ちょくぜん》、敵方《てきがた》に人質《ひとじち》にされそうになると、玉《たま》は家臣《かしん》に胸《むね》を槍《やり》で突《つ》かせ、天《てん》に召《め》された。怒《いか》り狂《くる》った忠興《ただおき》は戦《いくさ》で大暴《おおあば》れしたが、戦後《せんご》キリスト教式《きょうしき》で玉《たま》を送《おく》ったという。

足利《あしかが》、織田《おだ》、豊臣《とよとみ》
最後《さいご》には徳川《とくがわ》に仕《つか》え
細川家《ほそかわけ》の礎《いしずえ》を築《きず》いたのだ
茶人《ちゃじん》としても
名《な》が知《し》れておるぞ

細川忠興《ほそかわただおき》
1563年《ねん》～1645年《ねん》

オレ様の 新居《しんきょ》「勝竜寺城《しょうりゅうじじょう》」

忠興《ただおき》と玉《たま》が結婚式《けっこんしき》を挙《あ》げ、あま～い新婚生活《しんこんせいかつ》を送《おく》ったのが京都府長岡京市《きょうとふながおかきょうし》の勝竜寺城《しょうりゅうじじょう》だ。城跡《しろあと》の公園《こうえん》には幸《しあわ》せそうな夫婦像《ふうふぞう》が立《た》つ。勝竜寺城《しょうりゅうじじょう》は織田軍《おだぐん》の重要拠点《じゅうようきょてん》でもあり、忠興《ただおき》の父《ちち》・藤孝《ふじたか》がガチガチの守《まも》りの城《しろ》に改修《かいしゅう》した。本能寺《ほんのうじ》の変前《へんまえ》に細川家《ほそかわけ》は別《べつ》の城《しろ》に移《うつ》っていたが、山崎《やまざき》の戦《たたか》いで敗《やぶ》れた玉《たま》の父《ちち》・明智光秀《あけちみつひで》は、この城《しろ》で最後《さいご》の夜《よる》を過《す》ごした。

勝竜寺城《しょうりゅうじじょう》に立《た》つ忠興《ただおき》と玉《たま》の銅像《どうぞう》。情勢《じょうせい》の変化《へんか》とともに、夫婦仲《ふうふなか》も大《おお》いに乱《みだ》されたふたりだが、新婚当初《しんこんとうしょ》は信長《のぶなが》がほめるほど、似合《にあ》いの夫婦《ふうふ》だったという

仙石秀久《せんごくひでひさ》

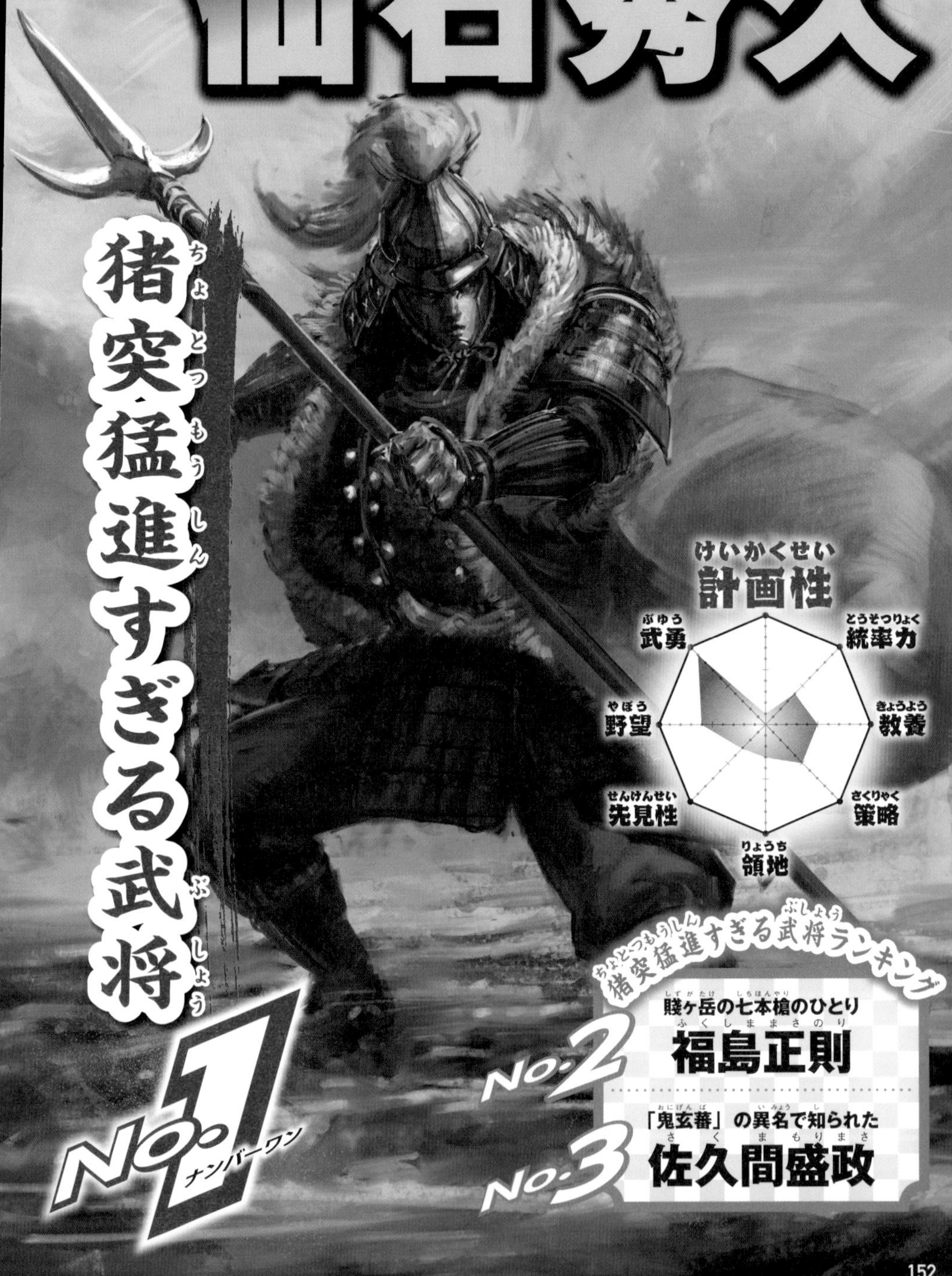

猪《ちょ》突《とつ》猛《もう》進《しん》すぎる武《ぶ》将《しょう》

NO.1 ナンバーワン

計画性《けいかくせい》
統率力《とうそつりょく》
教養《きょうよう》
策略《さくりゃく》
領地《りょうち》
先見性《せんけんせい》
野望《やぼう》
武勇《ぶゆう》

猪突猛進《ちょとつもうしん》すぎる武将《ぶしょう》ランキング

NO.2 賤ヶ岳《しずがたけ》の七本槍《しちほんやり》のひとり
福島正則《ふくしままさのり》

NO.3 「鬼玄蕃《おにげんば》」の異名《いみょう》で知《し》られた
佐久間盛政《さくまもりまさ》

No.1の理由

やらかしたってやりなおせる！猪武者《いのししむしゃ》の前進人生《ぜんしんじんせい》！

危険《きけん》をかえりみず敵《てき》に突《つ》っこむ〝猪武者《いのししむしゃ》〟と聞《き》いて近年《きんねん》まず名前《なまえ》があがるのは、大《だい》ヒットマンガで一《いち》やく有名《ゆうめい》になった仙石秀久《せんごくひでひさ》だろう。美濃《みの》（岐阜県《ぎふけん》）の小豪族《しょうごうぞく》の出《で》で、13歳《さい》の時《とき》に美濃《みの》攻《ぜ》め中《ちゅう》の織田信長《おだのぶなが》に「勇《いさ》ましい顔《かお》がよい」と気《き》に入《い》られ、配下《はいか》になった。秀吉隊《ひでよしたい》に配属《はいぞく》され、**姉川《あねがわ》の戦《たたか》い、三木城《みきじょう》攻《ぜ》めなどで先陣《せんじん》を切《き》って突《つ》っこみ、武功《ぶこう》をつかんでいく。**

四国《しこく》の長宗我部軍《ちょうそかべぐん》をけん制《せい》だけすればよかった引田《ひけた》の戦《たたか》いでは、前進《ぜんしん》しすぎて返《かえ》り討《う》ちにあい敗走《はいそう》。しかし瀬戸内海《せとないかい》は死守《ししゅ》したため、淡路《あわじ》5万石《まんごく》の大名《だいみょう》になる。さらに働《はたら》いて讃岐《さぬき》10万石《まんごく》に加増《かぞう》。出世頭《しゅっせがしら》である。

ところが九州《きゅうしゅう》攻《ぜ》めの戸次川《へつぎがわ》の戦《たたか》いで、強敵《きょうてき》・島津軍《しまづぐん》と戦《たたか》いたかったのか、命令《めいれい》に背《そむ》いて攻撃《こうげき》を強行《きょうこう》し惨敗《ざんぱい》。ほかの武将《ぶしょう》たちが戦死《せんし》するなか逃《に》げ帰《かえ》り、それまでの武功《ぶこう》も評判《ひょうばん》も地《ち》に落《お》ちてしまい、高野山《こうやさん》に追放《ついほう》された。

痛恨《つうこん》のやらかしを猛省《もうせい》するが、やはり秀久《ひでひさ》は前《まえ》を向《む》く。**小田原《おだわら》攻《ぜ》めに勝手《かって》に参加《さんか》し、ズバぬけた活《かつ》やくをして大名《だいみょう》に復活《ふっかつ》した**のだ。死《し》ととなり合《あ》わせの戦場《せんじょう》にいつも真《ま》っ先《さき》に飛《と》びこんだ秀久《ひでひさ》だったが、2代将軍《だいしょうぐん》・秀忠《ひでただ》の代《だい》までしぶとく生《い》きた。

長野《ながの》の芳泉寺《ほうせんじ》には、秀久《ひでひさ》の墓《はか》がある。息子《むすこ》の忠政《ただまさ》が上田藩《うえだはん》の藩主《はんしゅ》となった時《とき》に移《うつ》したものだ

秀久《ひでひさ》ってどんな人？

鈴《すず》つきの陣羽織《じんばおり》で戦《たたか》った武人《ぶじん》

仙石秀久《せんごくひでひさ》が大名《だいみょう》に返《かえ》り咲《ざ》く武功《ぶこう》をあげた豊臣秀吉《とよとみひでよし》の小田原《おだわら》攻《ぜ》め。勝手《かって》に参加《さんか》した秀久《ひでひさ》は、陣羽織《じんばおり》に無数《むすう》の鈴《すず》をぬいつけた異様《いよう》な姿《すがた》だった。動《うご》けば鈴《すず》が鳴《な》り響《ひび》き、とにかく目立《めだ》つ。それに引《ひ》き付《つ》けられてさっとうする敵《てき》を、バッタバッタと倒《たお》していくのだ。「鈴鳴《すずな》り武者《むしゃ》」ともてはやされ、そのウワサで秀吉軍《ひでよしぐん》の士《し》気《き》はグンと上《あ》がったそうだ。

猪《いのしし》 武者《むしゃ》ってのは、
がむしゃらに前進《ぜんしん》しかしない
武士《ぶし》のことだ！
３人《にん》の天下人《てんかびと》に仕《つか》えて
戦国《せんごく》の世《よ》を生《い》きぬいたぞ！

仙石秀久《せんごくひでひさ》
1552年《ねん》～1614年《ねん》

残《ざん》念《ねん》な2代《だい》目《め》 No.1《ナンバーワン》

豊《とよ》臣《とみ》秀《ひで》頼《より》

残《ざん》念《ねん》な2代目《だいめ》ランキング

No.2 家臣《かしん》を見捨《みす》てて逃走《とうそう》 大友義統《おおともよしむね》

No.3 活躍《かつやく》する前《まえ》に早死《はやじ》に 毛利隆元《もうりたかもと》

No.1の理由 自分《じぶん》の意見《いけん》がないダメリーダーが豊臣家《とよとみけ》を滅《ほろ》ぼす！

「どんなに偉大《いだい》な社長《しゃちょう》でも、跡《あと》をついだ息子《むすこ》がイマイチで会社《かいしゃ》が倒産《とうさん》」というのは今《いま》でもよくあること。これを戦国時代《せんごくじだい》に置《お》き換《か》えると、「どんなに偉大《いだい》な大名《だいみょう》でも、跡《あと》をついだ嫡男《ちゃくなん》がダメだと、お家《いえ》がおちぶれる」ということになる。そんな創業者《そうぎょうしゃ》の功績《こうせき》をすべてぶっこわした、伝説級《でんせつきゅう》の残念《ざんねん》な2代目《だいめ》が豊臣秀頼《とよとみひでより》である。

秀頼《ひでより》は、天下人《てんかびと》豊臣秀吉《とよとみひでよし》とその側室《そくしつ》淀殿《よどどの》の間《あいだ》に生《う》まれた待望《たいぼう》の男《おとこ》の子《こ》で、たいそうかわいがられた。しかし秀頼《ひでより》が6歳《さい》の時《とき》に秀吉《ひでよし》は病死《びょうし》。**母《はは》淀殿《よどどの》は秀頼《ひでより》を甘《あま》やかし、大事《だいじ》なことは淀殿《よどどの》がすべて決《き》めるように。その結果《けっか》、リーダーシップのない残念《ざんねん》な2代目《だいめ》が完成《かんせい》したのだった。**

秀頼《ひでより》のダメぶりがよくわかるエピソードが、秀頼《ひでより》と徳川家康《とくがわいえやす》の間《あいだ》で結《むす》ばれた大坂《おおさか》の冬《ふゆ》の陣《じん》の和睦条件《わぼくじょうけん》だ。真田信繁《さなだのぶしげ》らの活《かつ》やくで秀頼方《ひでよりがた》が優勢《ゆうせい》だったのに、とにかく早《はや》く戦《いくさ》を終《お》わらせたかった秀頼《ひでより》は「鉄壁《てっぺき》の防御《ぼうぎょ》をほこる大坂城《おおさかじょう》の堀《ほり》をうめる」という家康有利《いえやすゆうり》の和睦《わぼく》を結《むす》んでしまう。そのため半年後《はんとしご》に行《おこな》われた**大坂夏《おおさかなつ》の陣《じん》で、堀《ほり》なしの大坂城《おおさかじょう》は簡単《かんたん》に落城《らくじょう》。**

秀頼《ひでより》と淀殿《よどどの》は自害《じがい》し、豊臣家《とよとみけ》は滅亡《めつぼう》したのだった。

秀頼《ひでより》ってどんな人？

秀頼《ひでより》は本当《ほんとう》に秀吉《ひでよし》の子《こ》？

秀頼《ひでより》は身長《しんちょう》が190cmもあり、秀頼《ひでより》の凛々《りり》しい姿《すがた》を見た家康《いえやす》は「こいつ将来大物《しょうらいおおもの》になるぞ!」と危機感《ききかん》をもったという。しかし、父《ちち》の秀吉《ひでよし》は小柄《こがら》なことがわかっている。しかも秀吉《ひでよし》が57歳《さい》のときに生《う》まれていることから、秀頼《ひでより》の本当《ほんとう》の父親《ちちおや》は秀吉《ひでよし》じゃないというウワサがある。秀頼《ひでより》の父親候補《ちちおやこうほ》には、関ヶ原《せきがはら》の戦《たたか》いで西軍《せいぐん》を率《ひき》いた石田三成《いしだみつなり》や、淀殿《よどどの》の幼馴《おさなな》染《じみ》大野治長《おおのはるなが》が挙《あ》げられている。

秀頼《ひでより》は
たしかにワシの子《こ》じゃ！！！
変《へん》なウワサなんか
信《しん》じるでないぞ！！！

豊臣秀吉《とよとみひでよし》

父上《ちちうえ》にとって
大事《だいじ》な嫡男《ちゃくなん》だったボクは
豊臣家《とよとみけ》をついだんだけど、
政治《せいじ》のことは
基本的《きほんてき》には母上《ははうえ》に
聞《き》くようにしてたんだ

豊臣秀頼《とよとみひでより》
1593年《ねん》～1615年《ねん》

巻末《かんまつ》企画《きかく》

戦国《せんごく》No.1写真館《しゃしんかん》

甲冑編《かっちゅうへん》

ワシの兜《かぶと》が
一番目立《いちばんめだ》つじゃろ！
菖蒲《しょうぶ》の仲間《なかま》である「馬藺《ばりん》」の葉《は》をイメージ
した29本《ほん》の後立《うしろだて》がポイントじゃ！
後光《ごこう》が差《さ》しとるようにも、
剣《けん》が並《なら》んでおるようにも見《み》えて、
超強《ちょうつよ》そうじゃろ!?

豊臣秀吉《とよとみひでよし》

ド派手《はで》な兜《かぶと》No.1《ナンバーワン》

まるで後光《ごこう》のよう！

持ち主

豊臣秀吉《とよとみひでよし》

一《いち》の谷《たに》馬蘭《ばりん》後立《うしろだて》付《つ》き兜《かぶと》／大阪城天守閣蔵

キュートな♡ケモミミ兜《かぶと》No.1《ナンバーワン》

ウサミミ！

明智光秀《あけちみつひで》の従兄弟《いとこ》である、光春《みつはる》のものといわれている兜《かぶと》。左右《さゆう》にピンと立《た》った耳《みみ》がとてもキュートなデザインだ。すばやい動《うご》きでかけ回《まわ》るウサギは、戦場《せんじょう》でもすばやく動《うご》けるようにと、武将《ぶしょう》たちに人気《にんき》のモチーフだった。

南蛮胴具足《なんばんどうぐそく》／東京国立博物館蔵

まるで裸《はだか》な甲冑《かっちゅう》No.1《ナンバーワン》

仁《に》王胴具足《おうどうぐそく》／東京国立博物館蔵

ちょっぴ寒《さむ》そう！

まる出《だ》し！

胴《どう》の前面《ぜんめん》には肋骨《ろっこつ》や乳首《ちくび》、おへそなどがはっきり見《み》えており、思《おも》わず服《ふく》を着《き》せてあげたくなるような甲冑《かっちゅう》だ。仏像《ぶつぞう》の仁王《におう》の体《からだ》をかたどっていることから、「仁《に》王胴具足《おうどうぐそく》」と呼《よ》ばれている。

ごはんがすすみそうな兜《かぶと》No.1《ナンバーワン》

お茶碗《ちゃわん》!??

銀白檀塗合子形兜《ぎんびゃくだんぬりごうすなりかぶと》／もりおか歴史文化館蔵

黒田官兵衛《くろだかんべえ》

ひっくり返《かえ》したら
米《こめ》をよそえそうな兜《かぶと》だろ？
お椀《わん》のかたちなのは、戦場《せんじょう》で
「敵《てき》を飲《の》みこむ」という意味《いみ》も
あったといわれているぞ

持ち主

黒田官兵衛《くろだかんべえ》

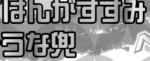

刺さったら痛《いた》そうな兜《かぶと》 No.1《ナンバーワン》

持ち主

徳川頼房《とくがわよりふさ》

ワシから息子《むすこ》の頼房《よりふさ》に
プレゼントした兜《かぶと》じゃ。
大《おお》きな釘《くぎ》のかたちをした後立《うしろだて》の長《なが》さは、
なんと 1m！迫力《はくりょく》がすごいじゃろう？
釘《くぎ》のモチーフは「ものを打《う》ち抜《ぬ》く」と
されて、武将《ぶしょう》たちに好《この》まれて
おったのじゃ

徳川家康《とくがわいえやす》

白糸威一《しろいとおどしいち》の谷形兜／
東京国立博物館蔵

毛むくじゃらな甲冑《かっちゅう》 No.1《ナンバーワン》

持ち主

佐竹義重《さたけよししげ》

黒漆塗紺糸威具足《くろうるしぬりこんいとおどしぐそく》／
秋田市立佐竹史料館蔵

佐竹義重《さたけよししげ》

頭《あたま》のもじゃもじゃは、
毛虫《けむし》がモチーフなのだ！
え？キモチワルイって…？ 失礼《しつれい》な！
毛虫《けむし》は「後戻《あともど》りしない」から、
縁起《えんぎ》がいいとされていたんだ

文字がオシャレな甲冑《かっちゅう》 No.1《ナンバーワン》

「愛《あい》」の字《じ》が
とてもおしゃれでしょう？
LOVE《ラブ》…？ いえいえ、じつは
神様《かみさま》の名前《なまえ》から取《と》ったのです。
由来《ゆらい》となった神様《かみさま》には「愛宕《あたご》
権現《ごんげん》」と「愛染明王《あいぜんみょうおう》」の
ふたつの説《せつ》があります

金小札浅葱糸威二枚胴具足《きんこざねあさぎいとおどしにまいどうぐそく》／
上杉神社蔵 川島印刷提供

直江兼続《なおえかねつぐ》

持ち主

直江兼続《なおえかねつぐ》

今にも飛《と》びそうな兜 No.1《ナンバーワン》

ちょうちょ！

毛虫《けむし》やサナギから
成長《せいちょう》した蝶《ちょう》は、命《いのち》
の再生《さいせい》を意味《いみ》した。
いつ死《し》ぬかもわか
らない武将《ぶしょう》たちに
とって、蝶《ちょう》のはかな
い美《うつく》しさは魅力的《みりょくてき》
だったのだろう。

鉄六枚張桃形前付臥蝶兜《てつろくまいばりももなりまえつきふせちょうなりかぶと》／
国立歴史民俗博物館蔵

巻末《かんまつ》企画《きかく》

戦国《せんごく》No.1写真館《しゃしんかん》

城編《しろへん》

姫路城《ひめじじょう》〔兵庫県《ひょうごけん》〕

日本がほこる優美《ゆうび》な城《しろ》No.1《ナンバーワン》

天守《てんしゅ》をはじめ、
真《ま》っ白《しろ》な建物《たてもの》が並《なら》ぶことから、
「白《しろ》サギ城《じょう》」と呼《よ》ばれ、世界遺産《せかいいさん》にもなっている。
じつはオレが生《う》まれた城《しろ》でもあるぞ。
こんなに立派《りっぱ》になる前《まえ》のことだがな

黒田官兵衛《くろだかんべえ》

山中城《やまなかじょう》〔静岡県《しずおかけん》〕

おいしそうな城《しろ》No.1《ナンバーワン》

まるでワッフル！？

北条氏《ほうじょうし》の前線基地《ぜんせんきち》として、山《やま》の上《うえ》にある山中城《やまなかじょう》。石垣《いしがき》を持《も》たない山城《やまじろ》で、「障子堀《しょうじぼり》」という縦横《たてよこ》に区切《くぎ》られた防御《ぼうぎょ》パーツが特徴《とくちょう》!まるでワッフルのようだが、じつは敵《てき》を落《お》として狙《ねら》い撃《う》ちにする恐《おそ》ろしいワナなのだ。

伊賀上野城《いがうえのじょう》〔三重県《みえけん》〕

まっすぐな石垣《いしがき》No.1《ナンバーワン》

この高《たか》くてまっすぐな石垣《いしがき》、
すごいだろう！
俺《おれ》が積《つ》んだ石垣《いしがき》なんだ。
高《たか》さは約《やく》30m もあって、
敵《てき》は絶対《ぜったい》に城内《じょうない》へ
侵入《しんにゅう》できないぞ！

藤堂高虎《とうどうたかとら》

強《つよ》すぎる城《しろ》 NO.1《ナンバーワン》

熊本城《くまもとじょう》〔熊本県《くまもとけん》〕

震災《しんさい》にも負《ま》けない強《つよ》さ!!

震災《しんさい》で石垣《いしがき》の一部《いちぶ》が
崩落《ほうらく》した飯田丸五階櫓《いいだまるごかいやぐら》。
一筋《ひとすじ》の石垣《いしがき》が櫓《やぐら》を支《ささ》える姿《すがた》は
「奇跡《きせき》の一本石垣《いっぽんいしがき》」と呼《よ》ばれ、
県民《けんみん》を勇気《ゆうき》づけた

熊本城総合事務所提供《くまもとじょうそうごうじむしょていきょう》

写真《しゃしん》（上《うえ》）は震災前《しんさいまえ》 2014 年《ねん》に撮影《さつえい》したもの

オレが築《きず》いた城《しろ》こそ、
最強《さいきょう》にふさわしい！高《たか》くそびえる石垣《いしがき》や、
迷路《めいろ》のような設計《せっけい》で、とにかく防御《ぼうぎょ》が堅《かた》い城《しろ》なのだ。
2016 年《ねん》の熊本地震《くまもとじしん》で被災《ひさい》したが、
天守《てんしゅ》は復旧《ふっきゅう》されリニューアルした展示《てんじ》が
楽《たの》しめるぞ

加藤清正《かとうきよまさ》

幻想的な城 NO.1《ナンバーワン》

天空《てんくう》の城《しろ》！

竹田城《たけだじょう》〔兵庫県《ひょうごけん》〕

標高《ひょうこう》 350m の山《やま》の上《うえ》に築《きず》かれた総石垣《そういしがき》の城《しろ》。気温《きおん》などの条件《じょうけん》がそろえば、城全体《しろぜんたい》が雲海《うんかい》に包《つつ》まれる。その姿《すがた》はまるで天空《てんくう》の城《しろ》!その美《うつく》しさから、観光客《かんこうきゃく》も多《おお》くおとずれる人気《にんき》の城《しろ》だ。

高遠城《たかとおじょう》〔長野県《ながのけん》〕

春《はる》に行《い》きたい城《しろ》 NO.1《ナンバーワン》

桜《さくら》の名所《めいしょ》

武田信玄《たけだしんげん》の五男《ごなん》と織田信長《おだのぶなが》の長男《ちょうなん》が戦《たたか》った高遠城《たかとおじょう》。建物《たてもの》は櫓《やぐら》や橋《はし》、門《もん》などが残《のこ》るのみで、現在《げんざい》は公園《こうえん》になっている。春《はる》には約《やく》 1500 本《ほん》もの「タカトオコヒガンザクラ」が咲《さ》きほこり、桜《さくら》の名所《めいしょ》として有名《ゆうめい》だ。

監修　小和田哲男
1944年、静岡市生まれ。早稲田大学大学院文学研究科博士課程修了。文学博士。現在、静岡大学名誉教授。公益財団法人日本城郭協会理事長。日本中世史、特に戦国時代史が専門。主な著書に『戦国武将の叡智』（中公新書）、『黒田官兵衛』（平凡社新書）、『明智光秀・秀満』（ミネルヴァ書房）、『今川義元 知られざる実像』（静岡新聞社）など、監修書に『よくわかる日本の城 日本城郭検定公式参考書』ほか多数 。「どうする家康」をはじめとしたNHK大河ドラマの時代考証も多数手がける。

編著　かみゆ歴史編集部（滝沢弘康、小関裕香子、青木一恵、中村蒐、荒木理沙、深草あかね）
「歴史はエンターテイメント」をモットーに、雑誌・ウェブから専門書までの編集制作を手がける歴史コンテンツメーカー。扱うジャンルは日本史、世界史、宗教・神話、アートなど幅広い。主な戦国時代関連の編集制作物に『歴史バトル図鑑 最強！戦国武将決定戦』『戦国武将が教える最強！日本の城』『まる見え！日本史超図鑑』（いずれも小社）や、『地域別×武将だからおもしろい戦国史』（朝日新聞出版）など。

歴史がわかる！
戦国武将No.1《ナンバーワン》図鑑

2024年6月30日　第1刷発行

監修　小和田哲男
編著者　かみゆ歴史編集部
発行人　松井謙介
編集人　廣瀬有二
編集担当　早川聡子
発行所　株式会社ワン・パブリッシング
〒105-0003　東京都港区西新橋2-23-1
印刷所　TOPPAN株式会社

この本に関する各種お問い合わせ先
◎内容等については、下記サイトのお問い合わせフォームよりお願いします。
https://one-publishing.co.jp/contact/
◎不良品（落丁、乱丁）については Tel 0570-092555
業務センター 〒354-0045 埼玉県入間郡三芳町上富 279-1
◎在庫・注文については書店専用受注センター
Tel 0570-000346

執筆協力
稲泉知（3章）、野中直美（4章）、山本ミカ（5章）

武将イラスト
岩元辰郎　織田信長、毛利元就、井伊直政
西野幸治　豊臣秀吉、伊達政宗、武田勝頼
添田一平　徳川家康、北条早雲、長宗我部元親、今川義元、明智光秀、足利義昭、立花宗茂、松永久秀、水野勝成、荒木村重、お市、真田信繁、豊臣秀頼
花吹色　武田信玄、加藤清正、細川忠興
竹村ケイ　上杉謙信、北条氏康、真田昌幸、宇喜多秀家、淀殿、雑賀孫一、上杉景勝&直江兼続、石田三成&大谷吉継、山内一豊&千代、細川藤孝、北政所、豊臣秀長
藤科遥市　島津兄弟、前田慶次、佐久間信盛
ハヤケンサレナ　本願寺顕如、本多忠勝、最上義光、斎藤道三&義龍、山本勘助、宇喜多直家、仙石秀久
長内佑介　藤堂高虎、前田利家
大前壽生　大友宗麟、千利休
月村朝子　朝倉義景

武将ちびキャライラスト
トリバタケハルノブ

デザイン・装丁
鈴木大輔、江﨑輝海、仲條世菜（ソウルデザイン）

DTP
株式会社ウエイド（菅野祥恵、山中里佳）
中道智子

写真協力
Shutterstock、PIXTA、PhotoLibrary